吴勤如 / 著

新闻原理与应用

ZHEJIANG UNIVERSITY PRESS
浙江大学出版社

增订版自序*

《新闻走向科学》1992年出版至今已有整整二十年了。大约十年前，即我刚退休的头几年，就打算将后来所写的三篇文稿增补到这本书里去。那三篇文稿分别刊于浙江日报总编办公室编印的业务读物，总共将近4万字。但人一退休竟懒了许多，总以为不必着急，因那三本业务读物，每本都以3000余册的发行量，发到了报社采编各部和全省各地，反应也不差，就这么一年一年拖下来。近年来，每当与退休下来的同事们相聚，常有人问我："还在写什么?"我惭愧以对，真的什么也没有。如今年事已高，力不从心，想到该了却的事抓紧了却吧，遂着手这本书的增订工作。

这次，我重新检读了在上世纪自己八九十年代写的文字，感觉到前后思路是贯通一致的，始终执著于新闻报道自身规律的探索和应用，但从新闻事业或新闻工作的总体而言，还应该再探索宣传规律和舆论规律，因为宣传和舆论也是自古以来客观存在的社会现象，各有其区别于新闻报道(传播)的特性和规律。我那些文稿中对宣传和舆论都有所涉及，但还没有像写《新闻学基本原理》那样专门深入探讨，好在我国新闻界宣传学、舆论学方面的理论专著在上世纪90年代就已出现，只是没有引起新闻从业人员的普遍重视罢了。

理论工作难免寂寞，我还算是幸运的，大概是因为我并非专职理论工作者，而是一名新闻从业人员，置身于许许多多记者、编辑、通讯员之间，受到他们的关注和鼓励。但在同事和同行朋友中，包括一些

---

* 本书为作者1992年出版的《新闻走向科学》一书的增订版。

曾经赞赏过我的某一篇文章的朋友，竟没有一个人提到过我的《新闻学基本原理》；而此作正是我最费心费力气的——为的是要回答新闻到底"有学"还是"无学"这个问题，初稿推翻重来，锲而不舍，脱稿时顿有从牛角尖里钻了出来之感。其实，学科的原理并不奥妙，它向人们提供具有普遍意义的一般规律，这一般规律的文字表述便是基础理论。而基础理论与同一学科的应用理论是相通的，犹如"源头"与"活水"。我对新闻原理的探索虽然浅尝辄止，但我此后研究新闻业务确实比较轻松畅达，不无新意与创见。因此，这个增订本以新闻原理为核心，各篇重新组合编排，很自然地同应用理论联结起来了。

检读退休前写的文字，心情是复杂的，既有欣慰——至今仍有现实意义，没有过时；又不无遗憾，有些文字难免带有年代的局限性。有那么三五个句子，似乎有点问题。怎么办？要不要作些修改？左右为难。想到年轻时读到过文化界老人写的一篇文章，说是文稿或书稿一经出版发行，就是属于社会公众的财富，不应该再视为自己手头的东西了。好在我的每篇文稿的末尾，都注明了写作或发表时间。于是像尊重历史、尊重客观事实一样，除了目录有些调整以及个别文字的订正，对文稿或文句不做修改和润饰，一任读者去评头论足了。

还要交代的是，原先书中附录的新闻作品，这次都不得不割爱精简了，在此谨向相关的记者朋友致歉并致谢。

又及，此书从编定到出版不无曲折，可谓柳暗花明。2012 年 12 月 4 日，新华社播发了中共中央政治局关于改进工作作风、密切联系群众的八项规定，"新闻价值"这个新闻学概念首次出现在中央政治局审议通过的文件之中。这是为了"改进新闻报道"，也体现了高层领导对新闻学之重视。春节过后，浙江大学出版社决定，按学术著作出版我的书稿，我感到十分欣慰。按照出版社的要求，先后检查了书中已有的"注释"、末尾的"参考文献"和"索引"，此事总算告成。

作者

2013 年 3 月 12 日

序　　言*

甘惜分

世界上的事情，莫不是先有实践，然后才有理论。所谓“理论指导实践”的理论，无非是从总结实践得出来的理论，而不是从天上掉下来的理论。

但是从实践而来的理论一旦形成，则一定可以给后来的实践者以莫大的影响，这也是毫无疑义的。

理论研究之所以可贵，也就在于此。

在我们的新闻工作队伍中，轻视理论的倾向，过去有，现在也有。有的人以为新闻工作只是一种报道消息和发表意见的实际活动，用不着什么理论指导的。他们可以举出一个什么人为例，说此人就是不懂什么新闻理论，而仍然不失为一个好记者。

这种观点颇有市场，而且成为“新闻无学”的根据。但是持这种观点的人大概忘记了，这位记者之所以能够在新闻工作中作出建树，那肯定是他在长期的岁月中不断地跌跤，又不断地爬起来，再跌，再起，如此反复多次，他不断总结自己失败和成功的经验教训，而后才摸索出一套较为适应自己的工作规律，并应用这种规律性的知识于自己的工作中，他才越来越臻于成熟。这就是说，他已经懂得了某些新闻工作中的理论，不过他不曾把自己的理论写出来罢了。

总结自己的经验有两种方法：一种是简单地总结自己几条经验教训，供他人参考。一种是对自己的经验并参考他人的经验加以概

* 作者于 1992 年出版的《新闻走向科学》一书的序言。

括提炼，加以系统化和条理化，使之上升为较有普遍意义的理论，这就是经验的升华，是一种比较复杂的思维活动，是更具重要价值的思维活动。当然这类理论思维活动也存在着高低之分、粗细之分、深浅之分。

本书作者吴勤如同志就是近年来从事这类新闻理论活动的作者之一。由于极“左”思潮的干挠，近年除了那些“一贯正确”“永不犯错误”的“新闻理论家”之外，很少有人敢于大胆发表自己的见解。在这样的时候，有人仍在从事这类研究，这是可贵的。

邓小平同志 1992 年春天的南巡谈话，提出要警惕右，但主要是防止“左”。这是晴空中的一声惊雷。有的人企图把小平同志的谈话只限于经济领域，而不适用于政治领域和意识形态领域，极力缩小其影响。但据我看来，事物的发展往往不以人的意志为转移，哪里有“左”，哪里就会出现扫“左”的人。中国的新闻体制非改革不可，现在的体制已成为社会主义改革大潮的绊脚石。坚持极“左”思潮的那些少数人，必将为滚滚巨浪所吞没。中国社会主义的新闻事业必有灿烂的明天。新闻研究者们要奋发努力，促进这一天的到来。

1992 年 7 月 7 日

目 录

新闻原理内外篇

新闻原理面面观

新闻原理应用篇

新闻原理内外篇

新闻改革与新闻规律三思

是去掉盲目性的时候了

有时候，我们有些头条新闻，很少有读者感兴趣；而一些被挤在报纸角落里的很不起眼的小新闻，却在读者中引起强烈的反响，收到很多读者的来信。这是什么缘故？一些同志由此想到新闻价值问题，认为要改革新闻报道，不能不研究新闻价值。

长期以来，由于“左”的一套影响，新闻价值被视为资产阶级新闻观点，成为“禁区”。但是，作为一条新闻规律，新闻价值始终在起作用。搞新闻报道的人不去认识和掌握它，报道中就必然带有许多盲目性。现在是去掉这些盲目性的时候了。西方资产阶级的新闻价值观可以研究，有的可以借鉴。我们自己可以而且应该在马克思主义一般原理指导下，通过总结自己的实践经验，确立无产阶级的新闻价值观。

关于新闻价值问题，在我国新闻界，还有待深入探讨。我们不可能等到有了关于新闻价值的结论再去实行新闻改革。当然，也不应当脱离新闻改革的实践，去空谈新闻价值问题。只能边实践，边探索，在探索中改革，在改革中逐步地认识和掌握新闻价值。本报这次新闻业务讨论会探讨新闻价值，有些观点是大家一致的看法，认为对当前新闻改革有益，并提出了改革的意见和要求。讨论深入一步，改革就前进一步。讨论不断深入下去，新闻改革的实绩将愈益明显，我们的报纸会更符合党和人民的要求。

（刊于《浙江日报通讯》1981 年 9 月第 111 期）

摸清新闻规律

新闻改革，按照新闻自身的规律去改，才有成效。新闻规律，包括新闻报道、新闻事业的规律和新闻传播活动的规律。不同时代、不同社会、不同阶级自有其特殊的新闻规律，但还有不受时代、地域、阶级限制的最一般的新闻规律。我国社会主义新闻事业的规律，包含一般的新闻规律，又具有特殊的新闻规律。

最一般的新闻规律是最违背不得的。新闻的基本概念，如新闻定义，体现新闻的一般规律。一般的新闻规律，要从国内外新闻事业发展史中去探究，还要从人类自古以来的新闻传播活动中去发掘。人类口头新闻传播活动是新闻事业之源，又始终伴随着、影响着新闻事业的发展。有的同志认为只有新闻机关发布的新闻即新闻报道才算得上新闻，才是新闻学研究的对象，这是很值得商榷的。

探索和掌握我国社会主义新闻事业的特殊规律，是摆在我们面前的光荣而艰巨的任务。在革命战争年代，党所领导的新闻工作有许多好的传统、经验，还有基本理论，其中有些今天仍应坚持、继承和发扬，有些则仅仅适用于当时革命斗争的需要和特定的历史环境。认真总结建国以来新闻工作的基本经验，会使我们认识社会主义新闻事业的某些规律。新闻事业归根到底要受一定历史时期社会物质和精神生活的制约。因此，考察当今社会生活的新面貌、新变化和人们新闻传播活动的新特点、新要求，总结近几年新闻改革的新经验，会加深我们对社会主义新闻事业规律性的认识。在一些新闻理论问题上大家认识还不一致，如果都对实际生活和实际工作进行周密的调查研究，认识就会逐步一致。

新闻改革，现在还是小改小革，都正在摸索，设想和意见也有不一致的，这都表明，我们对社会主义新闻事业的规律还没有摸清。摸清规律后，意见分歧会小起来，改革步子会大起来，还会有总体的设想和规划。

（刊于《新闻业务学习》1983 年第 1 期）

实践中寻求规律

在当前新闻改革中，人们对于要不要按照新闻规律办事的争议少了，虽然不按新闻规律办事的现象屡见不鲜。至于什么是新闻规律，什么样的报道符合新闻规律，人们的看法常常不很一致，或者很不一致。解决这类问题，少不了要学习马克思主义关于新闻基本原理的论述，吸取国内外新闻理论方面的研究成果，此外，也还要从我们的实践中寻求答案。

新闻规律，其实并不玄妙。有位通讯员讲过这样一件事：一次，他在一个生产队的办公室里同一群社员谈农事，门外进来一位社员说："你们认识×××吗？瓜子脸的那个大姑娘，她家住在×××村，她爸爸思想不开通……"说到这里，一个社员不耐烦地打断他的话："别岔嘴了，我们谈种田哩！"那个社员就不敢吱声了。过了一会，又进来一个社员说："刚才，有个吃农药的大姑娘在卫生院里死了。"顿时，大家撇开话题转向他，询问死者叫什么名字，住哪个村，为什么会吃药，吃了多少……原来，两个社员所传报的是同一件事情。这位通讯员从中领悟到一个规律：写新闻，要把最新鲜、最重要、最吸引人的东西放在最前面。这就是新闻写作课上常讲的导语要把读者吸引住的道理。有些同志总觉得新闻规律这个东西似有似无，甚至可有可无。其实，新闻规律是个客观存在——存在于我们的实践之中，遵循者获得自由，违背者不得自由——就像被人冷淡的那个社员一样。

遵循还是违背新闻规律，反映在新闻工作的各个方面、各个环节，体现在记者采写一篇新闻稿的全过程中，在具体的新闻作品中则体现得尤为分明。如果将报道同一题材或同一事件的几则新闻放在一起加以分析、比较，究其成败优劣，就不难悟出某些规律来。如果对有较大影响的名篇佳作加以分析，探其成功之缘由，也会摸出某种规律来。由于人们对规律的发现有先有后，对规律的认识有深有浅，因而对同一新闻作品的评价往往持不同甚至相反的见解。在这种情况下，不妨开展讨论，或者争鸣；只要双方都坚持实事求是的原则，必然有所发现，从而提高对新闻工作规律性的认识。在这里，“实事”就是新闻作品，“求是”便是寻求新闻规律。作品本身是人们社会实践的产物，新闻实践的结晶。规律从作品中发掘出来，亦即从实践经验中抽象出来，这便是理论，便是真知了。

实践具有连续性，规律具有普遍性。新闻规律，既包括人类新闻事业最一般的规律（如新闻必须真实等），也包括社会主义新闻事业所具有的规律（如新闻工作的党性原则等）；既包括宏观意义上的规律（如目前新闻界正在探讨的新闻信息问题等），也包括微观意义上的规律（如新闻导语、新闻标题等）。前人已从他们的实践中为我们揭示了许多新闻规律，我们则应该也完全可能从自身的实践中寻求和发现新的规律。在改革的年代，新闻实践正以前所未有的广度和深度发展着。在新的实践中寻求和丰富新闻的规律，并用已经掌握的各种规律去指导实践，方能推动当前的新闻改革。这是我们的光荣使命。

（刊于《新闻实践》1986 年第 2 期）

受命于党　服务于民

——探析毛泽东关于新闻工作党性原则的论述及其现实意义

建设有中国特色社会主义新闻事业，要求我们在新的历史条件下，很好地继承党的新闻工作的优良传统，并且把继承优良传统同开拓创新两者紧密地结合起来。

中国共产党的新闻工作的优良传统，是在几十年革命斗争和建设事业中，在毛泽东的新闻理论与实践的指导下逐渐形成的。其中，毛泽东关于新闻工作党性原则的论述，是我们党的新闻工作优良传统的核心、精髓。

由于"文化大革命"的严重错误和"四人帮"对毛泽东新闻理论的歪曲与篡改，由于拨乱反正后新闻理论工作者还没有下工夫全面系统地、实事求是地研究毛泽东新闻理论与实践，当今中青年新闻工作者（有些已经或将要走上新闻工作领导岗位）对毛泽东关于新闻工作党性原则的论述知之甚少，有的甚至茫然无知。因此，有必要对毛泽东关于新闻工作党性原则的论述作全面、系统、深入的研究和完整的科学的阐述。本文试就这个问题作一些初步的探索，并求教于新闻界的老前辈。

毛泽东关于新闻工作党性原则的论述，从总体上看，主要似有以下四点：

一、以宣传党的总路线为自己的崇高使命。

世上无论哪张报纸，无论哪个记者、编辑，都有强烈的使命感。资产阶级报纸的老板虽然讳言报纸固有的阶级属性，也还是大谈其责任感、使命感,那只是用超阶级的使命感掩饰其为资产阶级政治服务的真实使命罢了。唯有无产阶级的新闻工作者,才光明正大地公开表白:其使命来自无产阶级政党。

毛泽东 1941 年在为中央创办的第一张大型机关报——延安《解放日报》所写的《发刊词》中,开宗明义道出了党报的使命:

> 本报之使命为何?团结全国人民战胜日本帝国主义一语足以尽之。
>
> 这是中国共产党的总路线,也就是本报的使命。[①]

党的总路线集中体现了无产阶级和人民群众在一个历史时期内的根本利益和奋斗目标。党的机关报以党的总路线为自己的崇高使命,表明它直接受命于党,是党的宣传舆论工具。党报离开党所赋予的政治使命,就不成其为党的机关报了。党中央的机关报是如此,各地各级党委的机关报也同样以宣传党中央制定的总路线为自己的崇高使命。毛泽东曾针对报纸宣传中出现的偏差强调指出:"各地党报必须无条件地宣传中央的路线和政策。"[②]因此,就政治使命而言,中央和地方各级党报是一致的,没有什么特殊性,更不允许有独立性。

党之所以要有自己的各级机关报,是要"使党的纲领路线,方针政策,工作任务和工作方法,最迅速最广泛地同群众见面。"[③]这就是向群众作宣传。为了"使我们的宣传完全符合于党的政策"[④],新闻

---

① 中共中央文献研究室、新华通讯社编:《毛泽东新闻工作文选》,新华出版社 1983 年版,第 55 页。

② 中共中央文献研究室、新华通讯社编:《毛泽东新闻工作文选》,新华出版社 1983 年版,第 156 页。

③ 中共中央文献研究室、新华通讯社编:《毛泽东新闻工作文选》,新华出版社 1983 年版,第 149 页。

④ 中共中央文献研究室、新华通讯社编:《毛泽东新闻工作文选》,新华出版社 1983 年版,第 98 页。

工作者必须认真学习马克思列宁主义，深刻地领会党的路线政策，否则就难于完成党所赋予的使命，甚至偏离或违反政策而给党的事业带来损失。因此，增强政策观念，就是增强新闻工作的党性。

党的十一届三中全会以来，广大新闻工作者继承了这一优良传统，使党中央制定的路线、方针、政策深入人心。但是，教训也是存在的，有的还很严重。理论研究方面，有“淡化宣传”的主张。在某些新闻的表现形式和写作手法上，宣传味不宜太浓的问题当然是可以探讨的。但是，对于一张党报来说，必须以大量新闻、言论、通讯、文章，实现其宣传党的路线政策的使命，宣传味浓是确定无疑的。淡化宣传，难免淡化新闻工作者宣传党的路线的政治使命感，淡化政策观念。在新闻实践方面，一度出现宣传上片面性，未能积极主动地宣传党的四项基本原则，对资产阶级自由化言论没有进行理直气壮的批判。这种错误倾向，虽然在 1981 年中央已严肃批评，但却未能克服；一些报刊竟公开散布资产阶级自由化言论，在 1989 年春夏那场政治风波中听命于策划动乱的“精英”，演变成反党反社会主义的资产阶级舆论工具。这些教训使人们清醒起来：以宣传党的总路线为自己的崇高使命——毛泽东指出的新闻工作这一党性观念，是任何时候都不可淡化、不得偏离的。

二、在重要问题和重大新事件的宣传报道上向上级请示，与中央步调一致。

无论在民主革命时期，还是在社会主义建设时期，客观情况总是在不断变化着，党要根据党内外、国内外新出现的问题和情况确定工作方针和斗争策略，才能使党的纲领路线得以实现。1942 年 9 月，毛泽东针对延安《解放日报》改版过程中出现的一些问题指出：《解放日报》有很大进步，但尚未成为真正的党的机关报。“七·七”宣言以后的社论、印度问题、参议会、自卫军几篇社论有错误，有些消息如党校学生自杀是不应该登的。报纸未能和中央息息相关，虽然总的路线是对的。报纸不能有独立性，自由主义在报社内不能存在。以后凡有重要问题，小至消息大至社论，均须与中央商量。[①] 1949 年，毛泽东在为中央起草的一份关于宣传工作的电报中又强调："凡属处理较重要的新事件，均须事前向上级请示，以免犯了错误，收不回来，影响很坏。"[②]

这是在民主革命时期，敌我之间军事斗争和宣传舆论斗争交织在一起，情势极为复杂和严峻，宣传工作对重要问题和重要的新事件处理不慎不当，会给党造成被动，使革命力量遭受损失，或使党的斗争目标不能实现。因此，毛泽东代表党中央提出的上述要求，成为保障新闻工作党性的一项纪律。由于严格执行这项纪律，党的宣传舆论工作在对敌斗争中赢得了一个又一个的辉煌胜利。例如，1943 年国民党反动派趁共产国际解散之机大造反共舆论、准备武力进攻陕甘宁边区时，毛泽东运用革命舆论，严密组织对反共舆论的闪电式反击，使对方无法招架，乱了计划，我党赢得国内外舆论的同情和赞许。可见在重大事件上的宣传舆论战，也是步调一致才能得胜利。

在当前建设有中国特色社会主义的历史新时期，这种宣传舆论战显然是很少的。日常的大量的宣传报道，新闻单位应独立负责，提倡独立思考，发挥工作的主动性和创造性。但是，国际上重大问题和重大新事件可能涉及我国外交政策和反和平演变的战略策略；国内政治、经济、文化各领域出现的重大问题和重大新事件，关系到党的基本路线和各项方针政策能否顺利实现；社会生活中重大的突发性事件也可能涉及党群关系和群众的切身利益，在宣传报道这些事关大局而又复杂的新问题和新事件之前，新闻单位仍应发挥主动性和积极性，但应向上级请示或商量，切不可为争时效、抢新闻而贸然发稿。而当中央和地方党委对于某一重大问题或重大事件已有明确指示时，新闻单位必须无条件地不折不扣贯彻在自己的宣传报道之中，这更是新闻工作的党性所要求的纪律。

---

① 中国社会科学院新闻研究所编：《新闻研究资料》第 17 期，第 18 页。

② 中共中央文献研究室、新华通讯社编：《毛泽东新闻工作文选》，新华出版社 1983 年版，第 160 页。

前几年新闻界资产阶级自由化思潮泛滥时，有些人公开提出“淡化党性”，向党要“新闻自由”。这只能导致新闻工作摆脱党的政治领导和组织领导，摆脱党的纪律。还有人认为，党报可以批评同级党委。照此办理，中央和地方各级党委还会有自己的机关报吗？这些错误论调，同毛泽东所强调的党报不能有独立性是背道而驰的。在这股资产阶级自由化思潮影响下，一些新闻单位在1989年春夏之交的政治风波中居然真的摆脱了党的领导，对中央发出的“旗帜鲜明地制止动乱”的声音置若罔闻，或大唱反调，对政治动乱推波助澜，造成了极坏的社会影响。这些惨痛的教训足以使一时糊涂的人们警醒，毛泽东曾强调的党的新闻工作的纪律是任何时候都不能偏离、不可动摇的，增强党性的关键是增强纪律性，因为纪律是党性的保证。

三、向党负责同向人民负责的一致性。

这是毛泽东经常用来教育干部的一项党性原则，新闻工作者毫不例外。党报和党的其他宣传工具直接受命于党，它们的服务对象是广大人民群众。这是无产阶级政党的性质和纲领、路线所决定了的。1942年，毛泽东在延安《解放日报》改版座谈会上说过：“共产党的路线，就是人民的路线。现在共产党推行抗日民族统一战线的政策，就是合乎人民公意的政策。”[①]事实上，无论在中国，在外国，也无论在过去，在现今，能够真正代表“人民公意”的，只有用马克思主义武装的共产党。党报宣传党的路线政策，为的是要使群众懂得真理，认识自己的利益，“群众知道了真理，有了共同的目的，就会齐心来做。”[②]这是毛泽东阐明的一项马克思主义的基本原则。因此，新闻工作者积极主动地宣传党的路线政策同全心全意地为人民群众谋福利，向党的领导机关负责同向广大人民群众负责，是完全一致的。

---

① 中共中央文献研究室、新华通讯社编：《毛泽东新闻工作文选》，新华出版社1983年版，第90页。

② 中共中央文献研究室、新华通讯社编：《毛泽东新闻工作文选》，新华出版社1983年版，第149页。

毛泽东认为，新闻工作要善于把党的政策变为群众的行动，就必须随时考察群众情绪，掌握群众的思想脉搏，抓住群众最关心的问题。他自己正是这样身体力行的。当1946年下半年国民党反动派悍然发动全国规模的内战时，毛泽东在写给陆定一同志的一封信中，作了这样精辟的分析："在解放区军民中，目前的中心问题不是对美蒋的幻想问题，存在这种幻想的时期已经过去了。""目前解放区军民心目中的中心问题是能否胜利与如何取得胜利，尤其在失了一些地方之后大家很关心。因此我们的文章与新闻立论之重点，不是说敌人如何压迫，如何凶狠，而是要解释敌人虽有二百师兵力，虽有美国援助，虽已经占去一些地方与还可能占去一些地方，但是有种种条件我军必胜蒋军必败。……"[①]由此可见，党报工作也就是群众工作，党报的工作路线就是群众路线。

新中国成立以后，在50年代和60年代前期，毛泽东关于新闻工作的许多论述，从报纸的功能到书记抓报纸，从宣传方针到报道内容（例如，关于灾情，他认为"一点也不要隐瞒"，"要如实公开报道"，以唤起人民抗争），从记者作风到新闻文风（如要生动、形象，"使人一看就懂"），等等，都着眼于群众。他说："报纸是要有领导的，但是领导要适合客观情况，马克思主义是按情况办事的，情况就包括客观效果。群众爱看，证明领导得好；群众不爱看，领导就不那么高明吧？"[②]

党的十一届三中全会以来，新闻工作者在党的领导下继承毛泽东倡导的群众路线的优良作风，在联系群众、面向群众方面有了新的开拓，新闻事业在为人民服务、为社会主义服务的方针指引下出现了繁荣兴旺的景象。但在发展中也有偏差和曲折。有些新闻报道（主要是一些社会新闻）迎合读者中的落后意识、低级趣味，纯属猎奇。

---

① 中共中央文献研究室、新华通讯社编：《毛泽东新闻工作文选》，新华出版社1983年版，第134页。

② 中共中央文献研究室、新华通讯社编：《毛泽东新闻工作文选》，新华出版社1983年版，第189页。

记者深入车间、田间走得太少，以普通工人、农民为题材的报道不多。新闻理论上出现的“人民性高于党性”、“党性来源于人民性”，也是错误的。党性与人民性，在毛泽东的新闻理论与实践中，向来是统一的。对党的领导机关负责同对人民群众负责的一致性表明：党性包含着人民性，人民性就在党性之中。而党性，只能来源于先进阶级即无产阶级的阶级性。人类社会发展到了现代，不再有离开无产阶级党性的所谓“人民性”。因而贬低党性，也就贬低了人民性。

自从江泽民、李瑞环同志关于新闻工作的重要讲话发表以来，愈来愈多的新闻工作者肩负宣传党的“一个中心、两个基本点”的基本路线的使命，奔向工厂、农村和一切群众生活、劳动的场所，特别是群众防洪抗灾的现场，许多生动形象的现场新闻赢得了群众的一致好评。这是在批判和摒弃了资产阶级自由化言论之后出现的新闻工作优良传统的复归，党和人民是满意的。

四、要有严肃的科学的态度。

毛泽东历来主张报纸宣传要旗帜鲜明，又强调要有严肃的科学态度。他所阐述的新闻工作应无条件地宣传中央的路线政策，处理重要问题和重要新事件时向上级请示，向党负责同向人民负责一致，其中就包含着严肃的科学的态度。增强新闻工作的党性，也就是增强马克思主义的科学性。正是针对有些领导机关放弃对报纸的领导，或抓得不紧，听任许多错误观点广泛流行，毛泽东在提出尖锐的批评时，要求各地领导同志“必须以严肃的科学的态度对待宣传工作”[①]。

同新闻界存在的“新闻无学”的观念相反，毛泽东认为新闻是门学问。他在 1951 年和 1957 年都谈到“新闻学”，要求领导干部在学习马克思列宁主义，学习技术科学和自然科学的同时，还要学习文学、新闻学、教育学，这些都是学问，要“下苦功”学习。他劝告省委书记“认真研究”省报，并教以研究方法：“钻进去，想了又想，分析又分析，同各省

① 中共中央文献研究室、新华通讯社编：《毛泽东新闻工作文选》，新华出版社 1983 年版，第 155 页。

报纸比较又比较，几个月时间就可以找出一条道路来的。”①

毛泽东的新闻理论和新闻实践表明，他是精通这门学问的。他早年学过新闻学。他后来主编《湘江评论》、《政治周报》，在革命根据地普遍举办《时事简报》，创造性地运用新闻学的基本知识，成为新闻工作的行家里手。新闻实践是毛泽东一生伟大革命实践活动的一个组成部分，他的新闻理论是马克思列宁主义同我国无产阶级新闻实践结合的产物。从确定宣传方针到讲究宣传艺术，从注重新闻政策到尊重新闻规律，从把握舆论导向到关注社会舆情，都给我们留下丰富的知识和智慧，其中最宝贵的是马克思主义的科学态度。

毛泽东是把有没有科学态度提到有没有党性的高度来看的。他说：“没有科学的态度，即没有马克思列宁主义的理论和实践统一的态度，就叫做没有党性，或叫做党性不完全。”②因此，党的新闻工作的党性原则中，就包含着科学性。

诚然，毛泽东关于新闻工作的言论并非每一句都是科学的、正确的。特别是在他晚年错误地发动和领导“文化大革命”期间，似乎没有再提新闻学，而操纵新闻舆论工具煽风点火的“四人帮”始终讳言新闻学，其结果便是新闻事业十年遭殃。

粉碎林彪、江青反革命集团以来，我国新闻理论工作有了新的建树，理论研讨会空前活跃，“新闻无学论”没有市场了。但也还存在着理论和实践相脱离的现象，理论工作中多少存在着轻视本国新闻实践的倾向，实践方面也存在着轻视新闻理论或缺少兴趣与钻劲，常把经验体会当理论的现象，两方面又都缺乏对毛泽东新闻理论和新闻实践的深入研究和科学探索。

作为毛泽东关于新闻工作党性原则科学论述的以上四点，是紧密相关的统一整体；本文联系实际作了初步探析，其现实意义已约略

---

① 中共中央文献研究室、新华通讯社编：《毛泽东新闻工作文选》，新华出版社 1983 年版，第 202 页。

② 《毛泽东选集》第一卷，人民出版社 1991 年版，第 800 页。

可见，这里再归纳一下：

一是掌握这四点，会使广大新闻工作者，特别是新闻单位的领导干部，自觉地在政治上同以江泽民同志为核心的党中央保持一致，思想上行动上与中央和各级党委息息相通。我们是在复杂而又严峻的国际环境中建设有中国特色的社会主义，反对帝国主义和平演变和反对国内资产阶级自由化思潮是严重的政治斗争，要求新闻工作者时刻保持政治警觉。这样才能充分领会党中央在目前条件下提出的宣传方针、新闻政策，在可能出现的重大新事件面前与中央步调一致，使党和国家立于不败之地。

二是掌握这四点，会使广大新闻工作者努力同人民群众保持更加密切的联系，时刻关心群众生活，考察群众情绪，倾听群众呼声，把报纸、广播、电视办得令广大群众更加喜闻乐见。只有这样，才能使党中央的路线、方针、政策变为群众的自觉行动，推进四化建设和改革开放，实现党和国家的奋斗目标。也只有这样，才能使中青年新闻工作者真正走上成才之道，从而在政治上、业务上、作风上提高新闻队伍的整体素质。

三是掌握这四点，将使我们在新的历史条件下开拓创新有更大的作为。这些年来，我们一直在开拓创新。但也有一些看似开拓创新，如“三个面向”的提出与实践，1986 年火灾和今年水灾的如实报道，其实毛泽东早已有过这样的主张和要求，只是相对于“十年内乱”中新闻事业一片荒芜，才给人们以创新之感。又如作为新闻研究新课题的新闻价值理论研讨，也可以从毛泽东的有关论述中受到许多启发。开拓必须坚持党性原则，创新要新在已有的坚实基础上。毛泽东关于新闻工作党性原则的科学论述，是我们党的新闻工作优良传统的核心，也是指导我们建设有中国特色的社会主义新闻事业的理论基础。继承优良传统，增强党性观念，非但不会妨碍我们开拓创新，相反地，会使开拓创新有高远的目标，有丰厚和坚实的基础，有科学的头脑和无穷的智慧，因而在理论和实践上有更大的作为和更新的成果。

1983 年初稿，1991 年修改

（刊于《新闻大学》1992 年夏季号）

新闻价值初探

在新闻价值问题上，有一些感受和想法，虽然很浅薄，姑且写出来，权当引玉之砖。

含　义

新闻价值，是西方资产阶级新闻学中首先提出的一个概念，从字面看，指新闻的交换价值，因为他们把新闻也看成是商品。新闻确实是经过传播实现其价值的。所以，我们把这个概念“引进”来了。但是，我们不把新闻传播看成商品交换。新闻传播不只是作用于个别的人，还作用于(影响)整个社会的上层建筑和经济基础。“引进”新闻价值这个概念，要为我所用，体现我们的新闻理论和实践。我们无产阶级的新闻价值观与资产阶级的新闻价值观虽然不无共同之点，但有着原则的区别。

其实，西方新闻界对新闻价值的含义，至今还众说纷纭，有的甚至认为“只能意会，不能言传”。我们探讨这个问题，说法也不一，有的着眼于记者所采写的新闻事实，认为新闻价值决定于新闻事实本身；有的着眼于新闻传播后的读者反应，认为新闻价值决定于读者兴趣。看来，事实决定论和读者决定论各抓一头，都有片面性。新闻价值主要是由新闻事实和社会需要这两方面决定的。新闻价值的含义，应是构成新闻的事实所具有的那种给社会以积极影响的功能。

要　素

新闻价值的要素，可以归纳为下列三点：一、重要性。就是新闻事实本身重要。在这一点上，我们同资产阶级新闻学有着原则的区别。他们把冲突、暴乱、恐怖、色情、仇恨、犯罪看成重要新闻，认为“最坏的消息就是最好的消息”。这是资本主义世界无政府主义和他们恐怖心理的反映，而资产阶级新闻又使这种现象愈益严重。我们看新闻事实是否重要，从根本上说，看它对人民群众是否有利、有益、有用。我们尤其注重于全国人民的整体利益，就是建设具有高度物质文明和精神文明的社会主义国家。党的路线、方针、政策正是体现这个整体利益的，因而成为我们衡量新闻事实是否重要的主要标准。这就是我们常说的新闻的党性和人民性的统一。二、新鲜感。它体现了新闻的品格。具体指新闻的时效和有新意。有些事情，今天报道出去有新闻价值，明天报道出去就没有新闻价值了。有些新闻，内容重复，角度雷同，没有新意，也就缺少新闻价值。三、需要和兴趣。这要从读者和社会需求去看。固然，事实重要的新闻，对社会有积极影响，读者都会感兴趣；但是，读者兴趣是广泛的，不限于重要的新闻。在物质和精神生活方面对读者有利、有益、有用的新闻，读者都是需要和感兴趣的。对读者无用、无益的新闻，就没有新闻价值。至于显著性、接近性、趣味性，也与读者需要和兴趣有关；读者不关心的事，是不会发生兴趣的。

兴　趣

无视读者兴趣，是违背新闻规律的。但也不能单凭读者兴趣衡量新闻价值。报纸面向整个社会，对读者和读者兴趣要加以分析。要看到读者兴趣的复杂性，有高尚的，也有低级的；有健康的，也有庸俗的；有唯物的，也有唯心的。我们不能像资产阶级新闻那样去投合读者中那些低级的、庸俗的、唯心的兴趣。诚然，大多数读者的兴趣是健康的、唯物的。但他们中的许多人，由于政治思想水平和认识能力的限制，对于新闻的兴趣与新闻本身的重要性不是很吻合的。有些人对国家大事并非是最关心的。这就需要引导。党报应是舆论的向导，不是社会上各种舆论的大杂烩。新闻工作中的"唯兴趣论"同文艺工作中的自然主义一样有害。

至于"共同兴趣"，似缺乏科学性。即使人人都对某篇新闻发生兴趣，由于他们的年龄、职业、思想、阅历、学识、爱好、情趣不同，他们在阅读同一新闻时的兴味、趣意及其程度是千差万别的。因此，我们可以说广大读者对于某篇新闻有普遍的兴趣，但不会有共同的兴趣。各方面读者有着普遍兴趣的新闻，其新闻价值就大，应该放在要闻版。同时要研究不同读者有不同兴趣，只要这些兴趣是正当的、健康的，都应该照顾到。一般地说，只有少数读者感兴趣的新闻，不宜放在要闻版上。一部分读者感兴趣、另一部分读者有反感的新闻，在处理上要特别审慎。

外　因

说到新闻工作同新闻价值的关系，一般都认为，新闻采编工作是影响新闻价值的。对于这种"影响"，有种种说法，有的说是新闻效果问题，有的说是记者的主观能动性问题，我所取的是另一种说法：外因说。新闻价值三要素是决定新闻价值的内在因素；而新闻采编工作的好坏，是影响新闻价值的外在因素。内在因素为依据，外在因素为条件，两者对于新闻价值都是不可缺少的。尽管新闻事件重要新鲜、人们感兴趣，但没有人去报道，读者不得而知，还有什么新闻价值呢？即使去报道了，也因记者能力不同或编辑水平不等，新闻价值大小就不一样，甚至根本没有(作品报废了)。但是，记者、编辑的能力再强、水平再高，也不能把一个健康人一餐吃两碗饭变成轰动一时的新闻。这正如鸡蛋因得适当温度变化为鸡子，而石头却不能在任何温度下变为鸡子。“外因说”既肯定了提高采编工作水平对于新闻价值的必要性，又排除了人们在新闻价值问题上的主观随意性。

政　策

一件事可不可以报道，这是讲新闻政策问题。一件事值不值得报道，这是讲新闻价值问题。两者是有联系的，但不能混淆。有新闻价值的事实，不一定都可以报道。政治、军事、经济、科学技术等，凡属国家机密的，无论事实本身多么重要，读者多么感兴趣，都在不可报道之列。常常遇到的问题是：把新闻政策当成了新闻价值。可以报道的事，报道出去不一定都有新闻价值。只考虑政策宣传上的需要，硬把没有新闻价值的事报道出去，就成了图解政策，是不符合新闻规律的。因此，新闻工作者不能以通晓新闻政策为满足，还必须懂得新闻价值。

（刊于《浙江日报通讯》1981 年 11 月第 115 期）

两种"真实"　一条"鸿沟"

——论新闻真实与文学真实的界限问题

有许多新闻工作者爱好文学，这当然是很好的；因为一定的文学修养是新闻工作所必需的。但是，其中有不少同志，不注意或不承认新闻工作同文学工作之间的界限，往往把记者的写作及其才华同作家的创作及其才华混为一谈，或者认为具备了作家的才华，才算得上是出色的记者。较有代表性的观点是："文学创作与新闻写作之间，并没有隔着什么不可逾越的鸿沟，这个门出来，有时会不知不觉走进另一个门里。"我认为，这种思想，这种观念，对新闻工作不但无益，而且是造成许多新闻报道失实的一个重要原因。

关于新闻工作同文学工作之间的界限问题，可以从许多方面去研究、探讨；我这里仅从新闻的真实性同文学的真实性之间的界限作些探讨，而且只涉及生活、感情、人物这三个问题。我认为，如果我们能够从理论上、实践上划清新闻真实性同文学真实性之间的界限，将大大有助于克服目前常见的许多报道失实的现象。我的意见也许有些同志是不会接受的，但是，基于上述考虑，我还是要谈出来，作为探讨性的意见谈出来。

一

真实是新闻的生命，这在新闻界是公认的。真实是文学的生命，文学界没有在这个问题上发生过争论，因为文学家、艺术家都追求真、善、美，认为写得逼真才会产生感染力，荒诞不经之作无人拜读或称道。从理论上讲，两种作品的真实又都是从真实地反映社会生活这个角度提出来的，所以记者要深入生活，作家也要深入生活。深入生活，观察生活，真实地反映生活、描写生活，记者同作家走的路子不是一致的吗？还有什么“界限”可言呢？

记者和作家虽然都致力于反映生活、描写生活，但是，正如马克思所指出的：记者必须“根据事实来描写事实”，而不能“根据希望来描写事实”。而作家呢，他可以而且应该“根据希望来描写事实”，倘若他只会“根据事实来描写事实”，那便是一个没出息的作家了。用毛泽东同志的话来说，新闻的真实，在于“只是忠实地报告我们革命工作的事实”，也就是“实际事实之叙述”；至于文学的真实，文学与生活的关系，他指出：“文艺作品中反映出来的生活却可以而且应该比普通的实际生活更高，更强烈，更有集中性，更典型，更理想，因此就更带普遍性。”因此我们可以说：新闻的真实，就是生活的真实，就是客观事实的真实；而文学的真实，是艺术的真实，是对现实生活高度概括、高度集中了的理想化的真实，也就是“真、善、美”的真实。

我们常见的许多失实的报道，正是由于记者“根据希望来描写事实”，写得比实际生活（新闻事件、新闻人物）更高、更强烈、更理想所造成的。如有一篇报道某省在罪犯中开展读书活动的新闻，说“他们（正在服刑的罪犯）通过读书活动逐渐醒悟，决心结束不光彩的历史，用知识的双桨驶向光明的新岸”，说有一个曾在光天化日之下行凶抢劫的罪犯，入狱后又不服管教，自参加读书活动后，不仅认罪服法，还交代了新的罪行。读书活动对于改造某些（不是一切）罪犯可以起一些作用，但作者按照自己的主观愿望，夸大了这种作用，从而贬低了劳动改造和其他管教措施的重要作用，这就不真实了。又如一篇题为《侨乡石狮镇的变化》的通讯，为了把这个镇几年来的变化写得更令人欣喜吧，竟说“这里一度以乱而难治闻名全国”。果真如此吗？真是天晓得！大家知道“一度以乱而难治闻名全国”的地方是有的，而且不止一处，但这个石狮镇还列不上。很显然，记者在这里把他所报道的实际生活写得“更强烈，更集中”了。其结果呢？早已有人指出:这是不真实的。

把实际生活写得“更强烈”、“更集中”,在文学作品中可以大放光彩。作家总是“根据希望来描写事实”的。剧作家曹禺说:《雷雨》中的人物,“我看得太多了”。他痛恨那些腐败专制的人物和寄生虫们,“什么时候你们完蛋了,我跟着一起死掉都心甘情愿”。《雷雨》正是本着作家这一强烈的心愿创作出来的。为了“写得很集中”,“而且显得紧张”,他把自己看到的许多事,写成发生在不到24小时之内,又集中在一个地点,甚至“在几个人物当中同时挖一个动作、一种结构,动作统一在结构里头”。一部《雷雨》,全都是巧合。“明明是巧合,是作者编的,又要让人看戏时觉得不是巧合,相信生活本来就是这样,应该是这样。这就要写出生活的逻辑以及依据人物性格、人和人之间关系的必然性来。”作家就是这样真实地反映生活、描写生活的。这也可以说是文学创作的基本规律。

记者只能根据事实来报道事实,而决不能根据希望、意愿来描写事实。比如目前仍在进行的两伊战争,我们在战争开始时就不希望第三世界这两个国家打仗的,现在还在呼吁双方再不要打下去了,但是我们却经常报道两伊战争的消息即战报,因为这是实际情况,是客观事实。又比如,我们共产党人以共产主义为自己的崇高信仰、远大理想,但是,反对共产主义的人是不是一概不能报道呢?新华社今年1月21日播发的通讯《比邻同胞,血胜于水——记姚雪垠和台湾女作家三毛的一段情谊》,把三毛同姚雪垠难舍难分的情景写得十分感人,三毛那一声“姚老,亲亲我吧!”的呼唤多么激动人心,炎黄子孙们的民族情谊何等深厚、强烈。但作者接着又这样写道:“三毛哭着说:‘姚先生,我虽然反对共产主义,但是,中国大陆也是我的祖国,我的父母之邦,……我现在却不能回去……’”记者如实地记下并报道了三毛这句话,有什么不可以呢?如果记者回避或删掉了三毛所表白的这种政治立场(至于这一表白是真心还是违心或是出于对我们党的政策不了解等等,可以不作深究),那就是不真实的了,而且对三毛回台湾以及日后来大陆恐怕凶多吉少。事实就是这样,现实生活就是这样，记者不能不面对现实生活，不能不根据事实来描写事实。

由于描写事实的根据不同，所以，文学作品如果从总体上揭示了社会生活的本质，在个别文字上出点差错，常常是无伤大雅的；新闻作品除了要从总体上揭示社会生活的本质，还必须对所写事实的细微末节求真求实，力求在文字表达上不出差错。鲁迅在他的《故乡》中，写到润土的第五个孩子水生时，有这样一句话："这真是一个廿年前的润土，只是黄瘦些，颈子上没有银圈罢了。"作家痛切地揭示了农民生活每况愈下的苦难命运。然而，这句话中的"廿年前"有误，根据文前所叙，应该是"三十年前"。但据我所知，文学家们在评论这篇优秀作品时，从来没有指出过这个差错，只有许钦文先生在帮助青年阅读鲁迅作品时讲到过，说这是文字上的"疏漏"。至于"润土"的后代们，从来没有也决不会表示不满，要求作什么"更正"，他们对这位真实地写出了他们先辈的生活和命运的大文学家的感激和崇敬之情溢于言表，这是大家知道的。而在新闻作品中，一词之误，情况就大不一样了。某报报道专业户的蜂箱在列车上被烧，铁路局"赔偿"了损失一事，该铁路局立刻对报纸提出批评，还附上法院的判决书，说明蜂箱被烧的责任者是养蜂专业户本身，铁路局只是从扶持专业户考虑才给予适当的"补偿"。他们要求报纸作出更正，把"赔偿"改为"补偿"。这类对新闻报道中一词之差表示不满、要求更正的事不是常常发生的吗？在这一点上，我似乎感到，记者应该比作家更精明、更有本领才行。

又由于新闻和文学的本质属性不同，虽然都真实地反映生活、描写生活，选材却很不一样，甚至可以说是泾渭分明的。记者描写生活的真实，正如名记者范长江说的，应该写那些"广大群众欲知、应知而未知的重要的事实"，因为这样的事实才是新闻。记者写的新闻事实，社会上不知其事而又欲知其事的人越多，其新闻价值就越大。如果他写的是人所共知或不感兴趣的事实，即使完全真实无误，其新闻价值等于零，因为这不是新闻。因而名记者大多是真实地报道了人们都不知道而又极为关注的新发生的事实才出名的，邵飘萍、范长江等都是这样出名的。而作家写的一般都是人们日常生活中常见的事实,“这个事实到处存在着,人们也看得很平淡”。中外文学史上的名著,几乎都是写人们常见的那些生活现象的。一个作家,如能在作品中“把这种日常的现象集中起来,把其中的矛盾和斗争典型化”,“使人民群众警醒起来,感奋起来”,他便是大有出息、很有才华的作家,受到人们的尊敬和热爱。大文学家鲁迅、茅盾不都是这样的吗?!不错,一个记者也许可以写小说,可以成为作家,那是基于他在长期采访活动中看到许许多多日常生活现象;但如果他不会集中,不会典型化,就一定成不了作家。诚然,一个作家,也许可以当记者,写新闻,但如果他没有本领去捕捉人们都不知道又都十分关注的新闻事实,他就一定当不了记者,干不成这项工作。在记者队伍中,想写小说、当作家而成就很少的不乏其人;在作家队伍中,曾经进过报社而终于成不了一个出色的记者、离开了报社的,也是有的啊!是的,记者成为作家,作家也当记者,这样的人也是有的;但是,他们都具备一身兼有两种职业的素质和才能。而我们培养记者,只要求具备新闻工作者的素质和才能,能够像上面所说的那样,按照新闻工作的规律去真实地反映生活、描写生活就够了。在他们面前,新闻真实性与文学真实性之间的界限是清楚的,鸿沟也是看得见的,逾越这条鸿沟是不必要的。

二

记者和作家都是富于感情的人,人们也要求新闻作品和文学作品中表露的作者的感情是真实的、美好的,而不是虚伪的。但是,从读者对这两类作品要求、兴趣看,从这两类作品的实际情况看,界限也是分明的。人们读文学作品,从中求索和欣赏的,主要是作家的美好的思想感情,那些具体事物不是主要的。所以有着美好的思想感情的古典文学名著,现代人仍爱不释手。人们把文学作品视为精神食粮,把作家称作灵魂工程师,原因就在这里。但是,当人们阅读新闻作品时，他所要求索、获知的，主要是新近发生、变动着的事实，记者的感情常常不是他们求索的主要目标。这些事实如果是重大的，随着时间的推移，就会成为历史事实；后人若要获知这些重大事实，他们会去读历史。所以，记者是社会的观察家，历史的见证人。如果说，文学作品的魅力在于作家的强烈的思想感情，那么，新闻作品的魅力在于重要的新鲜事实。因此，虽然作家和记者都应该具有和人民群众息息相通的爱憎分明的感情，但在作家笔下，那美好的感情可以尽情抒写，可以一泻无余；在记者笔下，就常常不能这样抒发感情，尤其不能偏离他报道的事实去抒发他那即使是美好的感情。

1982 年和 1983 年，我国新闻界就新闻可不可以"散文化"问题所进行的争论、探讨，是很有意义的。争论的焦点，不在于新闻作品的结构、格式应不应该多样化的问题，而在于新闻工作的社会职能问题，即新闻工作者在他们的作品中奉献给读者的，是以事实、信息为主呢，还是以情感、情趣为主？现代散文，属于文学这个范畴，这在文艺界是一致公认的，在新闻界也为大多数人所确认。因为，如果还像古人那样把散文当做区别于韵文的文体来看，那么，在现在，除了诗歌，一切文字篇杂，都可以称为散文，自然也包括以文字形式出现的一切新闻作品在内。这就无所谓什么"散文化"了。因此，"散文化"的目标必然是朝向文学的。而作为文学体裁的现代散文，则是一种抒情言志的文学作品。人们想要从散文中获得的，散文作者所奉献给读者的，主要是作品中抒写的作家美好的情感、情思、情趣和美妙的意境、语言。虽然散文中都有对具体事物的描写，但毕竟是作家在借物抒情、叙事寓意罢了。

因此，在散文创作的园地里，有这样一种异乎新闻写作的现象：两位作家，都写同一事物，写出了不同的情感、意境，各有社会意义和欣赏价值，于是两篇散文都被公认为优秀的文学作品。高尔基写的《海燕》，抒写革命战士在革命风暴将要到来时喜欣而又激昂、勇猛而又无畏的情感。我国文学家郑振铎写的《海燕》，抒写的是大革命失败后，一个被迫离开祖国、远涉重洋的海外游子的"乡愁"，"如轻烟似的乡愁”。这两篇《海燕》都是散文名篇。如果因为这是两个国家的作家、两个海上的海燕而感觉到还不足为据的话，那么，请看散文家朱自清和俞平伯结伴同游南京秦淮河后各自写出的题目相同的《桨声灯影里的秦淮河》吧。这两篇散文抒写的几乎都是一种闲适的情趣和寂寥、惆怅的情思，但风致各异，朱文在描绘和想象中写出一个静穆幽远的诗的意境，俞文则写得朗朗上口，有着一种诗的音律美。这两篇题目相同、所写事物也相同的散文，都被文学家视为现代散文名篇，被选入早已出版的散文集。读者不会因为读过高尔基的散文《海燕》，而不愿读郑振铎的《海燕》，读者也不会欣赏了朱自清的《桨声灯影里的秦淮河》而不愿再欣赏一下俞平伯的同名散文。为什么？因为各有其供人欣赏的情感、情趣、情思和美好的意境、语言。散文的价值，散文的社会功能，不是很明显的吗？

那么，新闻作品呢？如果两位记者写出同一新闻事实，且不说读者态度如何，先在编辑手里，就肯定是取一不二。即使两位记者在各自的作品里流露了不同的感情，编辑审视的目标却依然是新闻事实本身。诚然，编辑也不会忽视记者在作品中流露的思想感情，但他首先要检查这种感情同新闻事实的意义是否合拍。因为有经验的编辑懂得新闻的社会功能，深知读者要从报道中获得的主要是新闻事实；而且认为记者在新闻报道中流露的感情，丝毫也不能偏离新闻事实本身。

1983 年夏天，浙江省暴雨成灾，省政府决定新安江水电站大坝开闸泄洪。泄洪对下游一些地区人民来说是灾上加灾，有更多的良田要淹没，有更多的工厂、农家要搬迁。因此，新安江大坝泄洪是省政府从全局考虑，权衡得失之后才作出的决定。大坝泄洪那天，《浙江日报》记者迅即赶赴现场采访，当天就用电话向编辑部发稿。记者在这篇新闻稿中描绘了泄洪的壮观景象，如“疑是银河落九天”呀，“上万群众冒雨赶来，观看这一奇景”呀，自以为写得有声有色，编辑一定满意。不料编辑在电话中向他提出中肯的批评：“记者不是去观景的，泄洪是万不得已才采取的办法，从省委领导到人民群众，心情决不是轻松愉快的。”记者事后回忆说：“我当时听了还想不通。可在回杭路上，我和摄影记者老徐、司机老谢被（上游）泄下来的洪水围困在新登地段的山上，进退不得，只见（沿江）公路两边白茫茫，我的心情才沉重起来。”记者感激编辑把关把得好，使他随心所欲抒发感情的那些描写——报道中的不真实部分得以避免。

另一家大报也发表了新安江电站大坝“昨起泄洪”的专电，这篇电稿的作者的感情更不得了，劈头一句是：“黄河之水天上来”的“瑰丽雄奇的景观”……“真实地再现了”，“好似千万条狂怒的巨龙，争脱群山和大坝年长月久的封锁，奔腾呼啸冲向滚滚东去的大江”，赞叹这是“足以令人惊心动魄的人间奇景”，还说什么“当地万余群众怀着寻奇探胜的心情……尽情观赏”。过了几天，《人民日报》发表一篇署名文章，批评这篇报道不真实，严肃指出：“观景的不知受灾的苦，两情相违。”在同年 12 月举行的一次新闻学术讨论会上，新华社老记者李普同志也对这条泄洪消息中的作者的思想感情提出了批评。

这些批评都是应该的，中肯的。但我们也不妨这样设想，如果这位作者不是面对新安江电站大坝泄洪这件事，而是在别处面对“瑰丽雄奇的景观”发出赞叹，有何不可呢？还不妨这么设想，如果这位作者仅以三言两语报道新安江电站大坝“昨起泄洪”这样一条简讯，传递这么一个信息，人们看了即使有点不满足之感，但不至于提出这样尖锐的批评。为什么呢？因为前者所设想的是一篇散文，作者的情趣有益于陶冶读者的性情，读者就满意；后者是一篇新闻作品，向读者传递了一个重要信息，读者不会责怪为什么不抒发感情。把散文中有益于读者的那种情趣胡乱地写到新闻作品中，会弄巧成拙，说不定会招来严厉的指责：你安的什么心肠？

三

有些同志写人物报道，特别是在人物通讯中，为了把人物写得逼真、感人，常常把新闻人物当做文学形象去描写、刻画。不错，新闻人物是真实的，文学形象也是真实的；但在这两种真实之间，却有着明显的界限：写新闻人物，从思想、事迹到每句话、每个细节，都必须是符合这个人物的原貌，优点、缺点都应该是原原本本的。就是说，记者所写的是现实生活真名真姓的“这一个人”的真实面貌，不能片面，不能走样。至于文学形象，那是作家把实际生活中一些人相似的思想、性格集中起来塑造而成的艺术形象。在细节上，作家取材于实际生活，但塑造出来的形象，在实际生活中是找不到的。这个形象不是实际生活中的这一个人或那一个人，而是这一类人或那一类人。恩格斯阐述了现实主义的创作方法：“现实主义是除了细节的真实之外，还要真实地再现典型环境中的典型性格。”毛泽东同志说的“更高，更强烈，更有集中性，更典型，更理想，因此就更带普遍性”，也是说文学创作中人物形象的典型化。大文学家刻画人物性格、塑造人物形象，几乎都是采用这种典型化的艺术手法的。鲁迅的经验是：“模特儿不用一个一定的人，看得多了，凑合起来的。”因为是从许多人身上“凑合起来的”，所以，为了刻画人物的某种性格特征，常常一而再、再而三，在许多场合许多事情上，集中写人物的这一性格。在《阿Q正传》中，鲁迅写阿Q自欺欺人的精神胜利法，从第二章开头写他同别人口角时间或瞪着眼道：“我们先前——比你阔多啦！你算是什么东西！”一直写到最后去法场的路上喊出半句“过了二十年又是一个……”，前后有20多处写这种精神胜利法，写到淋漓尽致、无以复加的地步。

我们有些人物报道写得不真实，常常由于记者不适当地把文学创作的典型化用到新闻写作中。有一篇题为《矿山花木兰》的人物新闻，导语中就这样写：“在一向被认为是男子汉‘称霸’的矿山劳动中，如今杀出了一位不让须眉的女状元……此人就是云南东川矿务局被誉为矿山花木兰的雷昌萍。”有同志批评道，“称霸”一词用在这里不贴切。据我看，贴切不贴切问题作者是考虑过的，似乎也感到不大贴切，但仍然要用到这里来，于是加上一个引号。为什么非这样写不可呢？就是为了“更强烈”，或者说是“典型化”，造成文学创作中的“典型环境"吧。在描写这个新闻人物时,"矿山花木兰"已是溢美之词,记者还嫌劲儿不足,竟说她"不愧是当今女杰"。批评者认为"这未免使人感到有些过分了",我以为是大大的过分了。因为这个矿授予她"开矿功臣"的称号,是就这个矿的范围而称道她的,不是全国范围;写成"当今女杰"而发向全国,不是大大过分了吗?记者在这里采用的也是文学创作中塑造典型形象的手法。仅仅由于篇幅或技巧缘故,不是去刻画性格,只是简单地挂块牌子罢了。也许有人会讲,这大概是个典型人物吧?在新闻界,常有"典型人物"一说,几乎成了口头禅。但我认为,新闻意义上的典型人物,指的是实际生活中有典型意义或有代表性的"这一个"人物,决不是上面所说的文学意义上的作家塑造的典型形象。不错,两者都有典型意义,但在新闻作品中,我们管他叫新闻人物,在文学作品中我们管他叫文学形象。两个概念,两种属性,写作上是两套规律,不能混淆。如果我们把作家"塑造"文学形象那一套用来写新闻人物,人们会说:这是捏造。

上面说的是规律之一,再说规律之二。作家写人物,有时也按照实际生活中很有典型意义的人物来写,但一定把这个人物的特点(优点或缺点)写得很充分,一泻无余。记者写人物,无论写先进人物的先进事迹、优点,还是写落后人物的错误行为、缺点,都不宜写满,要留有余地。为什么?因为既然是新闻人物,就都是现实生活中的人,而且大多还活着,活在现实社会之中。社会生活复杂而又多变,这个新闻人物在工作和生活中会遇到新的情况,也会有新的变化。记者也要像新闻人物一样面对现实,或者说,思想上有点现实主义。你把一个人的先进事迹写满写足,他此时此地能做到的,在彼时彼地是否做得到?如果做不到,周围的人会怎么议论?你把一个人的缺点或错误事实写满写足,对他日后的工作、生活会有什么影响,有利还是不利?所以,毛泽东同志曾经指出:"在报纸上开展批评的时候要为人家准备楼梯,否则群众包围起来,他就下不了楼。"胡耀邦同志最近对新闻界同志说:"凡是涉及人的功过是非问题,一定要格外慎重。"

在新闻报道中,由于把一个人物的优点、先进事迹写满,宣传效果适得其反的事例是不少的。如1984年，一些报纸报道一位军医退休后回家乡义务行医的先进事迹。作者用别人的话说他家的门“24小时都朝我们开着”，“群众半夜叫他半夜起，病人五更来他五更看”。还写他“看病一律不收钱”。据后来去调查的同志说，这些都不是没有根据的，但提出这样两个问题：对于这样一个老人来说，天天都是24小时开着门，半夜叫半夜起，五更来五更看，不会累垮吗？他当初确实门上贴过“看病一律不收钱”，但时间一长，看病的愈来愈多，能办得到吗？他的事迹见报后，有些患者要求免费治疗，达不到目的就发开牢骚了：“报上宣传他看病不要钱，怎么又收费呢?”这就使这位军医处境困难，而且在70天中体重下降了15斤。因而有关部门调查后建议：这位军医应该“少看病，多研究，注意休息”，保障他健康长寿。

至于把一个人的错误和缺点写满，批评效果适得其反的，也不乏其例。1983年，有一家报纸刊登一则新闻，写的是一个劳动纪律松弛的青年工人，在马路的电杆上贴了一张“红娘广告”，说是为朋友介绍女友，其实是他自己寻觅女友，有的女青年就上了当。记者针对这件事写这个青年的“欺骗行为”就行了，但又使用“骗子”这个字眼就不好了。虽然在这件事上，受骗人骂他“骗子”是真的，但别的人也可能会从这个字眼去看这个青年的总的表现。这是他受不了的，于是闹将起来，三天两头到报社找记者、编辑、领导人，责问为什么说他是个“骗子”。应该看到，这个青年在“红娘广告”这件事上的欺骗行为是错误的，但他寻觅女友之心却是人之常情；记者在批评其错误行为时，也应该为他日后寻觅女友想一想，把他写成“骗子”，他还有脸寻觅女友吗？这个青年到报社闹事也是不应该的，但也由于婚姻乃人生大事，因而得到他周围一些人的同情，以致使他胆大，四处张贴广告，反骂记者是“骗子”，这个教训是深刻的。报纸上批评一个人的错误要特别慎重，除了反复核实情况，还要注意别把错误说满了，有十分宁可写八分、九分，这样，既有利于他克服错误，也有利于他今后的生活。

记者写优秀人物时不回避其明显的缺点，写错误较多的人物时不把错误写完，这样效果就好。《人民日报》记者采写的通讯《不该发生的悲剧——对朱毓芬提拔以后服毒身亡事件的调查和思考》(刊于《人民日报》1983 年 4 月 13 日)，在这方面提供了很好的例证。这篇报道只写两个人物，粗心、马虎、敷衍和不肯学习的厂长张全福，细心、认真、负责和刻苦钻研的技术副厂长、女工程师朱毓芬。作者写这两个人之间的矛盾和冲突，张全福因朱毓芬对他开诚布公的批评而无端地指责她“搞技术封锁”；因自己捞不到出国机会而对受命出国的朱毓芬故意刁难，该管的撒手不管；因嫉贤妒能而拒绝参加朱毓芬入党问题的讨论；最后导致朱毓芬在一个晚上同张全福谈话之后服毒身亡。记者对朱毓芬强烈的事业心和在重重困难中拼搏向前的精神充满崇敬之情，但又惋惜地写到她性格急躁、律人过严、工作方法少、不善于听取不同意见等缺点，最大的缺点是“她的内在力量还不足以抗争‘左’的影响”，不应该走自杀这条路。至于张全福，这个嫉贤妒能到致人于死命的人物，在记者、编辑的笔下，没有把他的毛病、缺点写完。作品在见报前又删掉了关于他的两个细节：一个是他在和外商谈判时打瞌睡，一个是他在室内同朱毓芬谈工作时，听到外面有人打鸟的枪声，竟撇开朱毓芬跑出去打鸟了。尽管如此，双方矛盾、冲突的实质写得一清二楚，写得客观、公正，因而收到了很好的宣传效果。记者收到 400 多封读者来信，赞扬他写出了不少知识分子的“遭遇和磨难”，而他们又表示“我们决不走朱毓芬自杀的道路”。张全福呢？在事实和舆论面前，没有任何不服的表示，也没有难于为人、自暴自弃的表现。

据说，有人把这个悲剧故事编写成文学剧本。我想，在这个剧本中可能而且应该把新闻中删去的两个细节淋漓尽致地描写出来，而且在悲剧的高潮部分，即新闻中“悲剧的导火线”一节(朱、张最后的交谈)写得很充分。在记者笔下，这一节写得十分简约，因为没有第三者参与这次谈话，张全福对记者说的话，记者只引“谈崩了”3 个字，可见记者落笔是多么谨慎。但作家可以大胆想象，即艺术构思，把双方冲突的高潮部分充分展开，使人物各自的思想、性格充分展现。记者为什么那么谨慎、不敢想象呢？就因为在报道新闻人物和塑造文学形象之间，在新闻的真实性和文学的真实性之间，有着明显的界限，有着不可逾越的鸿沟。

1985年4月25日初稿

（此文得到新华社原副社长、著名记者李普先生的赏识，给作者写信大加鼓励，缩编稿刊于陕西《新闻知识》1986年第11期）

新闻真实性的哲学思考

新闻的真实性是我国社会主义新闻事业的本质属性，是我们新闻工作的生命线。这是谁都不会提出异议的。但在新闻实践中，在记者生涯中，谁能担保完全避免失实的报道呢？任何一个新闻单位，不大真实的或失实的报道是经常出现的，较严重的失实报道也几乎年年都有。看来，要牢牢把握新闻的真实性，杜绝严重失实的报道，除了加深认识新闻必须真实的重要性，还必须对新闻真实性的内涵作一些深入的思考和分析。

从实事求是的思想路线去思考："新闻是新近发生的事实的报道"；"事实"是客观存在；"报道"是这一客观存在通过记者头脑的反映或加工所形成的新闻稿件，大都包含着记者对新闻事实的认识和态度。作为主观意识的"报道"完全符合客观存在的"事实"，就是真实的报道，否则便是不真实的，或者是完全虚假的。

因此，新闻报道是否真实这个问题，关键在记者主观意识这一边，要从记者的认识活动、思想路线和思维方式中去考察。实践告诉我们，要真正把握新闻的真实性，取决于记者按照实事求是的思想路线，运用辩证唯物主义和历史唯物主义的世界观和方法论，去认识和反映客观事物。

具体地说，实现新闻的真实性，必须辩证地思考并处理好现象与本质、局部与整体、相对与绝对的关系。

现象真实与本质真实的辩证统一

我国新闻界在新闻真实性问题上有两种观点:一种观点强调事物的“本质”,认为新闻报道是否真实,在于是否揭示了事物的本质,反映事物本质的报道都是真实的新闻,被称为“本质真实论”;另一种观点则强调事物的客观性,认为凡是客观存在的都是事实,记者把耳闻目睹的现象写出来,就是真实新闻,叫做“现象真实论”。这两种意见各执一端,争论了多年。辩证唯物主义告诉我们,现象是事物的外部表现形式即外表,是直观的,人们看得见、摸得着;本质是事物的内部的质的规定性即内核,存在于现象深处,是看不见、摸不着的。而一切客观事物,其现象和本质都是互为依存的,世上绝没有脱离现象的本质,也没有不包含本质的现象。把事物的现象与本质人为地割裂开来,只讲“现象真实”,或只讲“本质真实”,都会造成违背新闻报道必须真实的失误。

先从“现象”看。现象按其与本质相互依存的形态可分为三类:一类是直接同本质相依存的,即实质性现象,也叫真相;另一类是间接地同本质相依存的现象,通常叫表象;还有一类是本质深藏隐匿其内的现象,这就是假象。报道诸暨一个储蓄所的营业员沈尘同持刀抢劫的歹徒搏斗的新闻,描写人们赶到现场擒住歹徒后,倒在血泊中的沈尘昏迷不醒,一只手死死攥住一把钥匙,旁人竟掰不开她紧抓的手指头;一只胳膊死死挟住歹徒的刀子,那条胳膊也一时掰不开,这串钥匙和这把刀子在现场都无法取出来;直到把她送进医院,待她苏醒过来,人们才取出了钥匙和刀子。这便是实质性现象,是记者深入采访中获得的,它揭示了沈尘为保护国家财产同歹徒殊死搏斗的精神。再看最近一篇报道电影《焦裕禄》在杭首映的现场新闻,其中3/4的篇幅写几家电影院外停放自行车之多,电影院内外人群拥挤,还有些人东奔西跑急切地购买电影票。这些也是现象,但却是表面的或表层的现象,事物的本质比较模糊。记者若能觅得深层次的现象,如几个朋友或同事发自内心的交谈，从中揭示这部影片的教育意义和人们对焦裕禄这样的党的好干部敬仰、爱戴和期待之情，就是一种实质性的现象了。值得注意的是，现在有一些现场新闻，写成了“现象新闻”，即只写表象，事物本质模糊，新闻价值和宣传效果都比较欠缺。盲目地采写表面现象，以至错误地报道事物的假象，这种教训也是出现过的。在前年春夏之交发生的政治风波中，报道那些资产阶级自由化思想严重的人呼喊“惩治官倒”、“惩治腐败”、鼓吹同政府“对话”等等，这些都是假象，其意在要挟和刁难政府，扩大事态，达到其最终颠覆政府、推翻党的领导的险恶用心。这种以“纯客观”为名的假象报道，使许多人看不清内中本质，造成人们意念上的种种错觉，导致一些人的错误行为。因此，新闻报道中不触及本质或曲解本质的“现象真实”对党和人民是无益的，甚至是有害的。

至于“本质”，除了真假之分，还有美丑、善恶以及先进与落后之别。持“本质真实论”的同志本意当然不是追求那真实但却是丑恶的本质，他们以美的、善的、先进的本质为出发点，为前提，并据此认为“本质真实论”是无可辩驳的。但问题恰恰就在这个出自主观的“出发点”上。所谓“本质”，是客观事物的质的规定性在人们头脑中的反映，是不依人的意志为转移的客观存在，存在于人们头脑之外，而不是在人们头脑之中。把事物的本质看成是存在于人们主观意识之中，把记者头脑中的某种“先进思想”这一新闻题旨加到任意选择的客观事物上，就出现了种种不真实的报道。例如，人民群众敢想敢干的革命首创精神这一题旨(这也是一些客观事物在记者头脑中的反映)，强加到了号称小麦亩产 5 万斤的报道上(这是另一类客观事物)，所报道的这一客观事物的本质——小资产阶级的不惜弄虚作假的革命狂热性被阉割和替代了。同样，年轻一代敢于斗争的无产阶级革命精神，强加到了一伙红卫兵冲进老教授私宅大搞打砸抢这类事件，被唆使的青年学生无知妄为，以至目无法纪、侵犯人权这一本质被掩盖和替代了。作为题旨的本质不可谓不先进、不正确，然而这种本质与这种现象对不上号，并无依存关系。这样的新闻报道也就失去了其真实性，记者的出发点再好，也因主观脱离客观而使报道失实，包括本质的失真，造成不良的社会影响。

“本质”同“现象”互为依存，而且存在于同一个或同一类事物之中，人为地移花接木，就背离了新闻的真实性原则。

“本质”又是比较稳定和单一的，而现象却是比较复杂和多变的。只看本质，忽视事物的现象，就会看不到事物的特性，使“本质”流于概念，在新闻报道中表现为近乎千篇一律、千人一面，单调、贫乏、呆板、无味。尽管报道思想、新闻题旨都很正确，但读者敬而远之，不屑一顾，并且有理由认为是不真实或不够真实的。因为群众所看到并生活于其中的客观事物是那么丰富多彩，那么变幻无穷！抓不住富有特性的现象，也就抓不住活生生的本质。我们有些报纸办得不生动，内容单调、乏味，新闻可读性差，究其根源，也许同办报人新闻观念上的“本质真实论”有关。这是很值得我们深思的。

人们都是通过事物的现象去认识事物的本质的。记者对客观事物的认识，也必须从现象到本质，现象是认识过程的起点，本质是认识过程的定向目标。“现象真实论”看起来向读者提供了认识过程的起点，由于记者自身没有认识和把握本质，他所提供的现象就不可能将读者的认识活动引向本质，难免出现这样那样程度不同的思维偏差，从而贻害了自己的读者。“本质真实论”则看起来向读者提供了思维定向，但由于记者自己是逆向思维，把本该从现象到本质的认识过程颠倒过来，变成“从本质到现象”，因而读者的认识没有起点，没有依据，也就无从认识，而当记者的“本质”与事实风马牛不相及时，就更加贻害读者甚至激怒读者。因此，“现象真实论”和“本质真实论”都违背了实事求是的思想路线，这是我们许多失实报道的思想根源。

记者必须遵循实事求是的思想路线，坚持现象真实和本质真实的辩证统一——统一在所报道的新闻事实之中，即向读者提供包含着“是”的“实事”，这样才能帮助读者去认识客观事物。

局部真实与整体真实的辩证统一

然而，仅仅做到现象和本质的统一，新闻报道仍然有可能是不真实的，或者是不完全真实的。

按照“本质真实论”观点，“非本质”是因其所谓“不真实”而排除在外的，结果适得其反，正是排除了“非本质”现象，造成了一些新闻不同程度的不真实。这是因为，任何事物，一个人，或一件事，本质与非本质也是互为依存，存在于事物的整体之中。人为地排斥任何一方面，非本质方面，或本质方面。对于事物整体来说，就是不完全真实，或完全不真实了。

焦裕禄的儿子最近在一家报纸上首次披露了父亲生前爱跳交谊舞，爱拉二胡，一曲《白毛女》拉得听众眼泪汪汪。许多读者看到这篇文章，联系到 20 世纪 60 年代关于焦裕禄的长篇报道，感到既新鲜又真切，焦裕禄这个形象显得更加丰满和可亲了。当年关于焦裕禄的报道，在揭示本质方面是突出和鲜明的。但事物的本质与非本质不是互相排斥的，而是互相影响、互相渗透的。拉二胡固然是娱乐，是非本质方面，但一曲《白毛女》不是渗透着这位共产党人的无产阶级思想感情吗？把本质与非本质割裂开来，往往使人看不到事物的整体及其个性，从而影响新闻报道的真实性。

辩证唯物主义的认识论告诉我们，普遍联系是一切事物的客观本性。事物的普遍联系，包括内部联系和外部联系、本质联系和非本质联系、必然联系和偶然联系、主要联系和次要联系、直接联系和间接联系等。内部的、本质的、必然的联系固然决定事物的本质及其发展趋向，但不可能脱离外部的、非本质的、偶然的联系而孤立地存在。我们只能从事物的一切联系的总和及其结构、层次去观察、认识，才能把握该事物的整体及其本质特性。电影《焦裕禄》的编导者较好地把握了焦裕禄这个人物的整体形象。在他病危时刻，自知将不久于人世，再不可能为兰考人民工作了，当着眼泪汪汪的女儿的面，想起早先说过要给她买件新衣裳而一直未能办到，便摘下自己的手表交给女儿，以尽父女之情。这父女之情对焦裕禄来说不是本质的、主要的联系，在这个人物的各种联系之中有其特定的位置（次要位置，经常被遗忘），但人们可以从这一客观存在及其位置，洞察焦裕禄的整个精神境界；这同在暴风雨中跌跌撞撞察看水情的无私无畏精神联结在一起，同其他种种精神品质联结在一起，构成了一个和谐而又实在、鲜明的整体形象，一个“现实的活生生的”共产主义战士。

新闻工作者在观察和认识事物时要有整体意识，分清事物的局部与整体；局部对于它内部的各要素来说又是一个整体。局部与整体是对立的统一，是不可混淆的。有一篇新闻稿，批评一家医院的几个外科医生收受病家的红包，编辑同志在发稿时改成“外科收红包”，还标在副题上。这就不得了，见报后这家医院的几位外科医生跑到报社，指责这篇报道严重失实，因为他们这几位医生没有收受红包。收红包的并非这家医院的外科的所有医生，只是其中一部分，报道把局部混为整体，从而造成了失实。这就是以偏概全。这类报道是常见的，如某单位多种因素形成的经济效益，在报道中只写一种因素；某企业之起死回生缘于领导、技术人员、职工群众多方面的积极努力以及外界某种机遇，报道中却只写了一个“能人”治厂的结果，都是以偏概全，把局部当成整体。这种报道，知情者会指出报道不真实，不知内情的外界人士不会说不真实，只是觉得不可信。

《浙江日报》最近在一版头条位置发表一篇题为《富裕地区的贫困现象》的报道，引起许多读者的兴趣。过去，对富裕地区只报道其富裕一面，即经济发展和繁荣，这当然是必要的，因为这是富裕地区的主流即主要方面，但如果对那里实际存在的贫困现象秘而不报，那么，从较大范围整体看，从宏观看，就显得不完全真实；这种不完全真实的报道会造成读者的错觉，以为富裕地区压根儿不存在贫困现象。

宏观真实，是一种扩展了的整体真实，它有助于人们去认识一个地区、一条战线或一种行业。比如农村的报道，一个时候有关万元户的报道偏多而又集中，在读者中造成农村中到处都是万元户的错觉。

一张综合性的地方报纸，既要从微观上把握好对某一客观事物（一个人、一件事、一个单位）在报道上的局部真实与整体真实的辩证统一，又要从宏观上把握好某一地区、某条战线的报道，做到局部真实与整体真实的辩证统一。诚然，这方面出现的程度不同的不真实，同对某一事物的失实报道（如“外科收红包”之类）在性质和影响上不一样，失实报道会立即引起不满、申诉等强烈反响，而宏观报道缺乏真实性不会引起这样强烈的反响。但应该指出，正是听不到强烈反响，不少新闻工作者对于新闻报道缺乏宏观真实性抱着满不在乎的态度。然而，如果一家报纸长期不注意这个问题，那么，它宏观上不完全真实的报道给以读者印象日益深化，久而久之，读者对这家报纸的信任度会日渐低落。因此，新闻报道中的宏观真实问题应当引起足够的重视，不能掉以轻心。

相对真实与绝对真实的辩证统一

上面两个问题的论述，还不能使我们明白造成另一类失实报道的缘由。比如，有家地方报纸，夜班编辑为填满版面上的一小块空缺，忙乱之中找来一篇早先编好的新闻稿填满了这个空缺，结果出事了。这篇新闻写的是某个村子推广长毛兔逐渐摆脱贫困，走上富裕之路。殊不料当稿子见报时，当地兔毛销势陡落，农民们正因卖不出兔毛而责怪村干部，见到报上这条消息更是火上加油，报社受到意想不到的责难。问题在于这篇新闻稿在编辑部搁了数月，如果编辑部能在收到此稿时立刻编发、见报，农民不会有意见；数月后的情况剧变，新闻失去时效，其真实性也跟着发生剧变。作者、编者由此悟出一个道理：一篇报道的真实性不是绝对不变的，一失时效，真实的报道变成了失实的报道。

新闻的时效性是物质世界永恒发展这一总的规律在新闻工作中的体现，是新闻工作必须遵循的客观规律。一切客观事物都处在不断变化、发展之中，记者必须从发展的观点去认识和把握事物。任何事物的真实与否，都以时间、地点、条件为转移，此时此地与彼时彼地不完全一样，甚至完全相反。持“本质真实论”的同志也忽略了这一点，因为事物的本质也随着时间、地点、条件的变化而程度不同地发生变化，甚至发生根本的变异。温州农村实行联产承包制若干年后，出现了一些农户因经商或家庭手工业而纷纷将土地转包给专营农业的农户。而中央曾有明文规定，承包后的土地不得转包他人，因此，《温州日报》在处理报道土地转包的新闻稿时相当棘手，经反复研究，决定从客观实际出发，予以报道，只在措词上作了一番斟酌，把“转包”改为“让包”。过了一年，中央下发的文件准许土地转包了。这说明农村这一变化具有普遍性和必然性，是社会主义商品经济发展的总趋势所决定了的。从“实事求是”的思想路线看，“实事”是在变化、发展之中，由量变演进到质变，作为本质的“是”也就变了，一成不变的事物是不存在的。

在新闻报道中，新闻的真实性还在于写出客观事物自身发展变化的过程来；如果写成凝固僵化，或完美无缺，都是不真实的。写张海迪的通讯很多，《中国青年报》的记者写了她在艰难奋进中曾有轻生的念头，新闻界公认这篇通讯最有真实感，原因就在记者写出了人物的成长过程。焦裕禄在兰考工作的这两年，在他一生中是最光辉也是最后的岁月，电影中有他责备基层干部当着灾情“娘们似的哭”这个情节，反映出他思想上还有一点大男子主义的残余，可见他在改造客观世界的进程中也要不断地改造主观世界，直到生命结束。“人无完人”，把活着的人写得完美无缺，是不真实的。读者对报纸上有些先进人物的典型报道感到不大可信，原因大多出在这个问题上。

当年关于步鑫生的报道，新闻界有许多教训，其中之一是新闻工作者未能从发展变化的观点去认识步鑫生及其改革实践。在经济体制改革起步的岁月，企业中规章制度无人理会、干好干坏一个样的积弊亟待改革，步鑫生发出改革的呐喊，率先革除此种弊端，符合党的十一届三中全会精神，起了推动改革的作用。然而，在改革大潮向前推进的过程中，步鑫生在严格管理方面存在的说一不二的主观主义作风未能自觉地克服和改进，反而扩大和膨胀起来，发展到擅自撤销厂工会主席职务，引起职工群众的强烈不满；严格管理变成了独断专行，在职工群众业已投身改革的情势下成了改革的阻力。而我们有关步鑫生的宣传报道仍在一个劲地升温，这就引起了广大群众的不满和反感。新闻工作者既没有适时把握改革的进程，也没有准确把握步鑫生思想演变的过程，把当年推进改革的先进典型看成一成不变，绝对先进，结果脱离了这个人物的实际存在。这当然同开始宣传这个典型时未能既看到其本质的主要的一面、又能看到其非本质的次要的一面，也就是未能用普遍联系的观点全面真实地报道这个人物有关。如果一开始就看到并写到尚属次要的非本质的方面，那么，在他思想演变过程中就会清楚地察觉：正如那时省委一位主要负责同志所指出的那样，步鑫生是个“夏伯阳式”的人物。

一切事物都是作为运动和变化的“过程”而存在的，因而新闻的真实性是相对的；但就事物发展“过程”的某一确定的“断面”而言，即在确定的时间、地点和条件之下，事物呈现出某种确定的状态，这样，新闻的真实性又是绝对的。新闻写作中的“五要素”，特别是“何时”这第一要素，使所报道的事物不致成为令人捉摸不住的“过程”；正是由于捉住了并且展示了“过程”的“断面”，使事物具有了确定性，从而确保新闻报道的绝对真实。诚然，这种绝对真实存在于相对真实之中。

《浙江日报》不久前发表了一篇题为《点“将”会》的现场新闻，写嘉兴市郊区某个乡的机关干部密切联系群众，由两年前领导指派干部联村蹲点，发展到了在一个会议上，由各村干部群众的代表当着乡干部们的面，点名去联村蹲点。在全乡 36 名机关干部中，被点到名的有 30 人，其中一名是 3 个村的代表互相争着要的，而其余 6 名乡干部哪个村也不要，思想震动很大。这篇现场新闻，有现象真实和本质真实的辩证统一，也有局部真实和整体真实的辩证统一，又由于写出了过程，注意了时效，具有新闻报道的五要素，较好地体现了绝对真实和相对真实的辩证统一。作者报道的是那天会议上的所见所闻的生动景象，会后的情况会怎样呢？人们读到这篇报道，仿佛听到了这些乡干部们争先恐后地走密切联系群众之路的脚步声。这篇生动的报道给读者留下真切而又深刻的印象。这也是一切真实的新闻报道所留给读者的共同的印象。

这篇报道也还表明，实现新闻的真实性，三个“辩证统一”是不可分割的，三者应统一于记者的辩证思维之中。现象真实与本质真实的辩证统一同局部真实与整体真实的辩证统一之不可分是显而易见的，它同相对真实与绝对真实的辩证统一之不可分，也是新闻工作实践所反复证实了的。要求典型报道以及综合性新闻、分析性新闻、经验性新闻具有“本质的真实”，是可以和应该做到的；但要求任何一则事件性新闻，特别是突发性事件新闻，都具有“本质的真实”，就比较困难，甚至是不可能的。突发性的新闻事件，记者很难立刻就把握住它的本质，但又不可能等到弄清其本质之后再发稿，必须争时效，随时将事态报道出去；至于整个事件的“本质”，只能在记者的追踪采访和一条条连续报道之中，逐步弄清并充分揭示出来。正如马克思所指出的，“只要报刊有机地运动着，全部事实就会完整地被揭示出来。”运动着的报刊，会“一步一步地弄清全部事实的”。[①]

整个物质世界在不断地运动发展中，人们的社会实践在不断地变化发展之中，并通过我们的报刊不断地反映出来。我们在新闻实践中对新闻真实性的认识也在不断深化，由“必然王国”一步一步走向“自由王国”。随着我们实践发展和对新闻真实性认识的深化，更真实更优秀的新闻佳作会不断涌现出来。

1991 年 5 月写于浙江省委党校进修班

（刊于《浙江社会科学》1992 年第 1 期）

---

① 《马克思恩格斯全集》第 1 卷，人民出版社 1965 年版，第 211 页。

报纸与舆论

——试论我国报纸的舆论功能

近几年，随着我国社会主义现代化建设事业的发展，我国报纸的品种和期发数都有大幅度的增长，如何发挥报纸的舆论功能也逐渐成为社会各界的一个热门话题。本文从我国国情出发，结合目前报纸上的舆情，谈谈报纸与舆论的关系和报纸的舆论功能，这对于改进报纸工作也许是有益的。

三足鼎立的报纸功能

报界新闻改革业已10年。头几年，人们抱怨报纸新闻的宣传味太浓，新闻性太少。许多报道，仅以新闻的形式出现，没有或缺少新闻价值，读者不感兴趣。于是，人们开始探索新闻价值问题。

也有人提出淡化宣传，宣传味越少越好。但是实际上行不通。党的报纸，总是要宣传党的主义、党的主张，没有这种宣传就不成其为党报；况且，在我国，广大读者对于党报的政策宣传历来是普遍关注的，在改革开放年代尤为关注。因此，党报的宣传味不应该淡化。

于是有专家探索新闻与宣传的关系，认为新闻不全是宣传，但有一部分也是宣传；宣传不全是新闻，但有一部分也是新闻，并以两个部分相叠的圆圈，表示了这种关系。

但是，一张报纸，光有新闻和宣传，再无别的，总还不尽如人意。例如，在一张报纸的头版，登了三条领导机关会议的新闻，一篇宣传党的某项政策的评论，两条国际新闻，甚至还有一则考古发现。对这个版面,多数读者还是不那么起兴,看上几分钟就不错了。若要使读者抓住不放,饶有兴味地读下去,读到令他感叹,发生共鸣的地步,那么,报纸上总还缺少些什么。

缺少的是舆论。报纸缺少舆论,便缺少生气。在读者看来,报纸不表达他们的意见、要求和呼声,就不那么可亲。

这种缺少舆论的报纸,至今还不少见。中国人民大学舆论研究所 1988 年初对首都知名人士的问卷调查表明:91.6%的人认为(或基本同意)"新闻工作只对上负责,不对下负责的情况相当严重"。可见,报纸舆论功能没有很好发挥,是报界存在的一个普遍问题。

前几年曾有过关于新闻事业的党性与人民性的争论。党报必须坚持党性原则,人民性其实就在党性之中。承认报纸的人民性,就是肯定报纸的舆论功能。

党报是党的喉舌,同时也应该是人民自己的喉舌。我们的党代表人民的根本利益,我们党又是个执政党,因此,党报的宣传功能不可削弱,舆论功能也不可偏废。

现在,人们有时说报纸是"新闻工具",有时说报纸是"宣传工具",有时又说报纸是"舆论工具"。这几种说法,有的是言谈者只知其一,不知其二、其三,那显然是片面的。但如果就报纸的某一功能而言,便都是正确的。报纸应该具有三种功能:新闻、舆论、宣传。

报纸这三种功能犹如三足鼎立,缺一不可,它们共同维系着报纸的生命。

舆论与新闻宣传联姻

报纸的三种功能——新闻、舆论、宣传,都各自独立存在,不能互相替代;同时,又都"结亲联姻",没有排他性。这种关系,使我们在探讨报纸的舆论功能时,不能不涉及它的新闻功能和宣传功能。

报纸的新闻功能,在于通过各种形式的报道,向人们提供新闻,传播信息。新闻所传播的是人们欲知、应知的新鲜事实的信息,也就是具有新闻价值的信息。

报纸的宣传功能，在于办报人阐述某种思想、观点。党报的宣传功能，在于通过言论、新闻、文章，向人们阐述党的主义、主张，阐述党的路线、方针、政策，指导党和政府的工作和人民群众的思想、生活。

报纸的舆论功能是什么呢？舆论是社会生活中利益和观念基本相同的人们对某一事态所持的大体一致的评价和意见。一个人的意见、官方的意见都不是舆论，公众的意见才是舆论。公众舆论，本质上是民意。报纸是舆论的载体，要反映公众舆论；党报又是舆论的向导，还要引导公众舆论。

作为三种不同的社会现象，新闻、舆论、宣传各有其自身的特征。舆论与新闻都离不开事实，但舆论都表述为人们对事对社会问题的议论和意见，而新闻则是所报道的新近发生的事实的信息。舆论与宣传都讲观点、意见，但主体不同。舆论的主体是公众。公众就是一切非官方的社会人士，包括社会各阶层的群众和非官方的专家、学者、社会名流等。宣传的主体，对于执政党的报纸来说，是党和政府，即官方。舆论是非官方的意见，执政党报纸的宣传是官方的意见，两者主体是不同的，尽管双方“意见”常常是一致的。不承认主体不同，就看不清舆论与宣传的区别。我们常常把宣传同舆论混为一谈，明明是宣传，却说是“舆论”，原因就在这里。

但是，新闻、舆论、宣传三者的共同点又使他们得以联姻，结为伙伴。

新闻与宣传联姻：新闻所报道的事实体现了报纸的宣传思想，但没有直接反映公众舆论。大都反映贯彻执行党的方针政策的新情况、新经验。这在目前报纸新闻中是最多的。

新闻与舆论联姻：所报道的新闻事实中有公众的议论，或侧重写公众对新闻事实、社会问题的评价、意见。发表这种新闻，不是要宣传某项方针政策，有的只是反映公众对某项政策、某个问题的评价和意见。这种新闻多为探讨性的客观报道。《人民日报》的《一人沉浮千夫评说》是写公众对人对事的评说；《光明日报》的《职称议》、《稿酬问题的多角透视》是写公众对与政策有关的社会问题的议论、评价。这种报道，读者很感兴趣，但为数不多。

舆论与宣传联姻：公众的意见同党的主张一致或基本一致，但不是新闻报道。大多以读者来信来稿的形式出现，反映在贯彻执行党的方针政策中遇到的困难和问题也有专题讨论，就某种有碍四化建设和改革开放的观念、情况，展开广泛的讨论，发表各种意见。《四川日报》今年开展《关于"盆地意识"的思考》的讨论，历时3个月，写文章谈看法的有全省各阶层人士。"盆地意识"是对封闭、保守、狭隘观念的概括。公众普遍认为，这种意识严重地阻碍着四川商品经济的发展和对外开放。议论中有争论，如在粮猪问题上，有的认为是四川优势，主张"粮猪安天下"；有的认为这是自然经济思想，即所谓"有柴有米有肉足矣"。后来有人说，勿以盆地为"天下"，主张粮猪出川，冲出盆地。最后，省委一位负责同志对这场讨论发表了长篇谈话，称它是"四川思想解放史上的一页"。

有没有舆论与新闻、宣传三联姻的呢？既反映公众舆论，又具有新闻价值，还有宣传教育意义，三者结合是不容易的，报上少见。且看下面两例：

《经济日报》今年11月发表一篇"信访纪实"，题为《能这样"变通"政策吗？》。这篇通讯报道湖南省氮肥厂厂长来到该报群工部，拿出两份红头文件，一份是中央四部委今年7月发的，另一份是湖南省物价局今年9月发的。按照四部委的文件，该厂化肥生产用电可免征电力建设资金；按照省物价局的文件，仍要征收该厂这笔资金。这位厂长气呼呼地说："这叫我们怎么办？"该厂去年一年的利润675万元，全部用来交电费都还不够。记者问："那么，你们是听谁的呢？"厂长回答道："他们（省里）不执行中央的规定，我们就不执行他们的规定。"还说："再好的政策，像这样弄，也是会变调的。"这篇报道无疑宣传了国家政策，反对有令不行的倾向，同时又反映了企业界人士的意见和呼声，事实新鲜、生动，对读者有很大的吸引力。

《农民日报》今年10月发表湖北省作家胡士华的来信，题为《万张欠条，带来五难》。说的是孝感市花西乡农民卖粮，粮店不付现金，统统开白纸欠条，总共开出1万多张，欠农民现金60万元。农民意见很大，说："我们买国家的是一手钱一手货，可是国家买我们的就兴开白条?!"骂粮店和乡政府是骗子，嚷着要把粮食挑回去。乡干部说："国家有困难嘛！"农民对辩："国家有困难，不能一棍子都打在农民身上呀！叫你们国家干部每月不领工资，只给你们一张白纸欠条，你们干吗?"这封信见报后引起极大反响，许多农民写信赞扬报纸说出了农民的苦衷。有个农民还寄去100元钱，奖给"为我们农民诉苦衷"的总编辑、编辑和作者。胡士华的来信报道了当时农村普遍出现的新事态，背景是一般商品流通信贷占用大量资金所造成的粮食收购资金严重短缺，而这正是贯彻三中全会精神、整顿经济秩序所必须解决的问题，引起了国家金融部门的极大关注。

不难看到，舆论与新闻、宣传三结合的报道，对公众和政府官员都有很大的吸引力，它的社会功能是全方位的，因而常常成为新闻报道中的上乘之作。

报纸的这三大功能及其相互关系，若以舆论为中心，不妨以图示之：

强化反映类舆论

反映舆论，这在报纸的舆论功能中是最主要最基本的，也是报纸工作的基本功。报纸之有生气，主要在于舆论。不反映公众舆论的报纸，必然是死板枯燥、萎靡不振的。

有些同志认为，反映舆论的目的在于引导舆论。我以为，反映舆论的直接目的不是要引导舆论，而是：一、向党和政府提供舆情，即下情上达。这是我们党在执政条件下办报的宗旨之一。党和政府官员看报体察舆情，了解民意，了解实际工作和实际生活中存在的问题，了解执行中的政策有什么欠缺，哪些要改进、完善，哪些要研究制定新的政策。二、向社会各界提供协商对话的渠道和机会，使之互相沟通。对某个问题、某件事，各界人士看法不一，都到报纸上来讲，达到彼此了解和理解，或互相启发、提高。这哪里是引导舆论？分明是舆论在表现或表达。在报纸上实行"重大问题经人民讨论"，为公众参政议政提供机会，提供版面，这是报纸舆论表达的最高境界。

公众舆论具有自发性、公开性、广泛性、评论性、权威性、差异性和流变性等特性。反映舆论，要体现舆论的这些特性。就自发性来讲，如果一组讨论稿是编辑授意之作，甚至是编辑代笔，就失去自发性，也就不成其为舆论了。再如差异性，如果一个专题讨论发了数十篇来稿，意见完全一致（哪怕都是正确意见），形成一种声音，那就失去了舆论的差异性，很难说是充分反映了舆论。实践告诉我们，报纸舆论，其非官方色彩越鲜明，自发性、广泛性、评价性、差异性越鲜明，那么，报纸舆论的分量越重，舆论功能也就越强。

怎样强化反映类舆论呢？

一是表达舆论要多。

表达舆论，题材要广泛，提供的版面要多。在坚持党的基本路线的前提下，对于改革中的"热点"问题，不能回避。街道里弄、工厂农村议论纷纷的问题，报纸上却无声无息，这张报纸的舆论功能肯定是微弱的。但"热点"不是一下子成为"热点"的，总是逐步热起来的。如果在它成为"热点"之前就发于报端，一片落叶报秋来，这对于党政领导掌握舆情具有很大价值。这也许可以称之为"舆论敏感"吧？

目前报纸上用来表达舆论的，主要有：1. 党报大多有《读者来信》专页或专栏，但有分量的一版头条的来信还很少见。2. 专题民意调查开始出现，如《人民日报》的《万户农民问卷调查》、《全国万名大学生抽样调查追踪》,《浙江日报》、《黑龙江日报》的农民如何看待10年改革的抽样调查。3.新闻同舆论、新闻同舆论和宣传结合的报道在有些报纸上已出现,《经济日报》较多。

要增加报纸舆论的容量,以上三方面都应当有所加强。党报的《读者来信》专栏应是反映舆情民意的阵地,《人民日报》办得较好,各省、市、自治区机关报都不及《人民日报》,有的基本上不反映舆情,形同虚设。重视读者来信本是党报的优良传统,在改革开放的新形势下应大放光彩,大有作为。至于新闻报道,如果有更多的记者认识新闻、舆论、宣传的特性及其联姻关系,那么,新闻报道中的舆情也会大大增加,新闻报道将出现生气勃勃的局面。

二是舆论监督要硬要重。

舆论监督,主体是舆论,也属于反映类舆论。通常采用读者来信、批评报道等形式。舆论的评价性、针对性、权威性,表明它不畏权势,敢于碰硬,而且公正威严,震撼人心。1949年国民党反动派的倒台,1976年林彪、江青反党集团被粉碎,一个重要因素是当时公众舆论所显示的巨大威力。1980年"渤海2号"事件的批评报道,1986年大兴安岭森林大火的揭露性报道,都震惊全国,舆论烽火般燃起,党内严重失职、渎职的官僚主义者受到应有的惩处。

舆论的权威性不光表现在这些国家大事上。公众舆论蕴含着强烈的正义感,这种正义感使人们在不公正的事件上形成一种共识、一种道义,这便是公理。舆论监督常常直接表现为伸张正义,主持公道,其威力也会震慑人心。1979年10月,《人民日报》发表《蒋爱珍为什么杀人》这篇报道,至今人们记忆犹新。事情发生在"文革"阴风尚未绝迹的年头,新疆石河子地区一个农垦医院里还在闹派性,团长和他派驻这个医院的工作组长都派性严重,蓄意整倒医院一位党支部副书记。这位副书记对他战友的妹妹、护理员蒋爱珍姑娘比较关心,闹派性的人诬陷他同这位姑娘有两性关系,空演一场捉奸丑剧,逼姑娘去检查身体。蒋爱珍无端受人诽谤,向工作组组长哭诉,回答她的是"有嘛,就承认,跌倒了再爬起来干革命"。向团长和地区派的工作队队长哭诉，回答她的也都是“要相信组织”之类的官僚主义滥调。蒋爱珍在周围汹汹的诽谤、咒骂声中绝望了，开枪连杀3个诽谤她的医生。她被定为“反革命杀人罪”，判处死刑。对这样一个杀人犯，敢不敢主持公道，为她伸张正义？胆识非凡的《人民日报》记者采写了这篇报道，将蒋爱珍案诉诸公理。通讯发表后的13天内，新疆石河子中级人民法院收到833封来信，大多表示对蒋爱珍同情，要求给以赦免，并惩办诬陷她的人。《人民日报》先后收到同情蒋爱珍、呼吁法院对她从轻判刑的来信达一万多件。四川一位离休红军老妈妈自费到新疆看望蒋爱珍，持党证、离休证找到石河子地委负责人，要求代蒋爱珍受刑、服刑。在公理面前，蒋爱珍的“死刑”改判为“死缓”，后又改判为无期徒刑，1985年又改判为15年有期徒刑。社会上还传说，害蒋爱珍的那些坏人中吓死了两个。蒋爱珍在狱中对来访记者说：“整我的工作组组长杨铭三，看到《人民日报》一报道，全国议论纷纷，他就托人调到河南平顶山煤矿，1982年被拘留，告诉他是渎职罪，他与我都被关进了石河子拘留所，在一次放风时碰见，我上去问他：‘杨铭三，你后悔吗？’他说：‘后悔。’我接着说：‘我们都坐牢，你害人也进来了！’他回到牢房不言不语不吃饭，拔自己头发，没多久就死了。至于团长冯俊发并没有拘留，是‘监视居住’……他在1984年死了，死得这么快，总与精神刺激有关。”这件事足以看出公众舆论的威力。

三是舆论意识要强。

所谓“舆论意识”，是我们党一贯走群众路线、倾听群众呼声这一优良传统在执政时期的继承和发扬。经常注意公众舆论，自觉接受舆论监督，是政府官员们民主意识的体现，也是我们党在执政条件下永远同人民群众保持密切联系的保证。党报在发挥舆论监督功能时，要有助于培养、增强党和政府各级干部的舆论意识，正确对待体现人民群众心愿和要求的社会舆论。

公众舆论的威严性决不意味着舆论监督都要把人往死里整。舆论具有公正的品格，评事论人都以事实为依据，区分罪行还是过错，对犯错误的人，批评是严格的，但又是与人为善的。《中国青年报》今年4月关于武威报案的批评报道充分说明了这一点。《武威报》登了一篇《人民代表的心里话》，其中记录了武威市部分人大代表在座谈上提出的批评意见，诸如粮食定购是硬压的，乡干部吃粮不干事，柳市长办的“48件实事”有的效果不好，等等。柳市长看到这张报纸大为恼火，告诉了地委。地委书记和几位常委决定收回这张报纸。收报时，市民们不但不交出来，还斥责这种收报行为。《中国青年报》这篇报道成了武威地、市领导有没有民主意识的大曝光，引起武威人民的强烈反响。据报道，曾在座谈会上鼓励人民代表对政府工作提意见的行署专员魏万进认为：“人民有权利批评我们的错误，报纸有权利反映人民呼声。报纸是人民的喉舌，不是哪个人的私产，收缴报纸的做法是错误的。”地委书记杨作林从报纸批评中清醒过来，他对记者说了这样一番话：“这次所发表的批评报道，见报前都和本人见面，我觉得很好，思想上有个准备。这样的批评，的确是帮助，而不是整人。所以我受到了批评还感到舒服，因为这不是我同记者之间的事儿，而是一个到底如何对待民主的大问题。”这样的报道，显然有利于增强党政干部的民主意识和舆论观念。

优化引导类舆论

引导舆论不自今日始，恐怕可以说，建国以来近40年中，我国报纸没有一天不在引导舆论。公众舆论具有差异性，有的受旧思想旧观念支配，党报引导舆论确有必要性。公众舆论又有流变性的特性，党报引导舆论也就有了可能性。问题在于如何引导舆论。建国以来，党报引导舆论有巨大功绩，也有过几次重大失误，这当然同党在那个时期的错误路线有关，但同报纸引导舆论的种种做法也直接有关。引导不恰当，源于舆论观念上的种种偏差。“大造舆论”的许多人中，大概没有人研究过舆论学，更没有人写过舆论学专著。新闻工作者对舆论的本质、特性到底懂了没有、懂了多少？对许多人来说，至今还是个大问题。

舆论是人心，是民意，是社会意识，是精神力量。它有自由的天性，自尊的品格，而不是任人使唤、摆布的车马、工具。远的不说，发生在今年的事情就足以令人深思。5～6 月间，党报一个劲地讲改革到了“攻坚”阶段，“不可迟迟不攻坚而坐失良机”。这显然是在指市场、物价。结果如何？单说杭州的情形吧，据《经济生活报》报道，6 月市场出现抢购风，7 月银行存款滑坡，跑银行提款成风。公众行为受公众舆论的指引，公众舆论又受公众心理的支配。谁都心中有数，价格一直在涨，“攻关”还会猛涨，存款要冒变值的风险，不提款吃亏在眼前。就这样，报纸引导出来的是提款抢购风，真是事与愿违。党的三中全会公报一发表，整顿、清理的方针一亮，存款保值的规定一公布，人心安定了，银行存款又出现了上升的趋势。

舆论似大海，似江河，要引导得好，实非易事。这里且把优化引导类的舆论分两层讲，姑妄探讨。

(一)引发舆论。又叫动员舆论或制造舆论。舆论之能被引发，大凡取决于两方面因素：一面是公众心理，另一面是客观事理。两者契合，发生共鸣，便形成舆论。倘若无视公众心理，或违背公众心理，引发舆论就不会成功，还可能导致公众的逆反心理和逆向行为。体察到了公众心理，还要把作为引发点的事实、事件或社会问题的真相讲明白，把其中的事理讲清楚。武威报案所引发的舆论波及全国，是因为这组连续报道写得很客观，几个方面和有关当事人都写到，事件前因后果一目了然；还因为公众普遍厌恶民主意识淡薄的领导干部，全国皆然。蒋爱珍案之所以激起那么多人的同情心，是因为公众对闹派性、对官僚主义者痛恨的心理同案中情理发生了共鸣。有一家报纸，报道一个女研究生被一个没有文化又比她年轻的女子拐骗到农村，与一个农民做了两个月“夫妻”，令人吃惊，但舆论平平。原因是新闻报道中人物的思想、心态都没有揭示出来，令人费解，无从评说。

(二)诱导舆论。也就是指导和转化舆论。把一种由陈旧观念支配的舆论转化为新观念支配的舆论，首先要看时机。时机就在于人们在社会生活中因某种旧观念支配而普遍地显出了困惑、烦闷、苦恼的心理状态。在这个时候，新观念成了黑暗中的明灯。但人们的旧观念决不会一个早晨全部彻底消失，总有人因其自身经历、文化教养程度等因素而仍当宝贝保留着。况且，人们看问题的角度不同，某种看起来是受旧观念支配的舆论，也可能有别的因素支配着，说不定有某些合理成分。我们过去在舆论诱导、转化方面存在的主要问题是急于求成和强求舆论一律。一律化的舆论，往往是假象。舆论转化而又不一律，才反映了社会实情。《四川日报》今年6～7月间开展《"济世观音"破产的思考》的讨论。农民企业家胡乾昂菩萨心肠，有求必应，把几年来所赚的10万元钱统统施舍光了，落到企业破产的困境。看完报道，令人拍案叹息。讨论中，不少专家、企业家都认为，胡乾昂没有摆脱小农经济意识和旧观念的氛围，农民企业家应树立以资产快速增值贡献社会的新观念。但在利和义的问题上出现争辩，一种意见是重利轻义，认为农民企业家不应当充当"济世观音"，要做一毛不拔的"铁公鸡"；另一种意见主张利义并重，认为这是符合我国国情的；还有一种意见主张重义轻利，说是当今世风不好，为富不仁，胡乾昂助人为乐，是"活雷锋"，要赞扬、提倡。这场讨论，既有一个主旋律，又有反差很大的多种声音，呈现出公众舆论的差异性。编者的目的是要诱导、转化，但并没有把公众舆论统一起来，哪怕形式上的统一也没有做出来。他大概知道在这类具体问题上，舆论是不可能统一的，不同于在关乎党和国家命运的根本问题上的"舆论一律"。

舆论与报业

毛泽东同志提出的社会主义制度下舆论"一律又不一律"，是我们舆论工作的指导方针。在当前，舆论"一律"，就是体现在四项基本原则，党的基本路线上的"一律"，这是主旋律；舆论"不一律"体现在一些尚待探讨的具体问题上，容许和提倡有不同声音。一张报纸可以有不同声音，整个报业，即报纸与报纸之间，更应该有不同声音。从目前尚属少见的报与报之间舆论不一律中，不难发现多品种、多层次的报业结构的社会效益。1984 年初，《人民日报》等报纸发表了新华社关于“一个有独创精神的厂长”步鑫生的报道，几天后，《浙江工人报》发表了题为《“一个有独创精神的厂长”独断专行》的报道；4 年后，新华社播发了《步鑫生沉浮录》，这是大家都知道的。今年 10 月，许多报纸登出杭州发生“望子成龙”酿成又一悲剧这条消息，《人民日报》、《辽宁日报》发出异议：这个悲剧的原因不仅仅是“望子成龙”。还有，中央大报上赞许北京海淀区“电子一条街”，《华声报》的声音却是：“电子一条街”给当地居民生活带来了诸多不便。很明显，多种报纸多种声音，互相补充，互为监督，有助于人们认识事物，在改革和建设中少犯片面性错误。

目前我国报业大体上是多层次的三类报纸：党报（界定为中央和地方党委的机关报）、政府报（各级政府和政府部门所办）、民众报——各民主党派、各人民团体和各行各业所办。目前民众报多为专业报、行业报，综合性的大报极少，占了种类和数量上的优势，失却了舆论上的优势。三类报纸都应发挥三大功能，但不求一个模式，党报可突出宣传，政府报可突出新闻，民众报可突出舆论。党报与非党报纸都应遵从社会主义的宪法和新闻出版法，即实行法治，保障舆论公开。

多层次的报业以党报为中心。但党报也应该进入报业竞争的行列。竞争又必须是平等的。长期以来省级报纸中党报的优惠待遇和绝对优势，阻碍报业竞争，很少反映不同声音，也不利于其自身改革。看来要采取有效措施，来确保省级报纸的平等竞争。假如省府或省级人民团体也办出两三张对开日报来，与省级党报平等竞争，那么，目前省级党报缺少舆论的状况会发生大变，整个报业也会出现新面貌。

1988 年 12 月

（此文作为中国社会调查系统的征文作品，1989 年在广州举行的全国首届民意研究讨论会上被评为优秀论文（共五篇），刊于《新闻大学》1989 年第 20 期，《新闻战线》1989 年 7－8 期合刊删节发表）

新闻学基本原理

新闻学的基本原理，反映新闻传播和新闻事业的基本规律，是新闻学的基础理论或新闻理论的基本知识。认识和掌握这些基本规律，就会从根本上懂得“什么是新闻”，也会进一步认识其他理论问题以及新闻事业日新月异发展中出现的许多新问题。

人们对于新闻学基本原理的认识，是随着社会实践和科学研究，特别是新闻实践和新闻学研究的发展而从无到有，从知之不多到知之较多，从知之尚浅到知之甚深的。人们常常把这种认识概括成新闻的定义。目前国内外新闻理论著作中关于“什么是新闻”即新闻定义的表述何其多也，几乎有多少新闻学专著便有多少新闻定义。我们不妨对各种新闻定义加以比较，首先把握其中的共识，并结合新闻实践和当代有关科学知识，对其中的异议加以鉴别，吸收其科学成分，补足其欠缺成分，在分析和综合中系统化，从而使我们对于新闻学基本原理的认识提高一步，深化一层。

新闻学是一门社会科学，新闻事业属于上层建筑。在阶级社会里，只有代表先进生产力的阶级才能真正掌握这门科学。因此，我们在进一步探索新闻学基本原理时，以无产阶级新闻理论为基础，借鉴西方资产阶级的新闻理论，运用马克思主义的科学世界观和方法论，才能有所提高，有所发现。

我们党领导的新闻事业至今已有 70 多年，我们已经掌握了新闻事业最一般的规律。早在 1943 年，即延安时期，陆定一同志就提出了“新闻的定义，就是新近发生的事实的报道”。从那以后，随着新闻实践的发展和科学研究的开展，新闻界不少同志对这个新闻定义提出了一些补充意见。著名记者范长江同志在60年代提出的新闻定义——“新闻,就是广大群众欲知、应知而未知的重要的事实”,对于我们把握新闻学基本原理,也具有一定的参考价值。

一、新闻的本源——事物、事实及其特性

新闻的本源是什么?是事实。这是陆定一同志阐述的关于新闻定义的一个唯物主义的基本观点。在范长江同志的新闻定义中,也把“事实”作为新闻的基点加以表述。这个基本观点,同毛泽东同志早在1925年所表述的“实际事实之叙述”①,同马克思所表述的“根据事实来描写事实”②,都是一脉相承的。

古往今来,有事实才有新闻,没有事实便没有新闻。新闻,只能以客观事实为其本源。这一基本规律是中外学者长期以来一再揭示并确认了的。因此,我们无需在这一点上重新加以论证。

那么,什么是事实呢?

事实是客观事物的真实情况。

事物,指的是存在于自然界和人类社会的各种物质现象。世界上形形色色的事物,都是物质的具体形态。物质的唯一特性是它的客观实在性。它并不依赖于人的主观感觉和思维。1949年,一个生气勃勃的新中国诞生了,美帝国主义视而不见,硬是不承认,但新中国不但依然存在,还不断地发展、繁荣,于是只好承认,那是20世纪70年代的事了。在朝鲜战场发生过这样一桩事:一场血战结束,我志愿军指战员没有发现投入这场血战的英雄战士李玉安,记者魏巍也确认他牺牲了,把他列入这场血战的13名烈士的名单,加以报道。

---

① 中共中央文献研究室、新华通讯社编:《毛泽东新闻工作文选》,新华出版社1983年版,第5页。

② 中国社会科学院新闻研究所:《马克思恩格斯论新闻》,新华出版社1985年版,第107页。

其实，李玉安在这场松骨峰血战中身负重伤，当即被朝鲜人民军的一个司号员救走，在后方医院治好后辗转回国，至今还活着，到20世纪90年代初人们才发现这位前中国人民志愿军的英雄战士。事物的客观存在，就是这样毫不依赖于人们主观上的感觉如何。

事物与事实，是两个既有联系又有区别的概念。事物不依赖于人的感觉而存在，是物质形态而不是人的幻觉或臆想；而事实，则是人对事物的感知和认知，因而是主观对于客观的反映，是人对客观事物的知识。事物，当它不被人感知时，是“自在之物”。而当它呈现在人的感官之前，人对它有了感觉、知觉，逐渐地有了认识、判断，它便是人所把握到的“为我之物”，这就是“事实”。

在古代，人们只能靠自己的感官直接感知近在眼前的事物；在现代，人们还可以借助于科学的进步，间接地感知远在千万里之外的事物。因而，古人认识能力很有限，许多复杂事物反映到他们的头脑之中，折射出许许多多的神话来。而在现代，人们借助于科学技术和科学思维，去认识和判断许多复杂的事物。人们把握的“为我之物”——事实越多，社会就越进步。

事实，有自然界的事实和人类社会的事实两大类。按事物固有的形态，有事件性的动态事实和非事件性的其他事实两种。所以，出现在我们的新闻报道中，就有事件性的新闻和非事件性的新闻。

新闻工作接触千千万万事物，把握千千万万事实。而要把握事实，必须注意到事实所具有的几个特性：

1. 事实总是客观存在的。它的客观性表现为事物被人所感知。凡是被人感知到的，都是客观存在的。法官要找证人，记者要找目击者，证人和目击者都是客观事物的感知者，是判断事实客观性的依据。热带森林里一条巨蟒吞食一个小孩，如果没有任何人发现，怎么会成为一桩事实呢？“一些过路的农民见此情景，忙开枪打死了这条巨蟒，但未能救出这个小孩，孩子的身躯已在巨蟒肚子里被分成了两段。”这就构成了事实。埃菲社最近报道了发生在秘鲁北部圣马丁省热带森林区的这桩新闻。

2. 事实又不是纯客观的，而是客观与主观的统一。纯客观的，只能是“自在之物”，那是尚未被人感知的。事物通过人的感官，进入人的思维，于是作出关于事物属性和特征的判断，即由感知达于认知，才成为事实。因此，事实包含着人对事物现象的感知和对事物本质的认知。人对客观事物，特别是对社会事物的认知，无不依靠正确的世界观和方法论，因而事实不可能是纯客观的。即使有了正确的世界观和方法论，人对复杂事物的认知还须有一个过程，才能达到主观与客观的统一，思维与存在的统一。我们看最近新华社对澳星发射故障的三则连续报道，便知对发射故障这一客观事物的认知，包含着人的主观因素。

〔新华社西昌 3 月 22 日电〕中国卫星发射测控系统部驻澳星发射现场发言人宣布，澳大利亚通信卫星在今晚 6 点 40 分发射时，因运载火箭点火后，一级发动机推力不正常，实施紧急关机。其原因正在查找之中。目前，卫星、运载火箭和发射设施均处于安全状态。

〔新华社西昌 3 月 29 日电〕澳星发射合同中方主承包商——中国长城工业公司新闻发言人今天在西昌卫星发射中心披露，执行澳星发射任务的我方工程技术人员经过几天的紧张工作，已初步查明火箭发射故障原因。

3 月 22 日北京时间 18 点 40 分，发射澳星的长征二号捆绑火箭点火以后，因总推力未达到起飞值，一级发动机紧急自动关机。为确保卫星、火箭和发射场区的安全，现场指挥部采取了一系列得力措施：立即切断供电电源；将发射塔架合拢；安装卫星保险机构；将卫星卸下，于 23 日上午 11 时安全运回技术厂房；24 日火箭推进剂全部泄出，并对推进剂贮箱等进行了 3 次吹除；在确保人身安全的情况下，25 日开始对故障进行查找。现已初步查明，故障不是发动机系统本身所致，而是控制点火线路造成的。目前中方技术人员正在继续查找故障具体部位。

休斯公司对卸下的卫星进行测试后认定，卫星处于良好状态，整流罩内环境符合技术要求。

〔新华社北京4月22日电〕中国长城工业公司新闻发言人日前宣布，澳星发射故障原因已经查明。

这位发言人说，今年3月22日……(同上，略)

这位发言人说，火箭工程技术人员经过紧张工作，现已查明故障原因是助推器发动机点火后，一、三助推器发动机氧化剂副系统断流活门电爆管误爆，使一、三助推器发动机关机。电爆管误爆是由于点火控制电路中的程序配电器的一个控制接点上有微量铝质多余物，接点闭合后产生高温引起爆燃，使上述电爆管误爆。这个事件纯属极小概率事件。故障原因已在地面模拟试验中得到验证，并经我国高级火箭专家组成的故障分析专家审查委员会评审后得以确认。这枚火箭故障分析专家审查委员会由中国科学院学部委员、国际宇航科学院院士、航空航天部高级技术顾问屠守锷任主任委员，另5位委员也都是航空航天方面的高级专家。

这位发言人称，目前，我们已针对故障制订出详细的改进计划，并将采取有效措施，确保火箭的生产质量。再次发射澳星的时间，需待合同双方磋商确定。

第一条新闻，只报道澳星未能升空，“原因正在查找之中”，事实是模糊的；第二条新闻，已见局部事实，尚不完整，故称澳星发射故障原因“初步查明”；第三条新闻，才提供了澳星发射故障的完整事实，即“这个事件纯属极小概率事件”，“原因已查明”。澳星发射故障原因本来是客观存在的，但专家们对它从不认识到认识经历了一个月时间。如果“事实”是纯客观的，不在乎主观认知与客观实在的统一，就无须对澳星发射故障一事作三次连续报道了。

3. 事实总是具体、实在的。事物之所以能被人感知，就因为它是具体实在的缘故。如果它是抽象的、虚幻的，就不会被人感知。事实的实在性主要表现在它具有明确的时空界限。物质世界永恒发展的规律表明，一个具体的事物，人们只能在一个明确的地点、一个明确的时间内，才能感知它的特征，把握它的属性。因此，新闻所报道的事实，都应有明确的时间和地点。倘无明确的时间和地点，就显得扑朔迷离，不实在，也就不成其为事实。

请看一篇题为《出门谨防“美女蛇”》的报道：

绍兴某供销社王君，出门去温州。黄昏，在一车牌下等公共汽车，忽觉背后有人“贴”过来，轻轻碰撞。侧目一看，灯光下，竟是一娇俏姑娘，一张脸几乎“吻”着他的腮帮，轻声耳语：“表要哦？”王君急避，连说不要。少顷，车来，那姑娘也尾随王君上了车。车厢并不拥挤，那姑娘却紧“贴”其旁，旧伎重演：“表到底要哦？便宜。”王君又不理，避至一边。下车后，“卖表”姑娘以媚眼勾引：“要哦？要表跟我到家里去挑。”王君情知不妙，恰路边有一汽车停后欲开，即快步上车，总算甩脱尾巴。

王君将此事告之温州亲戚，方知是女骗子。若有买表者或有非分之想者，便必遭其害。或七拐八弯，将你诱至黑窝中，用暴力威逼向你“借钱”，若不依，便遭皮肉之苦；或把你诱至僻静处，当场伸手向你“借”钱，若不从，便耍流氓：“你不借，我就告你拦路强奸！”吓得你用钱买太平。忠告诸君，出门谨防“美女蛇”。

没有人名及其工作单位，没有确切的时间、地点，谁能认定或证实这是事实呢？

在几乎所有的新闻学著作中，凡是讲到5个W(何时、何地、何人、何事、为何)的，都说成是“新闻的五要素”。其实，“5W”并非专属新闻报道。翻开历史书籍，那些历史事实都有这5W。找些法院判决书来看，那些违法事实，也都有这5W。可见，“5W”不是“新闻”的要素，而是“事实”的要素。

4. 事实总是真实的。事实的真实性在于事物本身的存在及其内在规律，也还决定于人们认知的立场、观点和方法。我们常说：事实胜于雄辩；事实会说话，会发表意见。这是因为，事实包含着客观事物自身的运动规律，具有内在的逻辑力量，这是不以人的意志为转移的。谁把握事实(特别是社会事实)，谁就把握真理，就有力量。在阶级社会里，人对社会事物的认知，常常受其阶级立场的制约。对1989年春夏之交中国发生的政治风波，“美国之音”的报道不真实，因为“美国之音”的反动政治立场和阶级偏见，决定了它不可能对这一政治风波有正确的认识和判断。

社会主义新闻事业最讲新闻的真实性原则，这个原则就包含在我们所报道的必须是事实这一基本观点之中。凡是不真实的，都不是事实；凡是事实，则必然是真实的。当然，对于我们来说，光有正确的立场，还不足以把握所有事实的真实性，还需有辩证唯物主义的世界观和方法论。

5. 事实总是越难发现越有认知价值。事实的发现都有个过程，这个过程可能是短时间的，也可能是长时间的。社会生活中大量的常见的一般事实，是比较容易发现的，成为人们的常识。有些事实比较复杂，发现难度大，有个较长的过程。其原因不外乎三：一是事物本身有个从量变到质变的较长过程，非到发生质变之时便很难为人们所认知；二是认知者本身的感知、认知能力有限的问题，使得本当可以较早获得的认知变得迟缓；三是事物(社会事物)当事者或有关的人故意隐瞒真相，一段时间或相当长时间内不让外界人士获知。历史上，现实生活中，这类情况并不少见。然而，社会上越是难于发现、越是不让人发现的事，却越是人们所渴望了解和获知的。治史者孜孜于发掘历史事实。执法者潜心于破获犯罪事实，新闻记者则奔走于发现新闻事实。他们都是发现、发掘、发布事实的行家，只是分工不同、专业各异罢了。

新闻工作中较难发现的事实，大致有以下几种：

一是辐射面较广的社会现象、社会问题。一个复杂的大事件中包括许许多多小事件，要全面地感知和把握它谈何容易。温州“台会”一度席卷浙东南一带，这是怎么回事，局外人都感到迷茫，急欲知之却又不得而知。一当报刊上发表有关“台会”的长篇调查报告，人们都争相传阅，先睹为快。

二是那些政治性强的秘闻。其之所以隐秘不露，实乃政治利益所系，在阶级社会里屡见不鲜。美国水门事件是西方最典型的揭秘性新闻，揭露了垄断资产阶级的政治丑闻。那是记者历尽艰辛，数年调查所得。在我们社会主义国家，关乎党和国家命运的机密，也只有在事过境迁后，才为人知晓。如出兵朝鲜内情，在当年保密之必要是人们都能理解的，在现在披露出来，是人们很有兴趣获悉的。不言而喻，如果有人对目前尚属保密的事情必欲“揭秘”而公诸于世，那是不被允许的。

三是突发性的事件。这种事件由于来得突然，人们不易把握真相。有两种情况：一种是对当事者本人来说也是突如其来，属意料之外的，如 1988 年发生的上海“3·24 列车相撞”事故，以及类似的交通事故。对这类事件，往往不可能一次报道就把事实全都提供出来，多次连续报道，才有全部事实。另一种情况是，仅仅外界的人感到突如其来，而当事者或知情人士却在意料之中，或在谋划之中，或在准备之中。这种情况下，高明的记者有先见之明，正如“月晕午时风”，有先兆可辨认。前苏联几位领导人逝世，塔斯社尚未报道时，外界还不得而知，记者从克里姆林宫灯光或广播节目变动中先看出征兆，抢先报道了。我国“9·13 事件”，法国记者最早看出征兆，于 9 月 15 日抢先报道。

四是唯有科学研究人员才有可能认知的事物。这就是所谓“科学之谜”，是人们很有兴趣获知的。比如，“野人”到底是不是人？我国自唐代以来就有种种说法，光名称就有人熊、雪人、红毛野人、毛公等等。解放后，在我省九龙山就有关于人熊的许多传闻，但到底是“人”还是“熊”，连亲眼目睹过“人熊”的当地农民都说不清。《浙江日报》曾报道：1980 年 10 月，一支自然科学考察队终于在遂昌县找到了 1957 年留存下来的一只被人打死的“人熊”的手脚标本，“初步鉴定”它“属于灵长类是无疑”的，有的认为“可能是一种尚未被人认识的动物”。《羊城晚报》曾报道：1984 年 10 月在湖南省新宁县捕获一只“毛公”，经过上海自然博物馆、西安动物研究所等有关专家教授鉴定，“初步确认是一只罕见的大型雄性短尾猴”，即“猴中较高级的一种”。然而，“毛公”比我国最大的短尾猴还要重一倍，“智力特别发达，会哭、会笑，对外界事物好奇心很强，手功能与人相近，拇指能与其他四指对握，会自己用勺喝水，吃鸡和泥鳅等肉类食物，对此，有关专家正拟进一步研究”。可见人类认识世界，变“自在之物”为“为我之物”是无止境的。

历史和现实都表明，人类寻求新事实的愿望是无比强烈的。新闻工作是一种不断地向人们提供新事实的工作，它对于人类进步和社会发展具有重大的意义。

二、新闻的特征——新鲜及其层次

新闻工作、司法工作、史学工作都是同“事实”打交道的工作。但这三种职业面对的是三种不同的“事实”：司法工作面对的是违法事实（所谓“以事实为依据，以法律为准绳”），史学工作面对的是历史事实（所谓“求真存实，秉笔直书”），而新闻工作面对的是新鲜事实。陆定一同志称之为“新近发生的事实”。

新闻的特征或标识，在于“新鲜”。只有那些新鲜的事实，才有可能成为新闻。历史事实都是陈旧的事实，但在历史上也曾是新闻。今天的新鲜事实，若是重大事实，过若干年后，也就成为历史事实了。所以新闻报道不但要对同时代人负责，还要对子孙后代负责，记者同时承担着社会责任和历史责任。

“新近发生”，意为新鲜，有着两层含义：一是新在“发生”，二是新于“时近”；前者表明事实的状态，后者表明报道的时效。

20 世纪 80 年代初，我国新闻理论工作者在探讨新闻定义时，对陆定一新闻定义中“发生”一词提出一些异议和修正意见，主张用“变动”来取代“发生”，认为这样更为合适、确切。我认为，用“发生”来框定作为新闻的事实，基本上是正确的；用“变动”来取代“发生”，认识深了一层。但还可以作更深层次的思考。

从事实本身看,新鲜的事实是——

1. 新发生的事实:未曾有过的事实产生、出现了,有可能成为新闻。所谓“闻所未闻”的事,就是这一类。这种新鲜事实是大量的、常见的,在报道中也是比较容易把握的。在这类事实中,还包括新的创造发明,即人们的劳动成果、科技成果;还包括新的精神产品的发表,一部著作或一本电影、一个戏剧问世,引起社会轰动,便成为新闻。这些也都是常见的。

2. 新变动的事实:事实早已产生和出现,事态在不断变动之中,或向前发展,或逆向变动,都有可能成为新闻。说变动出新闻,有一定道理。但世上任何事物都在运动之中,运动中的事物都有这样那样的变化。事物的变动,有正常与异常之别:正常的变动,即顺利地发展,不大可能成为新闻;异常的变动,即发展特别顺利,异常迅猛,或发展受到挫折,甚至无路可走,气息奄奄,终于消亡。异常者,异乎寻常也。任何事物,出现异乎寻常的变动,都是新闻。大事物出现异常变动是大新闻,如近年来东欧、苏联政局的异常变动是大新闻。小事物出现异常变动大多是小新闻。但异常小变动如果出在大人物身上,也可能成为大新闻。最近,澳大利亚总理在接待英国女王时的一个小小的动作,就成了轰动舆论的大新闻。请看路透社和新华社的报道:

〔路透社伦敦2月25日电〕澳大利亚总理基廷本月24日在堪培拉向议员们引见英国女王时用胳膊挽着她的腰,英国新闻界和政界人士今天指责基廷失礼。

议会保守党议员狄肯斯说:“谁也不能把手放在女王的身上。这表明基廷的无礼。”

基廷在女王参加的一个仪式上还对澳大利亚和英国之间的传统关系提出异议,并含蓄地表示支持英国向共和制过渡。

贵族布鲁克斯贝克说:“基廷不但侮辱了英国女王,而且往君主制的棺材上又砸进了一颗钉子。”

《每日镜报》以《把手拿开》为题，在头版发表文章，指责基廷失礼。《每日快报》说：“女王由于受到侮辱而感到悲伤。”《明星日报》说：“女王在受到澳大利亚总理及其夫人的侮辱之后感到不快。”

〔新华社今晨供本报专电〕澳大利亚总理基廷26日在澳大利亚电视台发表谈话说，英国舆论指责他在英国女王访澳时挽着女王的腰是“非礼”的说法是小报编辑不懂得世界已经变了。

英国有的报纸指责基廷的夫人没有向英国女王行屈膝礼。他说，英国女王上次访澳是在38年前，那时，澳大利亚多数议员出生于维多利亚时代，从那时到现在，世界已经起了很大的变化，澳大利亚也变了。”

（1992年2月27日《钱江晚报》）

〔据新华社伦敦2月27日电〕英国保守党议员27日要求澳大利亚总理保罗·基廷向英国道歉。

在最近英女王伉俪访问澳大利亚期间，基廷在一次社交场合向女王介绍来宾时，曾用手搂着女王的腰。此事一发生，英国一批政界要人纷纷指责基廷的这一举动是“非礼行为”。

基廷在议会为自己辩护时，又指责英国曾经两次抛弃澳大利亚。第一次是第二次世界大战期间，英国放弃保卫马来亚半岛，使澳大利亚面临日本的侵略。第二次是英国把澳大利亚这个英联邦成员国忘在脑后，自己加入了欧共体。

英国保守党议员的指责和女王本人“感到悲伤”都表明：基廷用胳膊挽着女王的腰这一动作确是异乎寻常的。这个小动作的内涵是极为重大的：基廷对澳大利亚和英国之间的传统关系表示异议，其实质是“往君主制的棺材上又砸进了一颗钉子”。这位政府首脑的一个小动作蕴含着一个重大的政治观念，并且预示着两国政治关系的新变动，因而成了一桩重大的国际政治新闻。

3. 新发现的事实：这也是一种早已发生的事实，但人们不得而知，因为当局者或当事人讳莫如深，或者由于其他原因而未曾公开宣布，局外人未曾发觉、发现；一旦被人发现，便成新闻。这种新闻，在国内外也几乎年年都出现的。显然，这不是“新近发生”的事实，而是早已发生过、仅仅是新近发现罢了。许多新发现的事实比新发生的事实更引起人们的关注。关于二次大战期间日本军队曾强迫本国和其他国家（朝鲜、中国等）妇女充当军妓的事实，是一名日本记者在一个偶然的机会首次发现的。台湾《联合报》刊登题为《日军慰安妇》的文章，有这样的介绍：

> 1963 年，日本每日新闻记者千田夏光，受命制作《太平洋战争回顾特集》，得以进入资料库，详阅 2 万数千张当年被禁的旧照片。
>
> 在一张以徐州会战为背景的照片上，他见到两名女性卷起裤管，随日军渡河。中国战场日本部队中，怎么会跑出女性？千田夏光追查了 5 年，发现第二次大战期间，日军曾征召一批所谓“从军慰安妇”，到战场上满足官兵的性欲。

这一重大发现引起亚洲一些国家的政府和公众的极大关注。据《香港虎报》今年 2 月 11 日报道，在第二次世界大战期间，至少曾有来自台湾和大陆的 890 名中国妇女被迫为日本军队充当军妓。日本共同社 2 月 21 日从东京发出一条电讯：

> 中国驻日本大使杨振亚 21 日在日本记者俱乐部发表了讲演。在讲演后回答问题时，杨振亚大使就军妓问题指出：“这是当年日本军国主义在亚洲犯下的可耻罪行之一。有报道说，在中国妇女中也有受害者。我希望进一步查明事实真相，我们在注视这个问题。”他表明了将密切注视调查情况和日本政府的态度。
>
> 自军妓中不仅有朝鲜人，而且还有中国等其他亚洲人这一

事实被揭露出以来，这是杨大使作为中国政府人士首次正式谈及这个问题。

尽管杨大使在讲话中未谈及受害者补偿等问题，对此采取了克制姿态，但他却表明了这样的态度：不仅南北朝鲜，而且中国也在关注这一问题。这将使日本政府的处境更加尴尬。

这个新发现的重大历史事实，在亿万当代人的心灵上形成了巨大的冲击波。这是因为，这个事实虽已成为历史，却仍然直接牵连当代人们的心灵，而且直接触发他们的情感以至行为。

考古发现（如长沙马王堆汉墓、新疆3000年前女尸等）、天文发现、地质发现、生物发现，以及科研领域的种种发现，都会引起人们的关注，都会对当代人的意识、观念和行为产生影响。

新闻，说到底都是记者的一种发现，即客观事实的发现。在受众看来，早已发生的重要事实首次公诸于世，连同新发生的事实率先报道，都是新的发现，因为他们并不知道，记者的使命在于不断发现新事实。

4. 新披露的事实。某些早已发生的事实，当事人原先是隐秘不宣的，待到图谋实现，目的达到，便主动向新闻界宣布，通过报道，披露于世。公众原先对此一无所知，待到事实披露出来，则大为惊异。这种事实，大多是属于政治斗争方面的社会事实（也有知名人物的事迹、言论、著作等）。这种事实显然不是那种"新近发生"的事实，而是早已发生，新近宣布、披露罢了。它与"新近发现"的事实的区别在于：后者是记者等局外人的发现或发掘，既有社会性事实，也有自然界事实；前者则为当事人自己向新闻界宣布，且都是社会事实，主要是重大的政治斗争。

美国《时代》周刊今年2月24日的封面文章《神圣联盟》披露了当代最大的政治黑幕：里根与教皇联手倒苏欧。所披露的事实始于10年前的一天：

1982 年 6 月 7 日，美国总统罗纳德·里根和教皇约翰·保罗二世在梵蒂冈图书馆会谈了 50 分钟，这是他们的第一次会见。

但是，里根和教皇只花了几分钟讨论中东局势。他们集中讨论他们更关心的问题，那就是波兰以及苏联对东欧的控制。在这次会谈中，里根和教皇一致同意开展一场秘密运动来加速这个共产党帝国的瓦解。里根的第一任国家安全事务助理理查德·艾伦宣称："这是历史上最大的秘密联盟之一。"

教皇和里根都认为，如果梵蒂冈和美国联手动摇波兰政府并使在 1981 年实行戒严以后被宣布非法的团结工会运动保持活力，就可以使波兰脱离苏联集团。

据助手们说，里根和教皇都不愿接受根据雅尔塔协议分割欧洲并让共产党控制东欧这样一个根本的政治现实。他们相信，一个自由的非共产党波兰，将是插入苏联帝国心脏的利剑；如果波兰变成民主国家，其他东欧国家也会跟着变。

里根和教皇在第一次会见中还谈到，他们两人在 1981 年都遇到暗杀而大难不死，前后相差仅 6 个星期。两人都相信上帝救他们是为了让他们完成一项特别使命。

自里根与教皇会谈后……美国和教会源源不断地向团结工会提供了各种物质支持和各种建议。成吨成吨的设备——传真机、印刷机、发报机、电话、短波电台、摄像机、复印机、电报机、计算机和文字处理机——通过教会、美国特工人员以及美国劳工联合会和产业工会联合会的代表所建立的各种渠道偷运进波兰。给团结工会的钱则是由中央情报局基金、全国维护民主捐赠基金会、梵蒂冈秘密账号以及西方各国工会提供的。

瓦文萨和其他团结工会领导人还得到了战略指导，这些反映梵蒂冈和美国政府想法的意见通常是由在波兰进行暗中活动的教会人士以及美国和欧洲的劳工问题专家传达的。

教皇的一位亲密助手说："如果你研究团结工会的做法，就能发现他们干得很聪明，在关键时刻没有做过头，因为他们得到了教会的指导。”

在华盛顿，中央情报局长凯西·克拉克和拉吉大主教也经常在一起密谋策划。克拉克说：“凯西和我经常在清晨悄悄来到拉吉住所，我们边喝咖啡边讨论在波兰正在干的事情。”

据劳联—产联的一项报告说，到1985年，波兰国内已有400多种地下刊物，有些发行量超过了万份。反政府的书籍小册子成千上万地印刷。团结工会还用中央情报局提供的秘密电台不断地干扰政府电台的广播节目，不时地呼喊“团结工会万岁！”“抵抗！”等口号。

波兰共产党政府一步步地屈服于教皇和里根施加的压力。1987年2月19日，华沙同意同教会对话。4个月后，教皇荣归故里。1988年7月，戈尔巴乔夫访问华沙，承认波兰政府没有团结工会合作没法进行工作。1989年4月5日，波兰政府与团结工会协议举行议会选举，同年9月，团结工会正式组阁掌权。

（摘自1992年2月28日《参考消息》）

始于10年前的这一重大事实的披露，立即引起当今世界所有人的关注；当然每个人都从自己的阶级立场和政治信仰来评价和对待这件事。反共人士称之为“神圣联盟”，洋洋自得，弹冠相庆；善良正直的人们视为“政治黑幕”，从中看清了国际反动势力的凶恶和残暴；坚定的共产党人会深思国际共运遭受重大挫折的内外因素，吸取沉痛的教训，思想上行动上保持高度的警惕。认为事过境迁、无动于衷的人大概是没有的，因为当代这场政治斗争还在延续，正如鲁迅所说：“战斗正未有穷期。”一切新闻，都会直接影响现实生活中人们的思想、观念和行为，只是程度差异、大小不同罢了。

5. 新预测的事态：新闻预测大体上有两种：一种是根据已经发生的事实及其发展趋向，预测可能出现的新情况，亦即展现前景；另一种是根据已经出现的某种征兆，预测势必产生的新事物或行将消亡的旧事物，这是见微知著。事物运动总有一定的规律可寻，把握这种规律，依靠科技进步和科学思维，人是可以预测未来事态的。事物产生或消亡的征兆是可以感知的。有些重大的社会事态发展是可以预测的。如海湾战争前各国记者对这场战争即将爆发的种种预测，又如当前国际新闻界都在预测“独联体”的命运，甚至俄乌专家们在预测“独联体”消亡后两国间的关系。对经济形势和经济工作的预测和展望更为普遍。十一届三中全会以来，我国农村面貌发生了极大的变化。1983年初，这种变化仅仅初露端倪，新华社记者采写的分析性新闻《我国8亿农民搞饭吃的旧局面开始发生了变化》，报道1982年全国8亿农民中大约已有1亿左右的农民从耕种粮田转移到社队企业、养殖业、服务行业、个体工商业，接着援引农业经济专家的话，对我国农村形势的走向作出这样的分析和展望：

> 我国一些农业专家说，人们都还记忆犹新，在那个单打一抓粮食的年代，许多省市区为了达到粮食增产的目的，……砍果树，伐桑麻，开山劈岭，拦湖围海，造田又造田，种粮还种粮，结果并没有给全国人民带来丰富的食品。现在，按照党的现行政策办事，不用8亿农民都去搞饭吃了，结果大家反而吃得饱、吃得好。这种历史性的变化表明，我国农业正稳步而健康地走向专业化、社会化，正从自给半自给生产向着较大规模的商品生产转化，从传统农业向着现代化农业转化。这种转化不仅关系着全国农村经济的繁荣兴旺，也关系着整个国民经济的繁荣兴旺。

这篇报道发表将近10年了。在这期间，我国农村的这种“转化”呈突飞猛进之势。报道中专家所说的这种“转化”在当时还是一种推断、展望，而现在已成为事实了。这篇报道高瞻远瞩地揭示了我国农村经济发展的必然规律，具有科学的预见。

当今时代，人们不仅急欲知道新近发生、变动、发现、披露的事实，而且关注某些即将出现的新事态，使自己的工作或事业具有预见性，在竞争中稳操胜券。“凡事预则立，不预则废。”新闻报道中对即将出现的新事态的预测、推断、展望，其社会意义是可想而知的。

新闻工作者要善于把握事实本身是否新鲜。一般地说，突发性事件，把握其新鲜性比较容易；并非突发的事件，把握其新鲜性较难；而非事件性的事实则更难把握其新鲜性。怎样才能把握事实的新鲜性呢？主要是通过比较与分析。新事实常常是在同旧事实的比较中见其新鲜的。这种比较，有横向比较，即同周围、外界事物比较，不了解周围、外界（外县、外市、外省、外国）同类事物就无以比较和识别；有纵向比较，即同以往的事物比较，不了解过去的历史上的事物也无以比较和识别。在一个单位里发生的新事，在本单位被看成是难得出现的新鲜事，在外界人士看来是寻常小事一桩。新闻是一种社会现象，社会上普遍认为新鲜，即鲜为人知的事实，才是新的事实。

以上说的是新闻内容即事实的新，还有一层是同报道时间有关的新，即“时近”。事实发生、变动、发现、披露、预测的时间距公开报道时间越接近越新鲜，越长远越陈旧。“新近”只是对所有新闻在时效上提出的总的要求。由于事实存在的形态不同，其新闻时效的要求也就有所区别。

事件性新闻事实，时效要求较严。其中突发性的事件，以及一切处于急剧变动之中的事件，都以日、时计效。毛泽东同志为新华社撰写的人民解放军1949年4月渡江作战的4篇新闻，发电时间分别为22日2时、22日22时、22日24时、24日6时，因为我军渡江战役发展急速、迅猛，可谓瞬息万变，电讯稿不以时计效，便不足以显现事态的剧变。并非突发或非急速发展的事件新闻，发稿都以日计效，日报以“昨日”、晚报以“今日”为较佳的时效。在当代，视听新闻的时效明显地优于报纸新闻。电台、电视台一日内多次播映新闻，以至一个重要会议、一位国家领导人出访、一场国际体育比赛，事件开始与新闻播映几近同步：前后时间差仅仅十几分钟或三五分钟！可见记者的采访和报道无不争分夺秒、争先恐后。

非事件性新闻，在时间上大多只求“新近”。但又必须明确这个时间概念为何日，不能含糊其词为“近日”、“日前”。非事件性新闻中必有不同时间发生的多个事实，取那发生时间距报道时间最为接近的事实为新闻由头，就有新近感。此外，有的非事件性新闻的发表，还考虑宣传效果而审时度势，讲求时宜，即为发表找个相宜的时机，如遇某个节日，或依照有关情势，报道有关的新闻，较易引起人们的注意。

三、新闻的形成——报道、传播与信息

凡是新鲜的事实，都一定是新闻吗？不一定都是的。因为新鲜事实本身并不是新闻。澳大利亚总理基廷在接待英国女王时搂着女王的腰，对基廷或者对女王来说，都不是新闻，而是自身经历的一桩新事。他和她都不过是事中人或当事人；当事人是不会把事情当做新闻看待的。

新鲜事实，是怎样成为新闻的呢？按照陆定一的新闻定义，“新近发生的事实”，即新鲜事实，公开“报道”的，才成为新闻。公开报道，使“事实”跳出当事人范围，外界人士听见了，才把它看成是新闻。澳星发射故障，对于发射现场的人来说不是什么新闻，对于我们这些外界人士来说才是新闻。所以，第一次报道，用的是“现场发言人”的话；第二次报道时，已经是国内外都十分关注的新闻了，报道就用“新闻发言人”的话，这是恰如其分的。

大家知道，公开报道指的是报刊、广播、电视的专业新闻报道。因而公开报道是以新闻工具为前提的。新闻工具是新闻事业的物质手段。因此，公开报道是有了新闻事业才得以成功的，没有新闻事业的社会里是没有人从事公开报道的。

公开报道只是新闻行为即新闻活动的一种。新闻活动乃是人类的一种社会实践，一种普遍的广泛的社会现象。我们应该从新闻报道内外全面地考察这种社会现象。新闻活动还是一种历史现象，我们应该考察产生新闻事业之前早已存在的这种社会现象。只有这样，才能明白新鲜事实何以成为新闻，才能对“什么是新闻”这个问题

有个比较科学的认识。

首先，新闻活动作为一种社会现象，并不限于公开报道。即使在当代，新闻事业高度发展的时代，没有公开报道的新鲜事实，仍然是很多的，其中就有不少成为新闻。怎样成为新闻的呢？就是通过人际交往中的口头传播或电话、电报、书信传递。譬如，张三是农村专业户，他的儿子昨天从日本学成回国了。他的亲戚去看望、祝贺，回去告诉别人；这件事传遍全村，传到乡村企业的厂长那里，传到县政府有关部门，急需人才的无不关注。这不成了新闻吗？这种人际间的新闻传播活动，在现实生活中是屡见不鲜、无处不有的。无论什么地方，只要有人群，有社会生活，就必然有这种新闻传播活动。据1983年江苏省的抽样调查，农民群众了解国家大事和外界信息的渠道，主要是听广播（占66%）和“听人说”（占16.79%），其次才是读报（6.99%）、看电视（4.04%）。这就是说，农民群众中通过人际传播获得的新闻比通过读报获得的新闻要多。这种情况会随着农村经济文化事业的发展而逐渐改变。但是，无论新闻事业怎样高度发展，这种人际间的新闻传播活动总是存在的。因为现在还没有人预见会出现一个人人都随时掌握一种新闻工具的社会。当然，在人际新闻传播中，传播的内容大多是与人们日常生活有关的新鲜事实。有没有尚未公开报道的重大新闻呢？重大新闻大多是公开报道了的，也有未被公开报道、或不能公开报道、或暂不公开报道的。但正因为是重大的新闻，即使不公开报道，社会上人人关注，个个打听，在人际间传得特别快，又特别广。林彪之仓皇出逃、自取灭亡，“四人帮”之束手被擒、顷刻覆灭，都是在公开报道之前就在社会上广泛传播的。对如此重大的新近发生的事实，谁也不会说口头传播的不是新闻，公开报道的才是新闻。

其次，公开报道未必全都是新闻。毫无疑问，公开报道的新鲜事实，绝大多数是新闻，它们是人们新闻工作实践的结晶，也是新闻学研究的主要对象。但是，我们很难说，凡是公开报道的，无一例外全都是新闻；甚至还不能断言公开报道的全都是事实。这当然同新闻工具掌握在什么人、什么阶级手里有关。“文革”期间，并非新闻的“报道”多如牛毛。丙辰清明天安门事件被歪曲，作为新闻事实的真相不予报道，而人们并不关心的某大学的所谓“辩论”，却煞有介事地作为新闻事实大力“报道”，还居于大报突出位置，然而人们都不屑一顾。读者不屑一顾的报道，都不是新闻。在“四人帮”操纵新闻舆论工具的整整一个年代中，报刊上、广播中新闻很少，倒是人际间小道消息很多，这些小道消息都是充满活力的新闻。

公开报道中的非新闻现象，并非我国所独有，在国外也是存在的。究其原因，这是他们新闻事业的政治倾向所决定的。在激烈的政治军事斗争中，资产阶级政治倾向迫使新闻演化为纯粹的政治宣传，名为新闻报道，实为政治鼓动，同事实离得很远。法国《新观察家》周刊今年 1 月 23 日发表《“爱国者”和“飞毛腿”的假决斗》一文指出：

> 海湾战争结束一年之后，情报部门和武器专家们几乎一致断言：伊拉克的“绝对武器”——“飞毛腿”导弹不过是废弃的、拼凑起来的导弹；而美国的“神奇武器”——爱国者反导弹导弹充其量也不过是在漫天的碎片雨中击落了一堆废铁。这两种导弹在海湾战争中创造的所谓“奇迹”只是虚张声势的宣传，它们在空中的实际表现是另一回事。
>
> （《参考消息》1992 年周末增刊第 15 期）

可见当时关于“爱国者”同“飞毛腿”较量的公开报道纯粹是资本主义国家虚张声势的宣传，而不是客观事实的报道，说到底，是服从于国家政治利益的。

新闻报道从属于新闻事业，新闻事业从属于国家和阶级的政治利益，因而新闻报道同政治宣传很难绝然分开，在政治斗争、特别是在军事斗争中完全结成一体。资产阶级违背人民群众利益的政治宣传同新闻报道完全对立，因而遭到人们的唾弃。无产阶级从人民群众利益出发的政治宣传，则同新闻报道结伴而行，是广大受众所欢迎的。在我们研究新闻活动时，应该看到社会实践中新闻活动同宣传活动的联系，但更应该注意将两者加以区别，才能把握新闻活动自身的规律，即马克思所指出的"连植物也具有的那种为我们所承认的东西，即承认它具有自己的内在规律"①。

第三，新闻活动作为一种历史现象，是自有人类社会以来就存在的。如果我们局限于只从新闻事业论新闻，把新鲜事实何以成为新闻仅仅归结为公开报道，必然会得出这样一个结论：历史上，在产生新闻事业之前，不曾有过新闻活动这种社会现象。这个结论的错误，在于割断了历史。而新闻学研究同其他社会科学研究一样，是不能割断历史的。

人类直到 17 世纪初才有新闻事业（最初是德国的资产阶级报业），才有了新闻的公开报道。在此之前，在人类社会生活的长河中，包括远古社会，就已经出现了新闻传播活动。人们主要是通过口头传递获得同自己生存、生活、劳作有关的周围环境的新情况，包括情报、消息等，这就是人际间的新闻传播活动。古代这种人际新闻传播已包含着新闻的本质属性，足以表明它是近代、现代新闻事业的渊源。

我国古代社会的新闻传播活动在古籍中并不少见。《诗经》中有一篇《墙有茨》，向我们展示出大约 3000 年前东周时期的民间的新闻传播活动：

> 墙有茨（蒺藜），不可埽（扫）也。中构（宫闱）之言，不可道也。所可道也？言之丑也！
>
> 墙有茨，不可襄（攘）也。中构之言，不可详也。所可详也？言之长也！
>
> 墙有茨，不可束（收拾）也。中构之言，不可读（宣露）也。所可读也？言之辱也！

---

① 陈力丹：《马列主义新闻学经典论著》，人民日报出版社 1987 年版，第 23 页。

诗中的“中构之言”是一桩宫廷丑闻，即国君卫宣公的一个妻子同公子(名顽)私通的丑事。事关统治者丑行，尽管打听的人很多，传播者却说“不可道也”、“不可详也”、“不可读也”。诗歌总是委婉含蓄的，我们不妨理解为“要道”、“要详”、“要读”。这首民歌把一桩社会新闻的传播活动描绘得有声有色，传播者的神情语气跃然纸上，被传者和受传者的心理状态也依稀可见。

《汉书》中的《苏武传》，写到李陵为报告一个重要消息，专程去见苏武：

> 后，陵(李陵)复至北海上(匈奴北方大泽地)，语武(苏武)：“区脱(边疆部落)捕得云中(汉朝郡治)生口(俘虏)，言太守以下吏民皆白服，曰：‘上崩(汉武帝死了)！’”武闻之，南乡(向)号哭欧(呕)血，旦夕临(哀悼)数月。

汉武帝死的消息，是区脱部落人从被捕的云中百姓的讲述中听到的，李陵又从区脱部落人中获悉，向苏武通报，苏武才得以“闻之”。这桩新闻传播的历史记录，突出了“传”的通道和“闻”者即受传者的反应、心理和行为，写得栩栩如生，颇有现场感。

《史记·陆贾列传》记述汉高祖命陆贾出使南越，与南越王晤谈的情景：

> 高祖使陆贾赐尉他印，为南越王。陆贾至，尉他椎结，箕据见陆生。陆因进说他曰：“足下中国人，亲戚昆弟坟墓在真定，今足下反天性，弃冠带，欲以区区之越与天子抗衡为敌国，祸且及身矣。……”于是尉他乃蹶然起坐，……陆生曰：“皇帝起丰沛，讨暴秦，诛强楚。为天下兴利除害，继三王之业，统理中国，中国之人以亿计，地方万里，居天下之膏腴，人众车舆，万物殷富，政由一家，自天地剖泮，未始有也。……”(尉他)乃大说(悦)陆生，留与饮数月，曰：“越中无足与语，至生来，令我日闻所不闻。”

南越王一开始很轻慢，陆贾向他陈述了利害关系，才起坐恭听；陆贾又把汉高祖统理中国的最新时势一讲，南越王才对他表示欢迎，且吐露“令我日闻所不闻”的肺腑之言。这段史实，突出表明了传者与受传者之间的关系；传播由阻变通，是因为所传事实是受传者自身不得而知、闻所未闻的。

人们认识任何事物，都是从事物的运动过程中去认识的。认识新闻，也须从新闻的传播活动中去认识。我们从上面这些有文字记载的古代社会的新闻传播活动中，不但认识到新闻这种社会现象远在新闻事业产生之前就已出现，而且看到了新闻的活力，看清了新闻是怎样形成的。从古代到现代，人际新闻传播活动都表明：新鲜事实之能成为“新闻”，都包含着两个显示其活力的因素，一是有人传之，二是有人闻之，缺一不可。事实有人传播，就向“新闻”迈出了一步；有人“闻之”，就成了新闻。这是新闻的人际传播与公开报道共有的普遍规律。

也还不难发现，新闻的人际传播与公开报道有着许多差别，其中两点是特别显著的：一是人际传播一般都是个人与个人之间的单线式传递，而公开报道即大众传播则是新闻工具与广大受众之间辐射式的传播；二是人际传播是传者与闻者即受传者之间直接的面对面的传递，而公开报道即大众传播，在传者与闻者即受众之间不可能直接地面对面进行。从传播效能看（传播覆盖面和受众人数之多寡），辐射式新闻传播大大优于单线式新闻传播。但从掌握传播效果这个角度看，面对面传播的优越性是显而易见的：传者可以直接观察、掌握受传者的反应，是接受还是不接受，接受后有什么表示、什么行为；不接受又可以对所传内容和传的方式加以改进。人际传播的这一优越性是现代新闻事业不可或缺的。因此，考察古代新闻传播活动，既有助于掌握新闻的普遍规律，也有益于推进现代新闻事业，因为新闻事业无论现代化到何等地步，都受着新闻传播普遍规律的制约。

在当今新闻实践中，人们越来越认识到这一点。1986 年 7～8 月，中央电视台总编室和新闻部对北京市城乡各界观众进行过一次专题调查。调查表中一项问题是“观众看电视的目的”。对这个问题，中央电视台《新闻联播》节目的从业人员中，有69.2％的人认为观众看电视的主要目的是为了“娱乐消遣”。而观众调查结果表明：把“娱乐消遣”作为看电视主要目的的只有22.48％的人，大多数人把“增长知识”和“了解国内外时事”作为看电视的主要目的（分别为37.89％和33.91％）。调查者对从业人员在这个基本问题上判断失误大为震惊。他们在《电视新闻观众调查报告》一文中有这样一段话：

> 长期以来，我们与电视观众之间的沟通是很不够的。作为有代表性的电视新闻节目——《新闻联播》自1976年试办、1978年正式播出以来，迄今还是第一次做专门性的电视新闻观众调查。对于观众看电视的主要目的是什么、是否发生过变化、最感兴趣的内容是什么、最不喜欢的内容是什么、常看电视的最大收获是什么等问题，我们心里是没有底的。如果能够做到经常与观众沟通，恐怕不会出现69.2％的从业人员对观众看电视主要目的判断失误的现象。[①]

当今一切大众传播媒介都存在着传播者与受传者不沟通这个缺陷。这个缺陷阻碍人们对于“新闻”的全面认识（看不到受方），也阻碍着新闻传播效能的发挥。因为传务求通，通则传播有效或效率高，不通则传播无效或效率低。这是一条自有人际传播以来就存在的普遍规律，谁也违抗不得，非遵循不可。因此，有些新闻单位就配备专业人员或设置专门机构，专门研究受众心理，广泛地经常地收集受众反应即信息反馈。

在人际新闻传播中，“传”与“闻”都表明：新闻，已不是客观事实本身了。苏武获悉“上崩”，地点是在北海上，距京城长安数千里之遥；时间也在汉武帝死之后许多日子了，这同汉宫中“上崩”这一事实本身在时间和空间上大相径庭了。

---

① 陈崇山，弭秀玲：《中国传播效果透视》，沈阳出版社1989年版，第386页。

"新闻"到底是什么呢？从哲学原理上讲，新闻是反映客观事实的社会意识。从人际交往和现代科学技术上看，新闻是一种信息。在日常生活中，信息是音讯、消息的意思。现代科学技术各门学科、各个领域，广泛地应用无线电通讯中"信息"这个概念。按照信息论的观点，信息是客观事物在人的感知认知中不确定性的减少或消失，也就是客观事物由未闻变为闻之，由未知变为知之。这同日常生活用语"信息"的含义是一致的。信息之所以被人感知，是因为信息源于物质，又以物质为载体，存在于传输者与接受者之间。它通过声音、文字、图像显示或表述客观事物，作为它的载体的声波、电波、报刊都是物质，因而信息便为人所感知。

但是，信息不全是新闻。信息泛指情报、消息、指令、数据、信号等有关周围环境的知识，其中的情报、消息，就是新闻。因此，信息与新闻的关系，是属与种的关系，信息是属，新闻是种。这就是说，信息不全是新闻，而新闻则都是信息。新闻是传播新鲜事实的那部分信息。

按照信息论的观点，客观事实是信息源；作为传播媒介的声波、电波、报刊是信息通道；作为传播对象的受众则是信宿。

四、新闻的归宿——受众认定与价值判断

对新闻基本规律的探讨，从新闻的本源直至新闻的接受者，新闻传播活动的全过程便呈现在我们面前；在新闻传播这种社会行为中出现的三种人以及他们之间的关系也已显示出来，不妨以图示之：

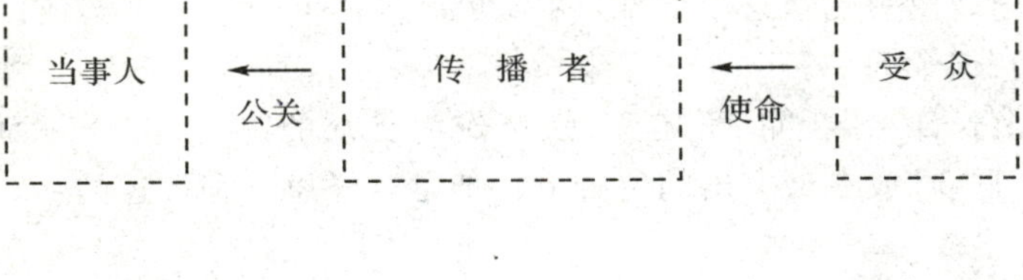

我们已经知道：一个新鲜的事物，没有被人感知和传播，或者感知者不传播，那是不可能成为新闻的。当事人更不会把自己的事看作新闻，因为对他来说，无所谓“闻”与“不闻”的问题。

一个新鲜事实被人传播出来，但没有人听，或者听而不闻，无动于衷，也是不会成为新闻的；有人闻之，闻而动容动心，甚至有所行动，这就成了新闻。

因此，一个新鲜事实之能成为新闻，最终取决于闻之者——现代新闻学、传播学称之为“受众”，泛指接受新闻信息的报纸读者、广播听众、电视观众。

“新事”与“新闻”，一字之差，概念迥异。汉语的“新闻”，从语言学角度看，是个名词，一个偏正结构的组合名词；从新闻学角度看，则是一个概念。名词与概念之间虽无必然联系，但汉语组合名词大多因词素词义相关而组合，形成一个概念。“闻”就是听见、听到。“新闻”的词义，就是新听到的意思。“闻所未闻”是指听到了没有听见过的事情，那一定是新鲜的了。生活中常有这样的现象：前天发生的一桩新鲜事，你将它告诉给老王，他压根儿没听见过，很专心听，在他看来，这无疑是新闻；你同时将这桩新鲜事告诉老李，他前天就听见过，这时已无心再听，甚至充耳不闻了，在他看来这已不是新闻。因此，“新闻”的词义和概念，在社会生活中没有明显差别，从词义上看，它是人们生活的常识；从概念上看，它是人们意念上的一种共识。新闻学是一门社会科学，须臾离不开对社会生活、社会现象、社会行为、社会心理的考察和研究。一桩新鲜事实的传播，是不是“新闻”，不需要传播者和当事人声称“这是新闻”，受众心中有数，自会辨别；而且只有当受众普遍确认这是“新闻”，这桩新鲜事实的传播才真是新闻了。

因此，“新闻”这个概念，包含着“闻”的主体——受众这个重要因素在内。忽视受众这个要素，就不可能彻底明白客观事实何以成为“新闻”这个问题。

范长江给“新闻”下定义，强调作为受众的“广大群众”，而且把“广大群众”放在最突出的位置上。他是这样思考和表述的：

> 什么算是新闻呢？我觉得，新闻，就是广大群众欲知、应知而未知的重要的事实。这个说法不一定全面，但是，它贯穿了一个为群众服务的精神。[①]

范长江在这里强调的是一个历史唯物主义的观点。

新闻工作同文艺工作一样，也有一个为什么人的问题。为自己吗？不是。即使从当代信息观念讲，记者需要某个有价值的信息，他自己获得就是了，何必要传播出去呢？为被采访者即当事人吗？也不是。记者与被采访者之间的关系，一般都是友好的，但在报道问题上却不是为被采访者服务。记者是以千千万万受众的代表的身份出现在被采访者面前的。他同被采访者之间的关系，是建立在对社会、对受众共同负责基础上的公共关系。至于记者同受众的关系，就不一般了，他必须服从或依从于广大受众，全心全意地、恭恭敬敬地为他们服务，主要是向他们提供"欲知、应知而未知的重要的事实"。这些事实是不是新闻，由受众辨别、检验，由他们认可或否定；认定了是新闻的，也任他们受用，这是新闻应有的也是必然的归宿。除此之外，新闻再无别的归宿。

范长江提出的"欲知、应知而未知"，全面而又深刻地揭示了客观事实之所以成为"新闻"的缘由，揭示了"闻"的奥秘。他自己对三"知"有个解说，我们在掌握其基本要点的同时，还可以结合现代社会生活实际，并且借助行为科学，加以丰富和充实。

我以为"欲知、应知而未知"包含一个中心、两个层次、三个要点。一个中心是新闻接受者的心理，也就是受众的需要。两个层次：一是"未知"，二是"欲知、应知"。"未知"是前提；基于未知，才有可能"欲知"和"应知"。就是说，欲知和应知中包含着"未知"。已经知道的事，显然不存在欲知、应知问题了。三个要点，"未知"不必说了，值得

① 范长江："记者工作随想"，《中外记者经验谈》，中国人民大学出版社1983年版，第39页。

探索的是“欲知”和“应知”。

所谓“欲知”，是指受众对所传播的“事实”是十分关心和迫切需求的。即从认知的需要出发，正在主动寻找和求索这类事实。需要产生动机，动机决定行为。出门人要打听交通、气象方面的消息，做生意的人要探听市场行情，“打听”、“探听”都是“欲知”的表现，即社会行为。目前新闻界所谓“热点”，是社会上人们普遍关注、议论纷纷的问题，因而抓“热点”新闻便是抓受众“欲知”的新闻。企业家们为多年沿袭下来的用工、分配制度所困扰，迫切需要加以改革，又苦于无门，难于下手，于是寻找报纸上的有关报道；关于两制改革的动态和经验正是他们“欲知”的，必读无疑。凡是“欲知”的新闻，“知”后都会有评说，中意的便会反映到思想和行动上。这便是新闻的社会效应。

所谓“应知”，指报道的事实并不是受众正在那里寻求和打听的。从编辑记者方面看，他们出于全局观念和社会责任感，意识到这是广大受众“应知”的；从受众方面看，这类报道是不期而遇，但很快意识到这是他作为一个公民所“应知”的，或者同他的思想、工作、生活有关，也是“应知”的。这是一种潜在的受众需要，在无意之中被新闻报道激发而成为一种“应知”的动机，一种“从动”地接受传播的行为。南越王遇陆贾，“日闻所不闻”，属“应知”一类。现代生活中，这种接受新闻事实的现象是普遍存在的。一切意想不到而又同自身生活有关联的新闻事实，都被人们视为应该知道，不会听而不闻、视而不见。即使同自身没有什么直接的关联，属于可知可不知之间的新鲜事实，现代人也大多视为“应知”。因为现代社会瞬息多变，信息密集，人们的生存和发展都同周围世界千丝万缕相联结，人们的发展也同各人自己掌握周围世界的信息之多寡有关，信息越多，发展前途越大，事业越有成就，孤陋寡闻则寸步难行，一事无成。因此，人们常常在睡前饭后翻翻报纸，在做家务时听听广播，对新闻传播中那些不期而遇的新鲜事实忽发兴趣，以知之为乐。如《浙江日报》最近刊登的《临安育出“冬天里的春笋”》、《蚕能不吃桑叶吗？》这两篇报道，城乡读者都喜闻乐见，而且喜出望外。

根据新闻最终由广大受众认定的观点，联系前面所阐述的几个基本观点，我们对于“什么是新闻”这个问题就有了比较符合辩证唯物主义的认识。简而言之，新闻是广大受众欲知、应知的传播新鲜事实的信息。

新闻由受众认定，新闻价值也是由受众来判断和衡量的。马克思说过：“‘价值’这个普遍概念是从人们对待满足他们需要的外界物的关系中产生的。”[①]新闻价值产生于受众对新闻的需要。新闻价值的含义，便是构成新闻的事实适应受众需要的各种素质的总和。

从满足受众需要这个角度看，新闻价值由下面四要素构成：

一、新闻事实的重要性：事实越重要，视为重要的受众越多，新闻价值越大。

事实的重要性不是由当事者判断和认定，而是由广大受众来判断和认定的。一个政府官员贪污受贿，他是不会乐于被揭发和报道的，也不可能判断其新闻价值，广大受众才有可能对此事实的新闻价值作出公正的判断和认定。

广大受众是根据新闻事实同其他现存的社会事实的关系以及同受众自身的关系来判断其重要性的。显然，不同的国家和地区、不同的历史时期、不同社会制度下生活的受众，价值取向不完全相同或完全不同，衡量新闻事实重要性的标准也不可能是相同的。

事实的重要性主要表现在“重大”，即事关大局，如国际关系大趋向、新格局，关乎国家命运和前途的大事，国民经济和社会发展中的大事，等等。1984 年中英两国政府签署关于香港问题的联合声明，中国宣布 1997 年对香港恢复行使主权，标志着中国人民向祖国统一的大目标迈出了一大步，对早日结束台湾与大陆分离局面将产生深远影响。这件事对全国人民（受众）来说有着重大的新闻价值；对香港广大受众来说，新闻价值更大，因为他们都将在 1997 年成为中华

① 《马克思恩格斯全集》第 19 卷，人民出版社 1963 年版，第 406 页。

人民共和国的公民。事实重要性有时还表现为事实本身突发、紧迫、严重，惊心动魄，因而人人关注，如 1986 年的大兴安岭森林火灾、去年长江流域水灾，以及其他社会问题、社会事件。凡是广大受众都十分关切地注视着的事实，都是重要的事实。

二、新闻事实的新鲜性：事实越新鲜，认为事实新鲜的受众越多，其新闻价值越大。

事实是否新鲜以及新鲜的程度如何，也是由受众判断的。一个企业首次与外商签订外销合同，对这家企业的职工来说是十分新鲜的。但对一家省报的广大读者来说并不新鲜，新闻价值不大。也有与此相反的一种情况：当事者自身感觉并不新鲜，受众认为很新鲜的。如李玉安 1990 年因女儿入伍问题而不得不去找自己原先所在的部队，部队才知道他还活着。此事在部队、在新闻界引起了轰动，几十年前确认的"烈士"还活着，受众公认新鲜而又新鲜。

事实的新鲜性，从内容上讲，包含着我们前面讲到过的几类事实，即新发生的、新变动的、新发现的、新披露的、新预测的等。一切鲜为人知的事实，都有新闻价值。

事实的新鲜性，从时间上讲，主要是时效性、时宜性。时效性是衡量新闻价值大小的重要标准。事实报道与事实发生之间的时间差越小，受众兴趣便越大，因而对确保其新闻价值显得越有效。所谓"时宜"，是一种宣传艺术，但也影响新闻价值。时宜性也是对受众而言的，受众感到何时适宜便何时公开报道，当然，这是对受众整体而言的。有些事实的公开报道，出于政治上的考虑，暂时压下，等待适宜的时机，个别人或少数人可能不满意，但受众的绝大多数会认为时机是适宜的，因为受众的多数具有公众意识和公民观念，因而具有全局观念。

三、新闻事实的亲近性：同受众越亲近，有亲近之感的受众越多，其新闻价值越大。

新闻事实是否同受众的思想、工作、生活亲近，是否为受众所欲知、应知，这是决定其新闻价值大小的根本性因素。重要性、新鲜性中也包含着亲近性，那是对受众整体而言的。我们当然不能要求所有新闻都必须是重大事件，都必须是昨日、今日新闻；但我们要求所有新闻都必须是同受众亲近的，为他们所关注，是他们欲知、应知的。因而亲近性在通常的新闻报道中的涵盖面更大。

新闻的亲近性，大致包含五个层次：1. 从受众心理上讲，表现为迫切性，也就是受众迫切要求知道的；2. 从受众意念上讲，表现为显著性，报道受众所熟知的人物以及尽人皆知的地方的新鲜事实（如《王崇伦抓豆腐》、《大寨也不吃大锅饭了》）具有这种亲近感；3. 从受众切身利益上讲，表现为服务性，也就是报道内容直接为这部分受众（如青年、妇女、儿童、老年人等等）切身利益服务；4. 从部分受众爱好上讲，表现为照顾性，也就是在报道内容上对部分受众的特殊爱好、特殊兴趣（有益于身心健康的）给以关照；5. 从地域上讲，表现为接近性，也就是给各地受众分别提供本地新闻，越接近越感到可亲。

四、新闻事实的易受性：受众越容易接受、理解，容易接受和理解的受众越多，其新闻价值越大。

新闻的易受性，泛指报纸新闻的可读性、广播新闻的可听性、电视新闻的可视性。当然，这 3 个"可"，并非"许可"的可，而是"可心"的可，是容易、方便、称心的意思，近似于日常生活中所说的"好读"、"好听"、"好看"。易受性完全服从于受众，是受众对新闻表现形式上的要求。也就是说，新闻内容是重要的、新鲜的、亲近的，那么，表述或展现这些内容的新闻形式以及写作、播音、画面技巧、手法，都以受众便于感知和易于认知为出发点。比如两篇报纸新闻，内容的重要性、新鲜性、亲近性相差无几，但一篇短小，五六百字，文字简洁明快，逻辑严密，条理清晰；另一篇冗长，1500 字，文字噜苏繁杂，逻辑混乱，条理不清，那么，前者可读性强，后者可读性差。再如报道同一新闻事实的两篇新闻稿，一篇是一则短讯，三四百字，简则简矣，但不够具体生动，读后印象不深；另一篇是现场短新闻，五六百字，虽文字多一些，但生动形象，有现场感，便于感知，读了印象深刻，自然是前者可读性差，后者可读性强。

易受性同受众兴趣有关，但两者不能相提并论。受众兴趣主要指新闻内容，易受性主要指表现形式和技巧。一篇事实极为重大的新闻，如《历史的审判》，篇幅虽长，谁人不读？报纸上那些内容并不重要的一二百字的简讯，有多少人会每条都拜读一遍？当然，内容重要、新鲜、亲近，可读性又强的新闻，受众的兴趣更大，新闻价值更大，这是没有疑问的。

“读者兴趣”，曾被视为资产阶级新闻观点。资产阶级新闻学确有其辞：“读者兴趣是新闻价值的试金石。”资产阶级新闻学家讲这话，当然包含着资产阶级的新闻价值观，因为他们的“读者”是资产阶级和接受资产阶级思想体系、价值观念的人们，其新闻兴趣必然是资产阶级的兴趣。但是，我们不是也把自己国家的读报人叫做“读者”的吗？我们的读者不是也有兴趣的吗？大家知道，我们的读者是无产阶级和广大人民群众，他们的兴趣总起来说是在中国共产党的领导下建设有中国特色的社会主义；分别地说是在社会主义制度下生活、工作、贡献。对于他们，我们能不能说“读者兴趣是新闻价值的试金石”呢？我以为是可以的。无产阶级可以从形式上接受资产阶级关于判定新闻价值的主体指向——受众，这是资产阶级从数百年新闻事业的奋斗中悟出的普遍规律；这个普遍规律用到我们的理论和实践中，为无产阶级和人民群众服务，就是社会主义的新闻事业。如果凡是资产阶级说过做过的我们一概不说不做，那么，我们连报纸也不敢办了，因为资产阶级早在17世纪初就开始办报了。

1984年夏讲稿，1992年春修改

新闻原理面面观

新闻作品评析

事实新鲜有深意

这则新闻——《张绍森元旦前交售18头生猪》，虽然报道的并不是重大的新闻事件，但却是一则比较符合新闻特性和报道要求的新闻。

事实新鲜。作为有关“养猪状元”张绍森的连续报道中的一篇，把最新的事实从整个新闻事实中提出来，放到导语部分的最前面，既符合一般新闻的要求，更是连续报道所必须做到的。如果不在消息的第一句话中告诉人们张绍森“元旦前夕又卖给国家18头猪”这一信息，而是笼统地介绍他全年总共交售45头生猪，那就缺乏新鲜感，因为去年10月已报道他1～8月份卖给国家27头生猪，还有年内交售3吨猪肉的诺言。新闻不能写成总结材料，而要给最新的事实以最突出、最显著的地位，即在开头的第一句话中说出来。

思想深，政策性强。作者在陈述新闻事实中介绍了张绍森以国家利益为重的好思想。尤其是最后那句引语生动有力：“这个（指按议价卖给私人一头猪）弄勿来咯。国家、集体从多方面关心、支持我们养猪，我应该把猪统统卖给国家。”这种思想和行为，正是目前各级党委和政府所要求的，充分体现了政策。新闻报道中的思想、政策，就应这样包含在所陈述的事实之中，而不应由作者在事实以外加进去。

这则新闻，由原稿的900字精编为200余字，显得十分精练，通篇是事实，没有离开事实的空话。背景交待既简略，又明确。略感欠缺的是时效差一点。

（以下10篇评论刊于1982—1983年《浙江日报通讯》）

从一般事实中发掘新闻事实

消息《20分钟解决一个多年积案》的成功之处，在于作者从一般事实之中发掘到具有新闻价值的事实。

奉化县召开九届二次人代会一事，对该县的人民群众来说是一件新闻；但对省报的读者来说却只是一般的事实，因为它和全省人民关系不大。但在奉化召开的这次人代会上，只用短短20分钟时间就解决了人民代表提了3年未曾解决的一件积案——大桥镇人民西路的修建问题，这件事对于省报的读者来说，则是一条新闻。这件事，不但体现了新的会风，而且体现领导作风的可喜转变。领导干部对人民代表提出的合理要求，态度是积极的，办事是果断的，毫不含含糊糊，拖泥带水。这类关系到群众切身利益的问题各地都有，其中有些是经过努力可以解决的，关键就看领导干部态度是否积极，处理是否果断。因此，报道这件事，是全省干部和群众普遍重视和关注的。

这是一则短新闻，总共才300多字，写得简明扼要，笔墨都集中在解决修路问题上。与修路有关的时间、地点、背景、人物、措施等都交待得清清楚楚。其中有两点值得一提：一是时效性强，4月18日上午9时解决问题，19日就见报了；二是在有关的人物中，特意点出了起关键作用的两个人的名字，一个是县人大常委会主任，另一个是副县长，从而使新闻建立在事实可靠、可信的基础上。

不难看出，这则新闻的作者具有新闻敏感，不但善于从各种事物中辨别什么是一般事实，什么是新闻事实，而且善于从一般事实之中挖掘出新闻事实来，又从新闻事实中抓取主要素材，剔除次要素材（也是一般事实）。抓到新闻事实的几个要素就快写快发，一条“鲜活”的新闻就出现在读者面前了。

缺点是题目上“多年”二字不够确切，实际是“3 年”，说“多年”似有夸大之感。

照顾读者的新闻欲

消息《桐乡对两家砖瓦厂停供制坯用电》，符合短、快、新、活、强的要求。短——一事一报，简要明白，全文连标点在内，还不到 400 字。快——当天发生的事，当天采写，并用电话发回报社，编辑立即编发，第二天就见报了。新——6 月 17 日《浙江日报》报道了嘉兴地区一些社队挖堤卖土、毁地烧砖，大片农田面临洪水侵袭危险，5 天后这两家砖瓦厂的愚蠢做法被制止了，不能不说是最新事实。活——通篇用事实说话，在结尾部分有较强的现场感：“记者来到现场时，看到砖瓦厂职工正冒着大雨紧张施工。厂领导说：‘今后再也不做毁堤取土的蠢事了。’”强——坚决果断地制止挖堤卖土、毁地烧砖的行为，维护了国家和人民的利益，指导性很强。

这则新闻的导语，看似平常，实则下了一番工夫，符合新闻写作的特点和规律。请看：“桐乡县两家毁堤取土的砖瓦厂，今天起被停止供应制坯用电。当地政府部门的这个处理决定，将实行到厂方完全按规定要求修复被毁堤岸为止。”这样写，好在先把实际结果即最新事实告诉读者。因为报纸批评过后，读者最关心的是结果如何。导语虽短，也是分层次的，要把读者最关心的也是最新的事实放在它的最前面，才能一下子抓住读者，引起阅读兴趣。

此外，为什么在导语中没有写出两个厂的厂名，而把它们写到新闻的主体部分呢？这也是从读者角度考虑的。因为报纸先前批评的不只是那两家厂，而是“嘉兴地区的一些社队”，所以读者的关注并不集中在那两家厂，而是被批评的那些社队。所以，导语中只需指出桐乡县有“两家砖瓦厂”的愚蠢做法被制止就行了。导语写作务求简短，但要写得好，必须掌握读者获知新闻的心理，写第一句或第一句的前半句应选取读者最为关心、最感兴趣的事实，而把哪怕是重要的但还不是读者最为关心的事实写在后面。

（与翁大毛合作）

引人入胜的散文化新闻

《烂柯山上清脆的鸟鸣声》是一篇颇具特色的新闻，内容和形式都给人耳目一新的感觉。

这篇新闻所报道的是衢州市生物防治站招引鸟类防治松毛虫的科学试验初获成果。事情本身具有新闻价值，即使从科学工作角度写，也会吸引读者。但作者注意到报纸的大多数读者是各行各业的普通群众，因而选择旅游的角度，从游客的眼里去写，吸引了众多的读者。开头从烂柯山的游客写到悦耳的鸟鸣声，随即写出山雀的形态和活动，接着引出“一只只小木箱”，然后落笔到招引鸟类防治松毛虫的试验“初获成果”。选择从游客角度写，既可以写得引人入胜，又生动地揭示了新闻事实（招引鸟类）的社会意义。

这篇 400 余字的短新闻结构严谨，选材得当，叙事清晰，描写细腻。作者通过细节描写，把读者引入赏心悦目的胜境：“循声望去，只见一种脸带白色的山雀在树丛中穿来穿去，时而飞进一只只小木箱歇息，时而停在小木箱盖上梳洗羽毛……”写得形象逼真，栩栩如生。

用拟人化的语言写山雀，更增添了新闻的趣味性和可读性。如白脸山雀在山野树丛中作巢，多为鸟兽所毁，“经常弄得无家可归”；生物防治站为白脸山雀安放了 100 只木制小鸟箱，“使它们能够安居乐业”。这“安居乐业”，又同前面写到的白脸山雀飞进小木箱“歇息”、停在箱盖上“梳洗羽毛”相照应，读来趣味盎然。

这篇新闻趣味浓，但又不失其科学性和指导性。作者指出，白脸山雀是“忠实的森林卫士”。“据调查，一只白脸山雀一天可消灭 400 多条松毛虫。在白脸山雀的保护之下，烂柯山周围的大片马尾松生长特别茂盛”。人们从招引鸟类的试验中看到，生态平衡、森林保护的工作是重要的，也是可以大有作为的。

这篇新闻从内容到形式都给人以新的启示：一、新闻题材很广阔。城乡各地、平川山野，凡有生活的地方都有新闻可写。二、旧的新闻格式大可突破，散文化是一条新路子。这篇作品既是各项要素俱全的新闻报道，又是清新隽永的散文作品。三、新闻作品应尽可能写得生动有趣，使人再读不厌，这方面的探索是无止境的。

两个细节露心灵

《吴浩光避免一起车祸受到奖励》是一则写得比较成功的社会新闻。当天新闻，当天发稿（电传），时效性强。这比时隔多日写成通讯发表更吸引读者。

这则仅250字的短新闻，写明了新闻事实的五要素，突出了车祸的发生和刹车救人的情景。作者着力描写两个最关键的细节：一个是险情的出现——正在行车的司机吴浩光突然发现“前面10米处的候车旅客中，有一男青年猛将一位女青年推倒在吴浩光的车前；一个是险情的排除——小吴连忙用力向右打方向盘，同时紧急刹车，“左前轮距女青年的头部仅8厘米处划过”，避免了一场事故。通过这两个细节描写，整个刹车救人的事态历历在目，读者由揪心到放心，由震惊到激动，从两种截然相反的行为中看清了人心的美与丑、善与恶，受到了教育。

这则新闻最后交待这对青年男女“因恋爱纠纷，男青年想借车杀人”的背景，也是十分必要的，解除了读者心头的疑惑。

作者寓褒贬于事实之中，新闻主题十分鲜明。其中写到的三个人物，都点明是“青年”；三个青年，一个害人，一个被害，一个救人，读者自然会对他们各自的行为加以比较，作出公正的评论。

这则新闻仍然给人留下一个疑问：这对青年男女的“恋爱纠纷”是怎么回事？何以发展到男的“借车杀人”的地步？当然，在一则快讯中，不可能报道这种复杂的纠纷，但是，作者不妨跟踪采访下去，作有教育意义的连续报道。这样做，既可以回答读者所关心的问题，又可以发掘更深的新闻主题。有些新闻主题的深意是要从连续报道中不断发掘出来的，而且也会在连续报道中扩大社会影响。《解放日报》关于陈燕飞下水救人的报道就是不断深化的连续报道。

有趣有力的人物专访

——评《"冒富大叔"笑开怀》

这篇通讯写得既有趣，又有力：人物形象鲜明，谈吐生动有趣；党的富民政策具有鼓舞力，劳动致富的事实富有说服力。读了这篇报道，干部会鼓劲——更好地落实党的十一届三中全会以来的农村经济政策，农民会鼓劲——在劳动致富的大道上迈进。这种鼓动性正是我们党报新闻的显著特色之一。

这篇报道宣传效果之所以好，主要是作者选择了王樟海这个很有说服力的新闻人物，并采用人物专访的形式，将有新闻价值的素材组织得主次得当，脉络清晰，经纬分明（以谈话为经，以新闻事实和背景材料为纬），熔政策、事实、思想、情趣于一炉，使作品富有鼓动性和感染力。

作为人物专访，作者精心地选用王樟海最生动感人的一句话（即"电影中的'冒富大叔'有啥稀奇！他收入不过千把元。我呢，今年的收入可超过一万六呢。按这么算，我该是'大冒富'了！"）来开篇，一下子把主要的新闻事实和人物的精神面貌拎了出来，对读者很有吸引力。在写到他"靠劳动赚了钱，心不寒，睡得着"的思想时，又用他的话轻轻带出地委书记、专员、市长访问和支持过他的重要新闻事实，行文显得自然贴切。在王樟海讲到"说来说去，都是党的三中全会政策好"时，交待了他过去养牛遭到过批判，1979 年党支部书记首先带头买了奶牛，王樟海买回两头奶牛后得到政府给予无息贷款的支持，又买来七头奶牛等背景材料。同时，作者又前后数处正面点出了王樟海身材魁梧，勤劳精明，很有心计。就这样，既写明了王樟海"冒富"的缘由，又写出了他敢于冒富的思想。

在采访和写作中，作者以一个普通群众、普通农民的身份出现在新闻人物面前，仿佛带着读者一道去访问一样，这是使作品写得生动有趣的重要因素。热情的谈吐、亲切的话语、跌宕的人物心理活动，使作品富有强烈的感染力。在写到王樟海讲全年收入不少于一万六千元的话语时，插进“说的是那么轻松，听的人却有些暗暗吃惊了”一语；当写到王樟海在党的十二大精神鼓舞下，计划今年还要买三头奶牛，明年再买四头时，用了“他‘透风’说”一语，这些幽默的文笔，都引发读者浓厚的兴味。读完全篇，既受到深刻的政策教育和巨大的精神鼓舞，又像看完一部充满情趣的电影一样，非常惬意而又欢畅。这是符合新闻写作要求的，因为新闻作品终究不是政治文件，它既要有指导性，又必须注意可读性。

这是一篇短小精悍之作。当然，如能对饲养奶牛的现场适当描述几笔，还会更加动人。

于曲折中出新意

——评《青工姜建国挺身而出保护同志》

这条消息结构严密，层次清楚，文字平实，主题鲜明，符合新闻写作的基本要求。

导语分主次两层写，先写读者最关注的新闻事实，即姜建国挺身而出制止了流血事件；然后再写领导部门对他记功、表彰。这是因为，这类社会新闻的题材源于群众生活，又为各行各业群众所关心，因而从群众角度而不是从领导角度落笔，对各方面的读者都有吸引力。

主体部分写得很有特色。作者用两句话将施剑勇因生活作风问题受到韩李明等同志批评因而怀恨在心这一背景交待清楚；随即展开惊险而又曲折的故事情节。案发时，写姜建国“忍着病痛，眼疾手快地冲上去，把施剑勇扭住”。接着插进一笔“闻声赶来的工人拼命敲门”，但作者的笔力仍集中在姜建国身上：“姜建国一面扭住施的右手不放，一面一步一步往门边移去，趁机打开了门。”这个细节既写出了姜建国挺身而出保护同志的勇气，又展现出他在险境中沉着、机智的精神境界。一波未平，一波又起：施抢去被夺下的斧头欲骑自行车追上去再劈韩，姜和其他同志冲上去拦住了施的自行车，“夺下施的斧头，将他看管了起来”。不难看出，出现这一曲折是因为施的凶杀行为被制止后，在场的人一时放松了警惕，既没有把凶器收藏起来，又没有把凶手看管起来。作者着力描写故事的曲折性，意在用事实告诉读者：当凶手举刀杀人时，在场的人既要敢于挺身而出制止流血事件的发生，又要十分心细，千万大意不得，因发疯的凶手是什么事都干得出来的。请参阅本报 11 月 4 日的报道，温州第一皮鞋厂党委副书记王志友同志挺身而出制止罪犯行凶，这当然是可歌可泣的英雄事迹；令人痛惜的是，他对“两手操刀”、“嗥叫着”闯进办公室的凶手缺乏必要防备，以致遇害身亡。因此，写姜建国等同志制止流血事件的曲折性，决不是作者的多余之笔，而是很有新闻价值、更有教育意义的一笔。这一笔使新闻主体部分的思想内容更加丰满，令读者对新闻事实多加品味，受益不浅。

结尾部分对新闻人物姜建国作概括的介绍，这也是十分必要的。

写记者目击最生动有力
——评《无证菜贩沿途拦购大量紧俏蔬菜》

在新闻报道中，现场采访、现场描写逐渐受到记者、通讯员的重视，有现场感的新闻也多起来了。但这些作品大多是在新闻事实发生过后去采写的，只是在叙述过程中插进一段现场描写的文字。在记者笔下，有现场描写总比没有要生动一些；在读者眼里，有点现场感总比没有来得好读些。然而，现场感最强的新闻，还是记者写他所目击的新闻事实。《经济生活报》7 月 9 日刊登的《本报记者 6 日在杭州七堡至临平公路上目击：无证菜贩沿途拦购大量紧俏蔬菜，贿赂货车司机运往省外牟取暴利》一稿，写的就是记者在现场目击的新闻事实，其吸引力和说服力就非同一般。

采写记者目击的新闻，最大特点在于记者的采访活动与所报道的新闻事件同时并进。因此，它要求记者有高度的新闻敏感，并且具有预测新闻的能力。新闻何能预测？并非所有新闻都可以预测，突发性的事件是难于预测的，但是，某些连续发生的事件是可以预测的。这条新闻报道无证菜贩在杭州七堡至临平公路上拦购大量紧俏蔬菜，记者在7月初便从有关部门获知此事，而事态仍在继续，于是迅即行动，赶到现场去捕捉这条新闻。由于记者所报道的事件是在他采访的同一时间发生，所以新闻的时效性特别强，是一条跳得起来的“活鱼”。

“百闻不如一见。”对于读者来说，报纸上所有报道都只是“闻”，因为他们不可能亲眼目睹这些事实；但是，对于记者来说，这些事实最好是亲眼目睹的，而不是听来的(即使是听来的，也得有确凿的依据)。读者寄希望于记者的是：他们了解不到观察不到的那些与他们生活密切相关的事实，记者能替他们去观察、记录并及时报道出来。杭州市菜场里青毛豆、长豇豆紧缺，这是为什么？有的人或许听说到许多菜贩在城外高价拦购紧俏蔬菜运到省外，有没有这回事？他们只是打听，不可能自己去看个究竟。这件事同人们日常生活紧密相关，有责任心的记者赶到城外公路上去实地察看，把实况及时报道出来，满足了广大读者的要求和愿望。

记者报道他自己目击到的又是人们普遍关心的事件，这样的新闻作品最有吸引力，最有说服力和感染力。这是因为，记者所获得的新闻素材是真正的第一手材料。记者在事后深入现场采访，从当事人或目击者口中获得的素材，仅仅是第二手材料；而记者亲自在现场目击的事实情况，才是他的第一手材料。第一手材料最真实可信；用第一手材料写的新闻，犹如记者把读者带到现场去观察、查访，现场感极强，事实的说服力也最强。这条新闻的作者，到了无证菜贩拦购紧俏蔬菜的现场后，既认真观察，又作深入细致的查访，如写汤家桥、外乔司、七堡等地拦购蔬菜的实况，点到具体人物的姓名，写出他们的活动以及他们口述的情况。特别是无证菜贩贿赂货车司机一段，写得有声有色："就在我们查访的时候，看到好几辆满载着青毛豆的大货车往上海方向呼啸而去。在九堡交通运输检查站，交通管理部门和工商行政管理部门的同志截住一辆上海南市区运输公司的"08－31711"五吨大卡车，车上装有7000余斤青毛豆。据随车同行的新元大队一队的无证菜贩龚伯毛说，这批青毛豆是从钱江农场收购来的，经水路运到五堡后，在公路上拦搭这辆放空回沪的货车，给驾驶员酬金80元，外加烟酒费。"记者又特别指出："无证菜贩和汽车驾驶员这种私下交易，没有任何发票或收据，甚至连双方的姓名和地址都不留。"

这条新闻不但新鲜活泼，生动感人，而且很有深度，很有分量。所谓"深度"和"分量"，是就新闻的思想性而言的，但它存在于新闻事实之中。在这条新闻的末尾，记者指出无证菜贩的上述非法活动"严重扰乱了市场秩序，冲击了城镇市场的正常供应"，以及"他们重金行贿，中饱私囊"，"使社会风气受到污染"，呼吁有关方面"加强管理"。这些很有分量的话也都是从记者目击的惊人事件中提炼和引发出来的。读者都会感到，这些话非说不可，不吐不快。

舆论所向：德高者望重

——评《百余群众为一位"活雷锋"送行》

读今年1～3月的《浙江日报》头版，反映人与人之间新型关系的社会新闻，如一阵阵春风扑面而来，暖人心怀。其中最为感人的是3月24日的社会新闻《椒江市街头百余群众为一位陌路相逢的"活雷锋"送行》。

这条新闻，报道一位名叫王彩琴的上海青年女工的崇高品行。王彩琴与我省椒江市的周孟春夫妇素不相识，在上海一家医院的一个病房里相逢。当得知陪妻住院的周孟春突然因高血压中风死亡时，王彩琴忧心如焚。她想："周荷莲刚开过刀，绝不能把这个噩耗告诉她。”她同医务人员一起连夜处理好死者的遗体，便主动挑起了照料周荷莲的担子。周腰椎开刀，不能动弹，大小便时连盆也塞不进去；王彩琴便拿草纸去接大便，还帮助揩身、洗裤。当医院建议周回家疗养时，王又担心她回家得知丈夫突然去世的消息时，“难以经受这一沉重打击，毅然决定把她接到自己家里去照料”。至此，王彩琴同非亲非故的病人周荷莲心心相印，对她体贴入微，视若同胞姐妹的美好心灵和崇高品德，已展现在读者面前。尤为感人的是：她的丈夫刚从南京回家探亲，鹊桥相会不容易，王彩琴却劝丈夫提前回单位，而把周荷莲安顿在自己的床上。这就更看出这位青年女工义重如山，高风亮节。

大凡写新闻人物心灵美好、品德高尚的社会新闻都有生动的故事情节，只要写得脉络清晰、背景清楚、细节感人，就已不失为佳作了。这条社会新闻不但具有这方面的成功之处，更有其独到之处：作者从侧面选取人民群众为一位“活雷锋”送行这样一个激动人心的场面，作为报道的角度、消息的导语。通常写法，总是从新闻人物本身事迹中截取最感人最能吸引读者的一段写起。这条新闻的作者，却能跳出新闻人物本身的事迹，先从一个侧面下笔；而这个侧面又是新闻人物感人的事迹在群众中激起强烈反响所形成的，从而烘托出了新闻人物品行之非凡、形象之高大。送亲迎友，本是生活中常见的凡人小事；百余群众自动聚集在街头，为素不相识的“活雷锋”送行，就很不寻常，充分说明德高者望重，社会风气在好转。这条社会新闻使广大读者为之耳目一新，交口赞美，同作者对事物的观察力和表现力是分不开的。

人们可以看到，我们报纸上报道省委、省政府领导同志日常工作范围内的活动愈来愈少了，这也是党风好转的一个标志；而同时，在要闻版显著位置刊登人民群众为一位心灵美好、品德高尚的青年女工送行这样的社会新闻，这就足以说明，在我们社会里，无论谁，不分上下，德高者望重。这是舆论所向，人心所归。党报是党领导下的舆论机关，它的职能之一是反映并引导社会舆论。人们相互交往中的品德行为是我们报纸上社会新闻的中心内容。美好的心灵、崇高的品德是精神文明宣传的一个重要方面。因此，报道百余群众为“活雷锋”王彩琴送行的社会新闻跃居报纸要闻版的显著地位是当之无愧的。

不言而喻。多多采写这类反映人民群众建设社会主义精神文明的社会新闻，是记者、通讯员的光荣职责。

用散文笔法描述新闻事实

——评《一场“豆腐战”迎来百家欢》

关于新闻作品（主要是消息）的表现形式，其体例大致可循，格调、样式却是多种多样的。因此，写新闻应提倡不拘一格。散文似的新闻，就是其中的一格。诚然，散文本身也无定格。新闻写得近似散文，指的是用散文笔法去描述新闻事实，包含散文的情趣和散文的意境。说具体一点，就是结构自然，意趣盎然，文笔轻松、活泼。

消息《一场豆腐战迎来百家欢》，是一篇散文似的新闻作品。从结构上看，前后无导语、背景、主体之分，没有像通常写消息那样把最重要的新闻事实冠于作品之首，去引导读者。作者按照事件本身的发生变化展开故事情节，故事进入高潮也就出现了最重要的新闻事实。因为篇幅短小（500 字），读者不难找到最重要的新闻事实。这样的新闻作品，冠以“本报讯”，作消息发，是可取的。

新闻作品并非都写故事，也并不要求都有情趣；写散文似的新闻，却有赖于生动的故事情节，着力描写人物和环境。随着情节波澜起伏，作者注入作品的感情也跌宕多变。加上对人物、环境的描绘，就会出现令人赏心悦目的意境。这篇新闻，开头一句写“坡塘，是绍兴市的一个农村小集镇”，语气好像友人间闲谈，轻松自然。而后写到两家豆腐摊联合起来，向王双林“夹攻”，气氛就紧张起来。后来写到双方相继降价竞争，王双林提出“宁可少赚钱，落后心不甘”的挑战，作者像演说传奇，眉飞色舞起来：“看样子，双方是‘杀’红脸了。”

读者不仅从中获知坡塘豆腐价格降到每块 5 分这个新闻事实，还像看了一台戏，一台有声有色而含义深刻的好戏。含义就在：以群众利益为出发点，搞活经济，鼓励竞争。

这篇新闻的语句都很简短，文笔流畅。“如今，这种局面正在改观”，“然而，‘好景不长’。”这些活泼、幽默的语句。读起来轻松、省力，可以节省阅读的时间。

现代散文是一种文学体裁，作者构思时多为形象思维，技巧多在形象描绘。写散文似的新闻也少不了形象思维和形象描绘，但要有节制，否则会在新闻事实方面顾此失彼。新闻事实发生的时间、地点等新闻要素不可遗漏，否则就不成其为新闻报道了。这则新闻的缺陷在于没有写明新闻事实发生的时间，“两年前”、“如今”、“目前”，时间界限不清；“第二天”、“过了一天”之说，因没有写明第一天系何月何日，也令人费解。

因此，我们可以说，不是所有新闻报道都可模仿散文；写散文似的新闻特别要注意事实的准确无误。

“快节奏”的新闻

——评通讯《啊，快节奏》

当今社会生活的变化正在影响着我们的新闻报道。加快新闻的节奏，便是我们这个时代对我们新闻报道提出的一个要求。读了 1982 年 10 月 4 日《人民日报》刊登的燕迅同志写的通讯《啊，快节奏——记年轻科技工作者徐骏铭的事迹》，更使我确信：加快新闻节奏，生动地体现了当今时代的风貌。

这篇通讯的思想内容和表现形式都是“快节奏”。

通讯一开头，就直截了当地揭示了新闻人物富有时代特征的精神面貌：

年轻的科技人员徐骏铭，谈话总是很快就进入正题。而且快而有力，像郎平扣出去的球，使人领略到当今青年思想的活跃，才思的敏捷。他给人的印象是，似乎有许多急待要做的事，不只讲话的速度快，而且怀着一种紧迫感，在紧张地从事他视同生命的事业。

且不说下文，单是这几句话，就已拨动人们的心弦：所有同徐骏铭一样从事紧张工作或繁重劳作的人，都会点头称是，“干四化，就该这样！”那些至今还在慢慢腾腾地谈话、走路、办事的人，会自感惭愧，心头热烘烘，屁股坐不住。谁也不能否认，这种快节奏的工作作风，是开创社会主义现代化建设新局面所必不可少的；如果大家都慢腾腾地办事，新局面将遥遥无期。因此，人们快节奏地谈话、走路、办事，真正体现出时代精神、时代风貌。

实际生活表明，愈是快节奏地生活和工作的人，愈需要获取新闻，而且读报也一定是快节奏的，决不会像有些人那样摸着胡子慢慢腾腾地读。许多人看报是站着看、走着看，上日班的工人在中午半小时内边吃饭边看报。这就要求我们的新闻报道不但篇幅“短些，再短些”，而且行文、用语应力求简洁、明快——快节奏。短的段落、短的句式，可以有效地体现快节奏：一是节奏感强，不拖泥带水；二是直观性、直觉感强，不假思索，意即自明；三是有一种行球似的弹跳性，阅读时目光不滞留，可以急速跳动，也可选读其中最紧要的几段，三五分钟内把几千字的通讯一扫而过。

这篇通讯，全文不到3000字，共分22个自然段，平均每段百余字。段落短而多，使故事情节不迟缓幽深，而是快速推进。

在这篇通讯中。七八字、十几字的短句子并不很多。但我想，短的句式，不光指整个句子短，还包括多用短的分句，短的词组。有时，七八字、十几字的短句难于表达较复杂的事物和思想感情，而且通篇文章全用这种短的句子，从美学上看也是不大可取的。最可怕的是句子中长长的附加语、修饰词，读起来使人沉闷、头痛。而由若干简洁的分句组成的句式，读起来就很轻松，有节奏感。这篇通讯的语言特色正是如此。例如：

> 小徐又去翻书本。厚的、薄的；平装的、精装的；中文的、外文的；也记不清翻阅了多少，最后在西德出版的《药物手册》里，查到某种药物乳化剂的分子式。……

短的段落、短的句式，也便于勾勒事物的轮廓。这篇通讯的作者写出了富有特色的细节。例如：

> ……农贸市场熙熙攘攘，小徐脚下的车子，两个车轮虽然转动得慢了，但小徐的脑细胞却在快速工作。向左看，是花生；向右看，是花生；向前看，还是花生，"啊，花生！"……

从行动到心理活动，把人物写得活灵活现。

我不仅为快节奏的新闻叫好，而且深信，多写快节奏的新闻，体现了我们新闻改革的方向。既然通讯可以采用快节奏的表现形式，那么，大量的消息更应该也更有可能按快节奏的要求来写。这会弄成千篇一律吗？我想不会。因为提倡新闻写作采用快节奏的表现形式，仅仅是出于它同当今社会生活中体现时代风貌的快节奏合拍罢了。社会生活丰富多彩而又不断地发展变化着，新闻的表现形式自然也应当丰富多彩，也会不断地发展变化。但作为当今社会生活特征之一的快节奏，自然也应该成为我们这个时代的新闻特征之一。无论如何，这比写松散的、闲谈漫话式的新闻，更能被千千万万"紧张地从事他视同生命的事业"的人所接受和喜爱。

（刊于新华社《新闻业务》1983 年第 1 期）

开掘要深
——评《工程师任燮明不再做“马大嫂”了》

“开掘要深。”这是鲁迅论文学创作的至理名言。现在用来评论新闻作品，该作何种解释呢？我认为，文学创作开掘之深，在于刻画典型环境中的典型性格；新闻作品开掘之深，则在于揭示新闻事实所包含的深刻社会意义。新闻报道的深意存在于所报道的客观事实之中，经过记者的发掘才能显现出来。在这里，记者洞察事物的能力起着决定作用。

《光明日报》记者谢军采写的《工程师任燮明不再做“马大嫂”了》，是一篇开掘较深的新闻。事实本身包含着两个方面和一个中间环节：一个方面是溧阳建筑涂料厂技术力量非常薄弱，连一名助理工程师也没有；另一方面是上海建筑科学研究所的中年工程师任燮明，他为发展国内新兴涂料作出了贡献，但家务缠身，“每天耗费在家务劳动上的时间不少于四小时”；中间环节是溧阳建筑涂料厂的党支部书记杨建保四处求贤，了解到任工程师正是他们求之不得的技术人才，便从厂里选派一名女工去任家做保姆，使这位工程师担任了他们厂的业余技术顾问。许多企业缺少技术人才，许多知识分子为繁重的家务所累，这都是普遍存在的问题。记者抓住杨建保访贤、识贤、招贤这一新闻事实，写出了企业干部求贤若渴之状，也写出了一位中年工程师摆脱家务后的喜悦之情。新闻的标题和导语表明，这则500字新闻的立意在于希望有更多的中年知识分子不再做“马大嫂”，使他们的聪明才智得以充分发挥。就是说，记者、编辑的宣传意图重在改善知识分子的工作条件和生活条件。《光明日报》关于知识分子问题的宣传报道一向很突出，这只是其中的一篇。

但是，正如中外文学史上有些文学名著的社会意义远远超过作家的写作意图一样，我们有些新闻作品所包含的深意，也会超过记者、编辑的宣传意图。记者的思路如果局限于自己的宣传意图，他写的新闻事实所包含的深意就不一定会全部开掘出来。这则新闻虽然重在宣传中年知识分子摆脱家务拖累之喜悦，但新闻事实中企业干部如何识贤重才，却别有一番深意；这层深意是通过记者对事实本身的虚心体察和客观叙述显示出来的。杨建保了解到任工程师家庭情况和家务拖累之重时，对他说了两句话，其中一句是："我要设法把你做家务的宝贵时间换下来。"这句话，不只体现出这位企业领导干部求贤若渴之情，更说明他头脑中具有新的经济观念，这些观念至少包括：知识就是力量；时间就是财富；知识分子的时间（包括业余时间）就是知识和财富，十分宝贵；一位工程师每天四小时的业余时间所创造的财富胜过一个普通工人一天工作时间所创造的财富。记者客观如实地引述杨建保这句话，说明他对这句话也是理解的，虽然企业干部的新经济观念不是这篇报道的重点。编辑不删掉这句话，说明他也不是囿于知识分子问题上的宣传意图。当然，删掉这句话仍不失为一则新闻，但事实本身所包含的深意毕竟未能充分地被开掘出来。

我以为，对于新闻工作者来说，第一信条应是：尊重客观事实。这样说，岂不是贬低了"宣传意图"吗？不是的。宣传意图是一种主观意识。主观意识若是正确的（错误的不在此论），无不都是从客观事实中抽象出来的，决不是人们凭空想象出来的。宣传意图又不是一成不变的，而是在不断更新之中的，因为客观事物、人们的社会实践在发展变化之中。因此，记者尊重客观事实不但会使他领会上级的宣传意图，而且会在开掘新闻事实的深意中，使宣传意图更加丰满，更加新鲜。

那么，新闻事实中所包含的深意又是怎样开掘出来的呢？通常的办法是透过表象抓实质，多问几个"为什么"。任燮明不再做"马大嫂"。这是为什么？家中来了个保姆。这保姆从何而来？溧阳建筑涂料厂选派来的，工资由厂里负担。这又是为什么？厂里技术力量非常薄弱，希望任工程师担任业余技术顾问。为什么舍得派一个劳动力去任家做保姆？这就抓到了杨建保对任燮明说的那句话，并且看出它的深意来了。多问几个"为什么"是开掘新闻报道深意的基本一法，因而被列为新闻事实五要素之一。有些报道之所以使人感到平淡，除了事实本身缺少深意外，一个原因是由于记者在采写有深意的事实中不多问几个“为什么”。

新闻立意以客观事实为本源。尊重客观事实是开掘新闻深意的前提。因此，记者洞察事物的眼力及其客观叙述的笔力，是使他报道成功以至成为名记者的重要因素。

（刊于《新闻实践》1985 年第 1 期，转载于《光明日报通讯》1985 年第 6 期）

于平实中见深度
——评《“济世观音”破产记》及其续篇

《四川日报》今年 5 月、6 月先后刊登的《“济世观音”破产记》及其续篇《“济世观音”出世记》，引起了读者对农民企业家素质的热烈议论。该报举办的“‘济世观音’破产的思考”讨论专栏，前后共发表 10 期、30 多篇评说“济世观音”破产的文章。经济界有识之士呼吁政府及有关方面，在发展社会主义商品经济中，要重视提高农民企业家的素质，“不能袖手一旁，任其在商品经济的大海洋中自生自灭”。

这两篇通讯，在不久前浙江日报举办的一次新闻业务讨论会上，也成为大家议论的话题之一，都认为“篇幅不长，写得深刻”。

的确，这两篇报道农民企业家胡乾昂破产的通讯，都只有两千来字，而且文笔朴素，没有时下流行的大话、空话，也没有生涩、奇崛的言词。作者抓住农民企业家胡乾昂破产这条主线，一情一节道来，告诉人们他是怎样破产的以及促使他破产的种种主客观原因，而着重揭示出他使自己成为“济世观音”的主导思想及其缘由。

《破产记》以平实的文字告诉人们：胡乾昂是四川米易县箐阳村的农民。1982 年以来。他利用当地的黄连资源，生产黄连素粉，几年获利 10 万元，成了全县的致富模范，可是一下子就垮了。原来，他几年来净挣的 10 多万元钱都花光了，而且都花在“做好事”上了。修路、办学，他大把大把捐款；"吃客"纷至沓来，他顿顿酒肉招待；"伸手大将军"上门"借款"，这个几百，那个几千，累计数万，全都有去无回……连平时经营管理，也是菩萨心肠：财物往来，无须凭证，因为"都是熟人"；"熟人"肥了腰包，他一再失误受骗，也从不计较。人们称颂他是"济世观音，有求必应"。他说："大家都是穷过来的，现在我有钱了，办点好事，让大家都沾点光。"这便是这位农民企业家慈善行为的主导思想，也是他走向破产的主观因素。

在《出世记》中，记者的笔触向纵深开掘，写到胡乾昂1972年修三间房屋被查、1975年乡亲们凑钱给他的二儿子治病以及女儿不幸淹死在河里等一连串往事。这些往事看起来都同企业破产无关，但却都同他"让大家都沾点光"这个主导思想直接有关："怕变"心理，"报恩"思想，"积德"观念。正是这些观念、思想、心理，凝成了"让大家都沾点光"这个主导思想。因此，《出世记》实际上是记者对这位"济世观音"的慈善行为及其主导思想的寻根探源。

这些陈旧以至陈腐的思想、观念、心理，在众多离开土地、进入商品经济领域的农民企业家中具有相当的代表性，因而引起人们对农民企业家素质的深思和评说。然而，两篇通讯中所包含的深刻思想内容，都是通过平实的叙述表现出来的。例如，写他经营管理上单凭感情："老胡办工厂，无所谓账务不账务，也无所谓管理不管理，除销售厂家要求签订合同外，其他经营活动几乎没有凭证、合同手续。几百几千往外借款竟没有一张借条。他说：'都是熟人，还信不着吗？'"由于作者牢牢把握了人物的思想特征及其渊源，叙事的笔墨很集中，旁无枝蔓，语言也很精练、简洁，几句话把心灵深处的东西写出来了。

新闻作品的思想深度，存在于事物的内部联系和外部联系之中，存在于新闻事实和背景事实之中。事物的内部联系，就人物报道而言，就是人物的行为与支配这种行为的思想之间的联系。言为心声，思想又往往是从人物语言中表现出来的。胡乾昂"办好事"是行为，"让大家都沾点光"是他的心愿，联系起来写，就有思想深度了。我们常常看到一些人物报道，只写人物行为，不写人物思想，令人百思不得其解。

至于事物的外部联系，有横的联系和纵的联系。在报道“济世观音”破产的两篇通讯中，横的联系是胡乾昂行善的思想行为同社会环境——贫穷的物质生活和“沾光”（平均主义）的文化心理之间的联系。赚了钱的胡乾昂应该“让大家都沾点光”，于是，“破产记”实际上成了“沾光记”，令人触目惊心。纵的联系就是新事与往事的联系。当年建房被查和办厂之初的流言蜚语，是他“怕变”心理的缘由；当年曾得到众乡亲周济，发誓“当牛做马也要报答大家”，是他“报恩”思想的渊源。作者在写出他几年来用大笔大笔的钱，办这样那样的好事，满足各色人等“沾光”之心后，又点出如今“他家里没有电视机、电冰箱之类的现代设施，一家人衣着朴素”，最鲜明不过地反衬出他那种“让大家都沾点光”思想是多么强烈，多么真诚，多么纯净。难怪有的读者不同意企业家应做一毛不拔的“铁公鸡”这一评说，而称颂这位获利10多万元的农民企业家是当今难得的“活雷锋”；有些读者则主张企业家既不能“见利忘义”，也不能“重义轻利”，而应“义利并重”。

新闻界不少同志强调深度报道要有理论色彩。我认为，新闻作品中的理论色彩仅仅是“色彩”而已，不是抽象化的理论。我们可以从参加讨论的经济界人士对胡乾昂破产的评说中看到这种理论，那是从这两篇报道所披露的事实中抽象出来的。真理是平凡的，艺术（技巧）是朴素的。《“济世观音”破产记》及其续篇，正是用朴素的文笔，平实的语言，客观冷静地叙述胡乾昂其人其事，其中包含着许多人尚未发现的平凡的真理。这就是新闻的理性色彩，思想深度也就在其中了。

（刊于上海《新闻记者》1988年第10期）

让事实呼唤真理

——评关于“武威报案”的批评报道

批评报道采写难度大，报纸上耐读的批评报道也少见。常见的批评报道中，以被批评者接受批评为终结的，在读者眼里要算是成功之作了。能否来个突破，使批评报道较为耐读，给广大读者以较多的启迪呢？《中国青年报》记者采写的“武威报案”的批评报道，对这个问题作了肯定的回答。

《中国青年报》刊登的“武威报案”批评报道，由今年4月1日至7日的5条消息组成。这些消息都很耐读，读罢不少人沉思联想，热烈议论。消息本是一种最平常的新闻体裁，是记者手中的“常规武器”；但这几条消息却有一种魅力，以致在社会上形成一股不小的心理冲击波。

批评报道的这种魅力，来自记者所报道的事实本身。事实对任何记者都是公正的。为什么不同记者所采写的同一新闻事实，其效果、反响并不一样，甚至大相径庭呢？个中奥秘在于记者笔下的事实是否客观和客观程度上的差异。

《中国青年报》关于“武威报案”的5条消息严格遵循客观报道的原则，作者让事实说话。武威“收报事件”缘于《武威报》刊登的《人民代表的心里话》（该报记者整理的武威市部分人民代表座谈纪要）。这是一个重要事实，《中国青年报》全文转载这篇文章，同记者采写的第一条消息摆在一起，让读者去评头论足。在记者采写的这条消息中，记者用朴实的语言，客观、冷静地陈述收报事件的发生、发展和结果。“3月7日，甘肃省武威市爆出《武威报》记者手持地委宣传部的介绍信沿街收缴报纸的新闻。该报前一天发了篇《人民代表的心里话》，从而惹出了麻烦。”这个导语写得很客观，是事实的陈述。“惹出了麻烦”，颇有幽默感。这里，事实的客观性、事件的哲理性以及记者的倾向性是融为一体的。

客观报道务求全面。“收报事件”所涉及的，主要是有关领导干部和人民群众。在领导干部中，作为主要当事人的几位，记者都写到了：行署专员、副专员恳请人民代表说心里话、发牢骚的肺腑之言；市长看到《人民代表的心里话》之后的恼怒之言；地委书记大为不悦的种种看法和地委作出扣报收报的决定。接着，记者用一整段文字写了《武威报》记者挨门收报时备受群众责骂的情景。读者看了这条消息和转载的文章,“收报事件”的前因后果、种种情状都清楚了。有的同志掷报长叹:“嗨,地方官干出这种蠢事,哪里还有一点民主意识!”这便是客观报道的效应,也是客观报道的一种魅力。

《中国青年报》这一批评报道的魅力,更多地来自记者所揭示的事理的深刻性。事理也是客观存在的,只是不大容易发现,要靠记者向事件的纵深发掘,从它的变动和发展中捕捉。《中国青年报》关于“武威报案”的第一条消息发表后,如果再发一条报道甘肃省委书记严厉批评“收报事件”、武威地委书记作检讨的消息,整个批评报道也可以说是“圆满结束”了。记者显然并不满足于此。读者可以看出记者在上下求索:从武威发出一条报道行署专员魏万进认为收缴报纸是错误的消息。细心的读者不难看出,这条消息的内容是记者在采写第一条消息时就掌握了的。之所以没有写到第一条消息中去,而作为第二条消息单独发表,一是避免把第一条消息写得臃肿,从而影响它的客观性;二是魏万进的谈话内容不一般,分量很重,唯有单独发表,才能发挥其应有的效能。在发出这条消息之后,记者还是没有急于去兰州采访省委,而是在武威采写一条当地干部群众对《中国青年报》批评“收报事件”反响的消息。这条消息同新华社报道甘肃省委书记严厉批评收报事件的消息同日联题见报。接着,《中国青年报》记者赶到兰州,发出武威地委书记在省委接受批评、诚恳检讨的电讯。至此,这一批评报道已经够令人满意的了。不料记者第二天又发出一条消息,报道记者同地委书记之间的直接交谈。人们可以从7天连发5条消息中想象记者奔走采访之辛劳,还可以看出他思维敏捷,多角度、多方位地采访,因而报道是分层次,层层推进的。记者下这么大的工夫,目的显然是要将事理掘深挖透,让真理被更多的读者所接受。

记者的这种辛勤劳动是有成效的。引起读者热烈议论和深思联想的,正是记者在这些消息中所揭示出来的带哲理性的几种思想、观念,其中主要有:

第一条消息中披露的武威市长一句话：看了《人民代表的心里话》，武威市长柳宏克大为恼火，当即打电话给地委书记杨作林，说："我是省上、地委派我来的，不是自己要来的。如果不行我可以走嘛！"这句话耐人寻味。因为是"上面派来的"，便只是对"上面"负责，来自下面的、哪怕是人民代表的批评意见便不足为训，根本听不进去。干部提拔还是降职都只由"上面"决定，在干部的思想上就难免形成表扬还是批评也只有来自"上面"才算数这种意识。由此可见，领导干部的民主意识离不开民主选举制，建设民主政治有赖于推进政治体制的改革。

第二条消息中行署专员魏万进说的一句话："报纸是人民的喉舌，不是哪个人的私产。"这句话是有党性的，足以使压制报纸批评的人振聋发聩。党报是党和人民的喉舌，如果把两者割裂开来，只看成是党的喉舌，那么，地委收报纸就无可非议，群众交报纸犹如交红头文件，是顺理成章的了。

第五条消息中地委书记杨作林说的两句话："这样的批评，的确是帮助而不是整人。……因为，这不是我和记者之间的事儿，而是一个到底如何对待民主的大事儿。"这是肺腑之言，原因是道出了报纸批评的精义和舆论监督的实质。长期存在的"报纸整人"这种旧观念站不住了。社会在前进，人们的观念也须变革、更新，否则，难免要干蠢事。"武威报案"本身最清楚不过地表明：报纸的批评，实质上是人民的批评；舆论监督，实质上是人民的监督。如果党政领导干部和新闻工作者都这样认识问题，那么双方都会积极热情而又严肃认真地对待报纸批评，报纸批评的数量和质量也会大大提高。

"武威报案"的批评报道用事实说话、客观公正。同时，记者着力披露各种人物对舆论监督的不同心态和观点，烘托对比，支持正确的，批评错误的。在党的领导和群众的监督下，真理终于战胜谬误，个别持错误态度的领导干部从中吸取了教训。由此可见，批评报道难度虽大，但也是很有学问，大有作为的。

（刊于 1988 年 12 月 10 日《新闻出版报》）

“冯根生罢考”的新闻魅力

“著名企业家冯根生罢考”，是《浙江日报》记者杨新元采写的一篇引起很大反响的经济新闻。

去年11月初，这篇报道先后在《钱江晚报》和上海《新闻报》以显著位置刊出；很快，上海《文汇报》在一版的“虚实谈”言论栏中先后发表《赞冯根生罢考》和《劝冯根生应考》，接着又发表评论员文章《让厂长经理们轻装上阵》。11月10日，《人民日报》在二版头条位置，以“考试没个完厂长叹苦经”为题，报道了冯根生罢考的新闻，同时配发“编后小议”：《少考为好》。这些报道一时成为企业界和政府人士议论的话题。

这篇新闻为什么具有这样大的魅力呢？我想着重从作品的思想内容，谈谈记者的报道思路——这是作品成功的关键。记者采写这篇报道的思路在于：

一、把握新的政策思想。党中央新近作出的搞活国营大中型企业的方针，是逐步实现政企职能分开，减少对企业的不必要的行政干预，使企业成为自主经营、自负盈亏的社会主义商品生产者和经营者，并再三强调要转变政府部门的领导作风，改善企业的经济环境，为基层着想，为企业服务。把握这个政策思想，就把握了经济报道的方向和基调。

二、正视新的热门话题。这就是深入基层，了解或捕捉基层同志的议论和呼声。近年来，来自政府部门的名目繁多的评比、检查、开会、考试，把国营企业的厂长经理们压得喘不过气来，无法集中时间、精力搞好搞活企业经营管理。记者把问题和矛盾集中到“考试”这一点上，作了广泛的调查研究，掌握了大量的新闻素材。这样一“集中”，既有典型意义，又有新闻价值，使报道扎实，靠硬，有骨力。

三、瞄准有影响的新闻人物。这就是全国著名企业家冯根生。一个默默无闻的厂长罢考，影响微小；全国著名企业家罢考，影响就大了，往往是全国性的。

以上三点凝结成一条思路，使这篇报道既有精神，又有形象；既有骨力，又有光彩，因而神形兼备。这就是这篇报道的成功之处。

思路决定行文。这篇报道，三家报纸的见报稿基本上是一样的，且以《人民日报》的见报稿为模，作些剖析。作品分五段，第一和第四段是叙述性的，讲的是来自政府部门的给以厂长经理们的压力和负担，先是写"五怕"，后是单写"考试"一怕，都是调查所得的"面"上的情况，但写得颇有层次。第二、三、五这三段，是描写性的，写冯根生对记者发表"罢考"的谈话，以及请记者翻阅有关材料。

这种把社会上有关情况的叙述同新闻人物言谈、活动的描写相结合的写法，就是立体新闻的笔法。它使调查材料不流于一般化的平面叙述，也使新闻人物言行不至于孤单而无背景。而我们在报上常常见到的是两者有彼无此、有此无彼的报道，缺少深度和力度。既有社会背景，又有活生生的人和事，两者相结合，在行文中作恰到好处的穿插、交融，不仅使新闻作品具有立体感，有深度和力度，而且显得生动活泼，耐读而又耐人寻味。

（刊于《新闻实践》1992 年第 2 期）

关于新闻作品评论

1983年年初，浙江日报编辑部曾将上一年刊登在《浙江日报通讯》上的理论文章和新闻作品评析，连同所评的作品，汇编成一本《新闻知识和新闻作品评析》，印发给通讯员。这本小册子受到许多读者的欢迎，到这年年底，还陆续有单位和个人来索取；在言谈中还表示出对其中的作品评析最感兴趣，希望今后再出这类小册子。今春，浙江日报编辑部又将1983年内刊登在《浙江日报通讯》和《新闻业务学习》上的“新闻作品评论”栏中的文章，连同所评的作品，汇编成册，即《新闻作品评论》。这本小册子同样受到广大通讯员的喜爱，而且在报社内部，记者、编辑拿到手后也都翻着看看，有的老编辑也说有点看头。

平心而论，这两本小册子中的评论文章，几乎谈不上有什么高深的理论，有些文章对新闻作品的分析、评价也还比较粗浅。读者之所以感兴趣，一个原因是他们迫切需要学习新闻业务和新闻理论；再一个原因，恐怕是这种对新闻作品的评论，的确能使他们学到一点，并能使他们带着兴味去进一步研究新闻业务，掌握新闻理论。

由此，我想结合自己这方面的编辑工作，谈一些不成熟的看法和认识。

把新闻作品与非新闻作品区别开来

“新闻作品”这个名称，看似平常，但目前我国新闻界用得不多，更谈不上普遍使用。全国绝大多数新闻业务刊物（包括“通讯”刊物)，都设有“稿件评介”或“好稿评介”这类栏目。看起来，有相当多的同志不承认报纸上各种体裁的新闻报道是“作品”，只能称之为“稿件”或“好稿”；似乎称为“作品”，便有混同“创作”之虞。其实，文学“创作”可以出“作品”，新闻“写作”也可以出“作品”。虽然文学创作同新闻写作有严格的区别，但是一篇新闻，经记者、通讯员辛勤采写，又经编辑人员精心修改，毕竟经过一番“劳作”才得以见报。文学作品是精神产品，新闻作品也是精神产品，都是人们脑力劳动(有的同志称之为重脑力劳动)的结晶和成果。而把新闻作品，特别是把好新闻作品统称为“稿件”，倒贬低了新闻工作者的脑力劳动，也多少轻视了作为脑力劳动成果的产品——新闻作品。因为我们通常说的“稿件”，指的是见报即发表前的文字，犹如毛坯或半成品。所谓“打腹稿”、“打草稿”，也表示“未成”或“粗糙”之意，其源盖出于“稿”字最初的含义系麦、稻之秆的缘故。所以，把已经发表、并在社会生活中发挥积极作用的新闻报道还当做“稿件”看待，实在是说不过去的。

再则，如果把报纸上的新闻作品，连同见诸报端的小说、散文、思想杂谈、杂文、小品文等统称为“稿件”，就混淆了新闻作品同非新闻作品的界限。接着便产生一个问题：我们能用评价文艺性的散文、杂文、小品文的标准，去评价新闻作品吗？可见，这里不仅是个用词确否之争，还包含着一个新闻业务思想上的带根本性的原则问题。我们认为，评论新闻作品，不能用评论非新闻作品的标准，而必须根据新闻学的基本原理、按新闻工作的规律和新闻写作的特点去加以评论。这正如文学家在评论文学作品时，必须根据文学的基本原理，按文学工作的规律和文学创作的特点去加以评论一样。正是出于这种考虑，我们才把这个栏目定为“新闻作品评析”，而后又改为“新闻作品评论”。

尽管我们对新闻理论、新闻工作规律、新闻写作特点掌握得很少，理解得很浅，但我们还是力图从这方面去分析和评论新闻作品。在对具体作品的分析中，又每每联系当前新闻改革中有待解决的问题，有针对性地加以评论。如有一则文艺消息，总的看，写得是不错的，较有特色；但评论指出，导语中竟没有写出“事件发生在哪里”，甚至“看不出这条消息是哪家报纸的记者写的”。而对另一条消息中由两句话组成的导语，评论指出它“好在先把实际结果即最新事实告诉读者”，“因为导语虽短，也是分层次的，要把读者最关心的也是最新的事实放在它的最前面，才能一下子抓住读者，引起阅读的兴趣”。《付保险费一元得赔偿费千元》这条消息，最后一句话是：“其中农民章幼娣夫妇投保 2 元，得赔偿费 2000 元。”文字平淡得很吧？但评论作者指出，这里没有把这对夫妇转忧为喜的心情和言谈写出来，是因为这些内容对每个读者来说都是“可想而知的”了，把这些不言而喻的内容写进去，“新闻的宣传效果反而差了”。还有一条报道一个县举办物资交流会盛况的消息，在介绍交流会规模、营业额等情况时，用了“大会秘书处的同志说”一语，这在文学家或文学爱好者看来是平淡得不屑一顾的，但评论文章却称赞作者“交待了新闻来源”，从而使新闻具有客观性，使读者感到真实可信。还指出，“这一点在我们目前的新闻报道中往往不大引人重视。”对于新闻作品的思想内容，有些评论注重抓一个“新”字，如《县长公开招贤农民揭榜承包》这条消息，评论的作者着重分析它的新意：“新在哪里？承包本身并不是新鲜事，然而包全县最大的有 2100 亩面积的水库（养鱼），就不寻常了；跨队、跨社、跨地区承包，又添了非凡之处；而县长为此公开招贤，两位农民奋起揭榜，更使人刮目相看。”可见，新闻作品的“新意”丝毫也离不开新闻事实本身，它既不是作者冥思苦想出来的，更不是作家艺术构思、诗人浮想联翩而来的。这样评价，才使新闻作品区别于非新闻作品，体现新闻写作的某些特点，对当前新闻改革也会有所推动。

把新闻理论与新闻实践结合起来

不少新闻工作者，包括一些干了多年的老同志，对新闻理论缺乏兴趣，总感到新闻学那套理论，同自己的报道工作挂不上钩，不学也照样能干。长期以来，新闻理论工作者同实际工作者交往甚少，理论研究与新闻实践相脱离的现象，即使不说多么严重，毕竟还是相当明显的。我们把“新闻作品评析”这个栏目改为“新闻作品评论”，就是试图使我们学到的一点新闻理论知识，能够同新闻工作实践挂起钩来。就是说，运用新闻理论，去分析、评论新闻作品；或者在分析、评论作品中，引申出一点理论来，讲出个“所以然”来。这种尝试还是初步的，但已产生一定的成效，有的比我们预想的还要好一些。在记者、通讯员中，往往对一篇较好的新闻作品，大家都说好，但好在哪里，都说不出个“所以然”来；有时，面对同一篇作品，褒贬相峙，谁也说服不了谁。这时，理论之光会照亮人们的心坎。即使工作多年的老新闻工作者，写出或编出一篇好新闻，如能在分析、评论中将其成功之处上升到理论的高度，他也会仔细研味一番，或点头称是，或沉思联想，从而使自己多年积累的实践经验，同新闻理论沟通起来，对新闻理论问题发生兴趣。

诚然，要在一篇千把字的作品评论中，完整而又准确地阐明一个新闻理论问题，那是很困难的，几乎是不可能。因此，我们在对具体作品的分析、评论过程中，在理论知识方面，有时只能“蜻蜓点水”般点它一下，或者作些简要的阐述。如关于新闻价值，我们在评论《浙江日报》上《奉化九届二次人代会上一件新事 20 分钟解决一个多年积案》这条消息时，点出它“成功之处，在于作者从一般事实（系指县人代会）之中发掘出具有新闻价值的事实”（解决了人民代表提了 3 年未曾解决的积案），并用这个论点对作品作了具体分析。在评论《2000 多双女鞋的遭遇说明了什么？》（报道在县百货公司仓库里积压两年半的 2000 多双女鞋，通过两个商贩同农民群众见面后，一下子成了畅销货）这篇好新闻时，着重讲了客观报道问题。评论者指出：“事实的逻辑最有说服力。客观地报道事实，让读者自己从事实中自然地引申出结论，这才是真正具有生命力的新闻。”并针对一些同志对于新闻指导性的糊涂观念，进一步阐述：“新闻报道的思想性指导性就在于反映事物的客观规律，经济报道要力求反映经济规律、自然规律，其他方面的报道要注意反映社会运动规律。通过事实来阐述这些规律，这就是事实逻辑的力量。”《干枯20年重新涌甘泉》这条消息，说的是永康县潘川村坚持封山育林，保护了生态平衡的事。1958年吃了山林“大锅饭”，4000亩山林砍光，山泉逐渐干枯，一向灌泉水的高山田变成“望天田”；1963年后制定护林公约，组织造林专业队；去冬今春（1983年）又搞林业“三定”，“随着山区郁闭成林，近来40多眼山泉重新复活，清水长流不断”。在对这条消息分析评论时，评论者运用了“新闻是对最近发生或变动的事实的报道或传播”这一理论，认为“变动出新闻，没有变动就没有新闻”。指出“这则新闻通篇围绕一个‘变’字做文章”。可以看出，这些评论的作者都力图使评和论两者揉合起来。虽然不能说是深刻而又透彻了，但毕竟使读者从中接触到若干理论知识。又因为不是那种空洞的干巴巴的理论，也就容易为读者所接受。

因此，我们可以说：新闻作品评论是新闻理论与新闻实践的一个很好的结合点。

把改革新闻业务同探索新闻理论联系起来

我国无产阶级新闻工作者几十年实践所证实了的新闻学基本理论，在今天仍然必须坚持和遵循，尚未掌握的应当在工作中重新学习和掌握。但是，我们的事业在不断发展着，社会也在不断发展着，仅仅掌握原有的理论知识就不够了，而且愈来愈不能适应当今时代对我们新闻工作所提出的要求。按照马克思主义的观点，任何一门学科的理论都不能停滞不前，也不是凝固不变的，都有一个不断更新、不断丰富发展的过程。我们无产阶级新闻理论也应该丰富和发展，但又怎样去丰富和发展呢？靠几个专家关门冥思苦想去丰富发展吗？不可能。把西方当前时兴的新闻理论搬进来，算是丰富和发展了我们的新闻理论吗？也不行。我国无产阶级的新闻理论，必须在我们自己新的实践中，在我们自己国土上，不断地丰富和发展。西方新闻理论可借鉴,但必须在我们自己的新闻实践中加以检验,看其是否真有道理,然后才能吸收其应当吸收的部分,扬弃其应当扬弃的部分。更重要的是,理论研究工作者应密切关注目前我们新闻工作实践中的种种成败得失,把成功的实践经验概括成新的理论,用失败或造成失误的教训去纠正那些新出现的错误观点。一句话,新闻理论的丰富和发展,丝毫也离不开当今新闻工作丰富的实践。在改革的年代,新闻工作实践也和社会生活一样,在日新月异地发展着,出现许多前人没有看到过也没有研究过的新情况、新问题、新经验、新成果。而新闻作品评论,可以而且应该把当前新闻业务方面的改革同新闻理论方面的探索联系起来。

一般地说,我们很难在一篇短评中提出并阐明一个新的观点,使新闻理论得到重大的发展。从实践中探索新的理论问题,总有个一点一滴积累的过程,其中还包括反复验证。这是一项颇为琐细、很难一举而成的工作。但是,只要我们向前看,通过对大量新闻作品的分析和研究,那就不愁产生不出新的观点和理论。

我们的新闻作品评论工作,正是抱着这种信念,尝试着做那理论上的点点滴滴的探索工作。例如,近几年来社会新闻重新被人们所关注,并以其新的姿态和风貌,改变着过去新闻界一些人士的偏见。在评论《浙江日报》刊登的《椒江市街头百余群众为一位陌路相逢的"活雷锋"送行》这条消息时,文章的作者认为:"人们相互交往中的品德行为是我们报纸上社会新闻的中心内容。美好的心灵、崇高的品德是精神文明宣传的一个重要方面。"虽然没有就这个论点作进一步的阐述,但却讲到现今我国(有别于旧中国,也有别于西方世界)社会新闻的基本特征,并且把社会新闻同精神文明宣传联系起来。最近一两年,在全面改革的新形势下,报纸上问题性新闻日见其多,这方面成功的经验也是值得及时总结的。在对《杭州禽蛋供应为啥比上海少而贵》这条消息的评论中,作者指出:"(新闻)作者只用事实的鲜明对比启发杭州市有关部门的领导和广大读者自己去找差距、找原因。这样写,比较符合新闻记者自己的身份。因为记者对实际工作不能指手划脚，更不可盛气凌人。”在对另一篇问题性新闻的评论中，该作者又认为：“问题性新闻所提出的问题，往往是一些比较复杂的、涉及面较广的问题。要写好这种新闻，必须把指导性和科学性紧密结合起来。记者的采访面要广，倾听有关的各方面人士的意见；有时要寻根究底，找历史原因。通过横切面的观察和纵深的探索，从方针、政策的高度，发掘出能够指导全局的主题思想来。”“专访”，也是近几年出现的一种新颖的通讯体裁。一位作者在评论《展望科学两军的联盟——访谈家桢教授》这篇专访时，结合自己对其他一些专访的研究，概括地提出了自己的见解：“专访，顾名思义，一要专，特定的问题、特定的对象，有的还要有特定的场合和时机；二要访，要有现场情景，注重谈话记实，记者或作者参与谈话，写得有声有色。”这些评论中的理论显然是零零星星的，但完整而又严密的理论，不正是在人们零星所得之中“积腋成裘”的吗？

甚至就某一个论点来说，也是在不断的探索和验证之中，从起初难于避免的片面性，走向比较的全面、正确。如“新闻散文化或散文式”问题，是两年前新闻界有同志提出来的。正确与否或正确性的程度如何，不能不到实践中去检验。两年前，我们在评论一篇写得像散文的消息时认为：“旧的新闻格式大可突破，散文化是一条新路子。”一年后，同一作者在评论另一条写得像散文的消息时，把“散文化的新闻”这个提法改为“散文似的新闻”了，以为“散文本身也无定格，新闻写得近似散文，指的是用散文笔法去描述新闻事实，包含散文的情趣和散文的意境。”在分析了那条消息之后又指出：“写散文似的新闻少不了形象思维和形象描绘，但要有节制，否则会在新闻事实方面顾此失彼。”因为“这则新闻的缺陷在于没有写明新闻事实发生的时间”。作者还认为：“不是所有新闻报道都可以模仿散文，写散文似的新闻特别要注意事实的准确无误。”这就比原先的观点多少有些发展，片面性少了一些。我认为，新闻理论问题，只有在这样切切实实、坚持不懈的探索中，才有可能日臻完善。而且只有在相当多的人的共同探索和研讨之中，才能形成代表先进阶级的新闻理论，靠少数几个人是无能为力的。

两点设想

当前我国新闻工作实践已明显地跑在新闻理论工作的前面，这是有目共睹的。因此，新闻界不能不考虑理论工作如何跟上去的问题。在本文议题的范围内，我想提出两点设想或建议：一、逐步建立一支评论队伍，加强新闻作品和报纸宣传的评论工作；二、出版一种期刊，不妨堂而皇之名为《新闻作品评论》。在文艺界，一直有《文艺报》、《文学评论》两大期刊；在我们新闻界，如果出一本《新闻作品评论》，也许会改变不少同志妄自菲薄的心理状态，有助于新闻理论工作开创新局面。

（刊于《新闻业务学习》1984 年第 1 期，转载于
北京《新闻学会通讯》1984 年第 12 期）

续谈新闻作品评论问题

关于新闻作品评论问题，除了已经谈过的几点基本认识，还有一些想法也姑且提出来，供大家研讨。

一

“新闻作品评论”这一名称，可否简化为“新闻评论”？既然“文学评论”主要是评论文学作品，那么，评论新闻作品，也可以叫“新闻评论”。问题就在于多年来我国新闻界不少人已有“新闻评论”这个说法，指的是刊登在报纸上的评论，其评论对象是新闻事实或其他客观事物，而不是新闻作品。在报刊史上，这类评论过去一般都叫“时评”；在我党新闻事业史上，一般通称“评论”，《毛泽东选集》和《毛泽东新闻工作文选》的注释中，也都称“评论”，未见“新闻评论”一词。但我们不能不顾及目前新闻界确有不少人称之为“新闻评论”的。为避免产生歧义，以新闻作品为评论对象的文章，就只好叫“新闻作品评论”了。

二

我在《关于新闻作品评论》一文中所介绍的文章，都是单独评论某一篇新闻作品，其中大多是消息。这种评论有雅俗共赏之优，值得多写，但毕竟有局限性。就像新闻报道要开阔视野一样，新闻作品评论也要开阔视野。

就评论对象而言，它应包括消息、通讯、特写、调查报告、读者来信、记者来信等各种形式的新闻报道。此外，还应包括报纸上的言论（社论、评论、编者按等），以及新闻照片、新闻标题、报纸专栏、专页等等。

就评论方式而言，如果说单独评论某一篇好新闻作品可以称为“典型评论”的话，那么，还应该有“综合评论”，也就是针对若干新闻报道作专题评论。这种专题评论的选题角度，可以从报道形式上去选，如若干消息、若干通讯、若干新闻照片等等；也可以从报道题材上去选，如经济新闻、科技新闻、社会新闻、体育新闻等等。

在新闻作品评论范围内，可不可以就某一记者的新闻作品特色加以评论呢？这在目前还是少见的，但我认为也是值得提倡的。因为实际上有不少老记者在长期的新闻报道中逐渐形成了自己作品的特色和风格，或者在某种形式的新闻写作方面显示出自己的特长。在文学评论中，评论某个作家的创作特色是常见的；在新闻作品评论中，如果对名记者的新闻作品特色或写作特长不置一评，就很难克服某些新闻工作者的自卑心理。除了评论名记者，也还应该评论名编辑、名校对、名检查等。这种对人的评论要特别注意客观公正，讲究科学性，避免一味“吹捧”。

新闻事业总是与时代同步前进的，新时代的新闻工作者必须有开拓精神，因此，新闻作品评论应以新近发表的新闻作品为主要的对象。但是，新闻工作和其他文化事业一样，也有一个继承和借鉴的课题。因而评论的对象也应该包括中外新闻事业史上的新闻名篇以及当前国外的新闻佳作。

三

新闻作品评论，丝毫也离不开客观存在的新闻作品，即使是对于名记者的评论，也以他的作品为基础，而不是写人物传记。

值得评论的新闻作品，当然应该以佳作为主，至于严重失实的或有其他毛病的新闻报道，只要有代表性，有普遍教育意义，也不妨加以评论。因为新闻规律也同其他客观规律一样，总是从正反两个方面的经验中吸取和概括出来的。

那么，什么样的新闻作品称得上是好作品？这个问题可能有不同看法。我认为，总的看，衡量一篇新闻作品是不是好作品，应从内容和形式两个方面去考察，从内容上讲，所报道的事实是否重要，是否具有新闻价值；从表现形式上讲，是否便于读者很快明了事实本身及其所包含的意义。对于记者来说，写出一篇好新闻，其功力首先体现在采访活动和识别能力上，也就是善于发掘有新闻价值的事实。但是，新闻采访是专门学问，记者的思想修养、新闻敏感等素质是起决定作用的，这些在新闻作品评论中也会涉及，但毕竟不是主要的。我们不能奢望通过新闻作品评论去满足新闻工作者在理论上、业务上以及思想修养上的一切要求。事实上，他们阅读新闻作品评论，主要是求索新闻写作即表现形式方面的一些规律。对一篇好作品所作的"典型评论"，如果只注意新闻内容之重要，忽视新闻写作特色，所选评的作品就必须是头版头条新闻了。从目前报纸工作实际情况看，头版头条确有不少好作品，但毋庸讳言，好作品不全是头版头条新闻（对若干头版头条新闻作专题评论，当然也是必要的）。但"典型评论"所要选评的新闻作品，应是内容和形式比较完美的统一的那些好作品。评论者应该从这类好作品中，揭示出新闻写作的某些规律来。

（刊于《新闻业务学习》1984 年第 2 期）

社会新闻与精神文明

近年来，我国报刊上大力宣传社会主义精神文明，使社会新闻开了新生面，许多优秀的作品呈现在人们的眼前。这就为重新探讨社会新闻这个老问题提供了新鲜而又丰富的实践经验。本文试就我国社会新闻的地位、作用及其改革谈一些粗浅的认识。

社会新闻在党报的地位

党报是社会舆论的向导，新闻报道不能不面向社会，面向公众，面向生活。人们的社会生活是极其丰富多彩的，有政治活动、经济活动、科技活动、文化教育活动、卫生体育活动等，报道这些活动的新闻，就成为政治新闻、经济新闻、科技新闻、卫生新闻、体育新闻等。但是，人们除了从事上述社会活动，除了生产、工作、学习，还有许许多多其他社会活动。这些活动有个人的，也有合群的；有物质的，也有精神的。这些活动使人们每天接触社会上各种各样的人和事。个人的活动影响着社会上其他人的活动，社会上其他人的活动又影响着个人的活动，其中尤以人与人之间的精神交往，给人以最深刻的影响，甜酸苦辣备尝，喜怒哀乐常有。就是这种精神交往，形成了社会风气。记录和报道各种社会风气，就是我们所说的社会新闻的基本内容。很明显，报纸上如果没有社会新闻，就缺少了政治、经济、科技、文教、卫生、体育以外的那部分社会生活，就看不到人们在生产、工作、学习以外所进行的种种社会活动，也就失去了对那部分社会活动起舆论向导的作用。

社会新闻是社会风气的写照，是人与人之间精神交往的记录。社会新闻所宣扬的人与人之间的同志式关系，社会的新道德、新风尚、新风貌，体现人们对于社会主义事业的共同信念，对于共产主义理想的向往，也就体现了精神文明。这种精神文明，是社会主义制度赖于生存的精神支柱，是人民群众建设社会主义现代化强国的精神力量，因而是无价之宝。社会新闻所提出的种种社会问题，如道德品质问题、伦理观念问题、人生理想问题、社会秩序问题、婚姻家庭问题、宗教迷信问题，等等，都带有旧社会遗留下来的种种痕迹。这些旧痕迹，表现为旧风俗、旧习气、旧观念、旧意识，散布在社会上，形成了歪风邪气。这种歪风邪气，目前还相当普遍，相当严重，无论是党和国家的最高领导人，还是每个老百姓，都有察觉，都有感触。这种歪风邪气会腐蚀社会主义的物质基础，动摇社会主义的精神支柱，因而对于社会主义事业是巨大的威胁。

马克思说："报刊按其使命来说，是社会的捍卫者，是针对当权者的孜孜不倦的揭露者，是无处不在的耳目，是热情维护自己自由的人民精神的千呼万应的喉舌。"[①]在无产阶级夺取政权之前，革命者曾经用社会新闻的武器揭露反动当权者的罪恶统治。在夺取政权之后，彻底批判旧社会遗留下来的弊病及其造成的歪风邪气，建设社会主义的精神文明，"历史地落在无产阶级及其政党的肩上"。党报是党和人民破旧立新的阵地，社会新闻是新闻战士建设精神文明、扭转歪风邪气的有效的武器。

因此，可以说，党报的职能和使命，决定了社会新闻在党报的重要地位；也可以说，报纸上社会新闻的多寡优劣，在一定程度上体现报纸工作人员对于社会的责任心和使命感如何。许多报纸工作人员愈来愈意识到这一点，愈来愈重视运用社会新闻的武器，有针对性地宣传精神文明。《北京日报》2 月 17 日头版头条社会新闻《关肃霜等

---

① "新莱茵报审判案——马克思的发言"，《马克思恩格斯全集》第六卷，人民出版社 1961 年版，第 275 页。

九演员23年月月寄款义务瞻养在京一对失子老人》,是“社会主义社会人与人关系的生动写照”。《羊城晚报》2月20日头版头条社会新闻《寻人启事登出的当天傍晚(肩题)走失了6天的女孩黄静(呆钝,不会说话的——引者注)突然穿上新衣回到家中(主题)可惜那位好心人已悄悄离去(副题)》,更是一曲感人泪下的精神文明的赞歌。这些事件超越一个单位的范围,是在人们生产、工作、学习以外进行的,体现人与人之间的精神交往。这些地地道道的社会新闻居于报纸的显著地位,正说明社会新闻具有某些政治新闻、经济新闻同样重要的社会意义。

社会新闻在精神文明建设中的积极作用

我国社会新闻之所以能在精神文明建设中获得新的发展,是因为精神文明建设的一个重要任务是扭转不良的社会风气,给社会以精神支柱,给人以精神力量。社会主义新人要有一点时代精神,才能同各种歪风邪气作斗争。社会主义制度要有强大的精神支柱,才能使社会主义经济基础得以巩固和发展。社会新闻在这方面发挥积极的作用,主要表现在:

一、社会新闻反映社会的新风貌,反映社会主义社会人与人之间的同志式关系,激励人们为建设社会主义现代化强国而奋斗,起鼓舞人心的作用。去年11月,西安市有位无子女的孤独老人,通过报纸向社会发出求女上门的呼唤,随之引来儿女满堂,“爹娘”的叫声不绝于耳。这件新闻的起因,可以追溯到1980年8月20日《人民日报》发表的《一个共产党员的情操》上。河北省饶阳县屯里大队的60岁的女共产党员张香玲,自从丈夫在抗日战争中英勇牺牲之后,40多年如一日,悉心伺候失去独子的公婆。这篇报道在山东省苍山县层山公社的一个文静娴雅的姑娘卞廷敏心里激起了浪花。她深夜寻思:张妈妈年纪这么大,谁给她养老送终呢?她身边多么缺少个孩子呀!俺爷爷是让日本鬼子刺刀挑死的,张妈妈的丈夫是打日本鬼子牺牲的,民族苦连着咱两家人,俺应该去伺候张妈妈。她给张妈妈写了一封信,希望收下她这个远隔千里的女儿。于是一对素不相识的母女拥抱在一起了。《人民日报》以《“飞来”的闺女》为题报道了这一动人事迹。这篇报道在《西安晚报》转载后,75 岁的退休老人王曾吾动了心,他无儿无女,多病的老伴已半身不遂,虽有亲戚邻里照顾,时有孤独之感。他给《西安晚报》写了一篇《我也希望“飞”来个闺女》的来信。此信见报后,登门当闺女的接连不断,20 天就收到 8 省 1 区 500 多封来信,加上亲自登门的 300 多人,共有 800 多愿来分担他们忧愁的闺女。于是,《西安晚报》上出现了头版头条社会新闻:《800 闺女天外“飞”来》。王曾吾老人逢人就说:“咱这社会真好,这么多人关心我们!”这件事反映了我们社会主义国家人与人之间、家庭与家庭之间的新型关系:一人有难,牵动了多少不曾相识的人的心;一家有求,引来了千里以外多少人家的相助!人民群众中这种心心相印、团结友爱的精神,体现对党所领导的社会主义事业的共同信念,是社会主义制度优于资本主义制度的铁证,是我们社会主义事业一定要成功的基本保证。

二、社会新闻传播共产主义道德、情操、志趣,对人们进行革命人生观教育,起指导人生的作用。去年以来,《文汇报》、《新华日报》、《工人日报》都连续报道苏州女青年杜芸芸把 10 万元遗产献给国家及其引起的社会反响。杜芸芸此举是由这样的思想支配的:“对我个人来说,这笔遗产确实一辈子也用不完,但是过这种生活没有意义,它不能给我带来真正的幸福。我是新中国的青年,真正的幸福要靠自己劳动去创造。国家富强了,四化建成了,大家可以过幸福生活。”她的人生观和幸福观教育了广大青年读者。《工人日报》开辟了《怎样创造自己的幸福生活?》的“思想讨论”专栏,帮助一些青年丢掉“人为财死,鸟为食亡”的人生哲学,像杜芸芸那样去创造自己的幸福生活。今年 2 月 12 日《北京日报》报道身患慢性粒细胞白血病的女学生、共青团员钟铧处处为群众做好事的动人事迹。医院里的大夫和病友感动地说:“这姑娘病成这个样子,不想自己,专为别人着想,她的心比金子还纯。"她的事迹报道后，许多青少年写信表示向她学习。青少年的思想问题已成为一个社会问题，报纸用社会新闻等形式对青少年进行革命人生观教育，会收到很好的效果。

三、社会新闻暴露社会生活中的邪恶行为和正不压邪的坏风气，起扶正祛邪、扬善止恶的作用。有些揭露罪犯作案和政法机关予以惩处的社会新闻，对于维护社会治安有着不可忽视的作用。《一失足青年用劳动所得向失主退赔》(《北京日报》2 月 13 日)、《毛天才把犯罪的父亲追回归案》(《新华日报》2 月 25 日)起扬善止恶的作用。《羊城晚报》今年一、二月份有几则连续报道：一个叫薛小明的女青年被养母拒于门外，报纸提出了"她(小明的养母邹某——引者注)应不应该受到道德法庭的审判?"的问题；接着发表小明的同事揭露邹某的为人的来信；又报道社会上"一双双温暖的手伸向薛小明"；最后两则新闻是：《邹某受到所在单位严厉批评在舆论面前表示愿意接养女回家》、《薛小明今天出院回家》。正气压倒了邪气，大快人心。报纸是集体的组织者，可以组织社会舆论，用真、善、美揭露和压倒假、恶、丑。在这方面，社会新闻可以发挥单位里政工干部尚难发挥的作用。

四、社会新闻通过辟谣或披露偶发性事故的真面貌，起安定人心的作用。谣言对于社会安宁具有极大的危害性。1980 年上半年，杭嘉湖地区流传该地区将发生大地震的谣言，说得神乎其神，有根有据，一时间几个县人心惶恐。浙江日报组织省地震局的文章公开辟谣，谣言顿挫，人心安坦。《今年春节确是 1 月 25 日》(《浙江日报》1 月 22 日)一稿，报道紫金山天文台"肯定年历编排无误"，指出"农历 12 月只有 29 天纯系谣传"，使人们不为谣言所惑，欢度新春佳节。新华社记者采写的《北京车站发生爆炸》一稿，在事件发生的第二天就播发，告诉人们此事纯系个别罪犯作案，无关政局，杜绝了社会上的谣传，安定了国内人心，也告慰了国际友人。去年八九月间，新华社发的关于 3 条铁路"暴雨成灾运输中断"、"预计半月才能修通"、"乌鲁木齐到内地的铁路基本畅通"等公告性新闻，关系千百万人的祸福和行止，有利于安定人心，进行正常的生产和工作。

五、社会新闻帮助人们同封建迷信和传统观念实行最彻底的决裂，起移风易俗的作用。宗教是精神鸦片，迷信是一种极不文明的社会意识。党报用无神论和唯物主义世界观，帮助人们从各种迷信束缚中解放出来。几千年来男娶女嫁的旧习俗也受到冲击。《浙江日报》1979 年 10 月 15 日报道的吴兴县苕南公社 50 多名大队和生产队妇女干部带头“娶”丈夫的新闻，就是当代妇女向旧风俗的挑战。《解放日报》去年 12 月 5 日发表综合性的社会新闻《婚事铺张浪费已成为“社会公害”》，用触目惊心的数据告诉人们：婚事讲排场、摆阔气、铺张浪费的歪风，腐蚀了青年的思想，破坏了家庭团结，影响了社会治安，应当引起整个社会的重视，采取切实措施加以扭转。今年春节前后，全国几乎所有报纸大张旗鼓扫除“社会公害”，大力报道婚事新办、举行简朴的集体婚礼，一股股新风扑面而来。当然移风易俗的斗争是艰难而又长期的，唯其如此，社会新闻也就大有用武之时。

六、社会新闻宣扬公德，维护公益。公共道德、公共秩序、环境卫生以及与公众发生关系的医生、营业员等的职业道德等，都是社会新闻报道的内容，是人人关注的。《杭州日报》3 月 2 日关于市委领导同志在太平洋电影院附近值卫生监督岗的报道，在“全民文明礼貌月”活动中发挥着舆论引导的作用。车祸、火灾、环境污染，是人为的公害，社会各界都很关注。《北京日报》最近发了不少车祸消息，配以言论，效果很好。《大众日报》的《昨在泰安县境发生客车翻车事故》（2 月 26 日），指出事故由一名实习司机在转弯时惊慌失措所造成。《羊城晚报》一二月间关于广州市文德路一起火灾的 3 则连续报道，既有各方面伸出热情的手帮助受灾户渡过难关，又讲明了这起火灾是由燃放火箭所引起的，还报道市公安局消防处要求“任何单位和个人都不准出售或燃放火箭和双响炮”。这些社会新闻同公众的祸福利害息息相关，成为家庭内外有口皆传的话题。

七、社会新闻传播知识，陶冶性情。报道地方风物、趣闻异事，可以使人获得科学知识，丰富业余生活。《羊城晚报》今年 2 月 21 日有一则《东郊公园小水塘边今晨成千只青蛙打架》，编者在附言中说：

"并非青蛙相互残杀，而是蛙类'集体结婚'、繁衍后代的一种异常现象。"《广西日报》去年6月16日一版上刊登一则奇闻：《东兴镇一大榕树倒而复立》，说方园百里的参观者不下2万人，少数人说是"仙姑显灵"，科学工作者指出：这是生物拉力和植物生存竞争中的一种复原。《浙江日报》去年8月21日刊登的《普陀山的海蜃奇观》，报道这一奇观从显现到消失的过程，吸引了许多读者。但由于没有交待奇观发生在何月何日，一些想要作为科技资料保存的读者表示了遗憾。可见报道奇闻要注重新闻性和科学性，因为现代生活告诉人们：没有新闻性和科学性，也就缺少趣味性。

在精神文明宣传中改革社会新闻

目前各地报纸上的社会新闻，无论从数量还是从质量看，差距很大。有些报纸社会新闻很少，好的几乎没有。这种状况表明，有些同志对社会新闻仍然抱着漠视态度和种种偏见，似乎还认为社会新闻是不严肃的，没有分量的，低级趣味的，甚至是黄色新闻。这些看法，只能从旧中国和现今西方世界的报刊上找到依据；而不符合现今我国报刊工作的实际。这是因为，社会新闻来源于社会生活，是社会的镜子，时代的记录。社会性质、社会风貌、时代精神不同，社会新闻的内容和风格也就截然不同。我们的社会新闻大力促进社会主义精神文明的建设，这是由我们的社会制度、我们党报的性质以及我们无产阶级新闻工作者的世界观决定的。因此，对社会新闻的种种疑虑是不必要的，而且会妨碍精神文明的宣传报道。

值得研究和探讨的是：在精神文明的宣传报道中，如何总结已有的经验。改革社会新闻？这里谈几点看法：

第一，扩大社会新闻题材，真正使报纸成为社会生活"无处不在的耳目"。舍己救人、见义勇为等英雄事迹无疑是要好好报道的（方式也可改进），但是，这种事迹在生活中是不多见的，不是每天都有的，而有意义的生活小事，是每日每时都在发生的。有些报纸社会新闻少的一个重要原因，大概是只图报道可歌可泣的英雄事迹，而对人们日常生活中的生活小事不屑一顾。社会新闻反映社会风气，社会风气的新旧两个方面都表现在人们的日常生活中。平凡小事是人人都接触到的，因而报道平凡小事的新闻具有普遍的教育意义。如《一人病倒在地众人赶来相救》(《天津日报》2月22日)、《为使失物归失主公共汽车追卡车》(《解放日报》2月3日)、《扫帚对扫卷起一阵狂飚开诚相见迎来十里春风》(《文汇报》3月13日)、《精神病人飞身越墙而去过路小车司机主动追赶》(《羊城晚报》2月27日)，都是生活中的小事，又何等感人！报纸每天刊登这些虽小而又有教育意义的新闻，就会使读者每天都获得精神上的营养。

第二，以正面报道为主，又要重视并慎重处理好阴暗面的报道。在我们的实际生活中，光明面自然是主要的，但阴暗面——罪恶行为和歪风邪气也是经常可以看到的。如果报纸上只让人看到光明面，看不到阴暗面，那是一种片面性，也是一种不真实。把坏人坏事摆到社会舆论面前，让阳光照一照，才好消毒。这会产生“副作用”吗？副作用并不是这类社会新闻所固有的，不可避免的，主要是报纸工作人员不正确的思想和不恰当的方法产生的。《佛国奇案》(《浙江日报》今年3月19日)如改为《佛国血案侦破记》，不以其“奇”招引读者，而以其“血”教育读者(尤其是青年)，效果会好得多。暴露阴暗面不是有闻必录，既要客观真实，又要考虑社会各方面的影响，给人以积极向上的力量。《新华日报》2月9日刊登的快讯《浦宝生赌博输钱悬梁自尽》写道：“他留下的绝命书中对赌博深表忏悔，并对妻子留下遗言：我死后你不要转嫁给像我这样赌博的人。”《湖北日报》2月5日刊登的《酒后失理智　丈夫卡死妻子》写道：“谁知酒后不知轻重，竟将妻子活活卡死，事后周后悔莫及。周庭枝致死人命，已被监利县公安机关逮捕。”这两则自杀、他杀的消息，由于作者采访中注意到上述重要情节并加以恰当表达，对社会、对读者都是有益无害的。就像人体既要有营养素又要有抗菌素一样，这种生活教训是人人都需要的。

第三，形式多样，以消息、快讯为主。宣传精神文明，人们多半用通讯、特写这类形式。诚然，这类新闻事实一般都有人的活动，有生动的故事情节，是写通讯、特写的好材料。如果通讯能及时采写编发，当然是很好的。但是许多通讯时效差，有些是半年或一年以前的事，严格地讲，不是新闻，而是旧闻。又因社会新闻多半反映人的精神面貌，时效虽差，人们还是要看，于是报纸工作人员就安之若素。这是目前许多报纸上社会新闻（消息）缺少的重要原因。我认为，缺乏时效的社会新闻（指某些通讯）仍然有人看，正说明人们对于社会新闻的需要和关注；如能注重时效，及时报道，那就更受读者的欢迎。有些报纸多采用消息形式，还有“今日快讯”、“读者今天来电”等集纳新闻。有的报纸对社会新闻作连续报道。这种连续报道最吸引读者，因为它随事态的进展变化而报道，不但及时新鲜，而且客观公正，没有主观的框框可寻，给人以无可置疑的真实感。《新华日报》关于杜芸芸的报道，《羊城晚报》关于薛小明被拒于家门之外和林敬谊寻衅闹事的报道，都是很吸引读者的连续报道。一张报纸上经常出现这种连续报道的社会新闻，体现报纸工作人员对于社会风气和精神文明建设的关注，这是每个新闻工作者应该具备的思想和风格。

（刊于《新闻业务学习》，1982 年第 1 期）

谈谈社会新闻的特性

当我们把社会新闻放到社会主义精神文明建设中加以考察之后，我们对社会新闻的地位和作用就有了比较明确的认识。但如果不能揭示社会新闻的内部规律，就不可能阐明其本质属性；对社会新闻的本质属性认识不清，实践中仍有困难，还会碰钉子。近年来，在社会新闻的报道中，有丰收的，也有贫乏的；有许多成功的经验，也有一些失败的教训；有达到了预期效果的，也有事与愿违，吃了苦头的。实践中的成败得失促使我们去研究社会新闻的内部规律，即探索并掌握社会新闻区别于其他新闻的某些特性。只有在掌握了这些特性之后，才能真正认识社会新闻，才能使社会新闻在我们手中运用自如。

社会新闻有没有区别于其他门类新闻的某些特性呢？回答是肯定的。一切新闻，都是新近发生（或变动）的事实的报道（或传播），这是它们的共性。各类新闻各有其个性或特性，社会新闻也不例外。人们之所以要列出社会新闻这一门类，正是由于它除了具有一般新闻共性之外，还有其他各类新闻都不甚明显或根本不具备的某些特性。

社会新闻的特性，大体上可以概括为：传通性能强，民间色彩浓，人情味多，还带有边缘性。

传通性

一切新闻，都能传播。社会新闻更易于传播，用传播学的话讲，它的传通性能特别强。

社会新闻的传通性主要表现在：一、传得快。某条街上一辆汽车压死一个行人，某个村子一户人家盖房塌了梁，压死了几个人，人们便一传十、十传百……很短时间便传到成千上万人的耳朵里。二、传得广。社会新闻从它的发生地一传出，即传向四面八方，传向各单位、各部门、各行业。社会各种职业的人们，凡有活动能力的，都会打听，又都会向别人传播。三、不胫而走。即使记者不报道，既不登报，也不广播，社会新闻自会被人们传播，这就是我们通常说的口头新闻。

掌握社会新闻的这一特性，对于我们采写和编发社会新闻是十分有益的。

因为社会新闻传得快，记者必须争分夺秒去采写，赶在人们刚刚传开时发稿。记者要有一点"抢"的劲头，抢时间，抢独家新闻。报纸、电台、电视台，谁家先报道，就成为它的独家新闻，就会在受众中赢得更多的声誉。因为这种新闻，只有当它刚刚传开的时候，最为公众所关注。

因为社会新闻传得广，就不能不考虑社会各方面的影响。社会上各行各业的人都对社会新闻发生兴趣，而各行各业的人因其职业、年龄、经历、学识、情趣不同，他们的观念、思维、心理也不同，从新闻中索取的东西也往往不同。而许多社会新闻对人们的思想影响也很强。这就要求记者在采写中，编辑在编稿时，必须考虑到各方面的读者，避免顾此失彼。有一篇报道一个女青年"为什么要杀人"的社会新闻，作者仅仅考虑到了对政工干部以教育，而没有考虑到给青年人以什么教育。因为从报道的字里行间看不出这个女青年杀人犯罪的主观原因，只看到别人对她的造谣、诽谤，她杀人完全是逼出来的，似乎无论谁遇到这种情况都会"绝望"、"拼命"。这对青年人就缺少教育意义了。如果作者把这个女青年杀人的主观因素也如实地写出来，告诉人们她"为什么会杀人"，那就对社会各方面的读者都有教育意义了。

因为社会新闻不胫而走，很快成为社会上的口头新闻，记者在报道时更要注意准确无误。大家知道，口头新闻有个很大的弊病，就是不准确，往往传错，甚至以讹传讹，面目全非。因此，人们对于听来的社会新闻总是将信将疑，希望记者能提供详尽而又确实的报道。记者也有责任向人们报道准确无误的事实。但从采访活动看，记者、通讯员在采写社会新闻时如果只凭道听途说，也是最容易出差错甚至严重失实。一定要到现场去，向当事人或目击者采访。如果确有其事，还要尽可能抓几个关键性的新闻细节，因为读者对有关细节极为关注，甚至专为打听。

认识社会新闻的这个特性，解决了人们历来争论不休的问题，即社会新闻可不可以公开报道？许多同志长期来认为社会新闻“不宜公开报道”，直到近几年有的人还坚持这种观点。有趣的是，往往在报与不报两种意见相持不下的情况下，主张报的同志说出一个简单而又明白的事理：“这事早已传得满城风雨，人人皆知了，为什么不宜公开报道?!”于是，“不宜报道”论者心悦诚服了，大家都统一到一个认识上：社会新闻是谁也封锁不住的，与其让人们口头误传，不如向公众报道确凿的事实。当然，也不能从“有闻不报”走向“有闻必报”。这就要求我们具备一个新闻工作者应有的社会责任感，并练出在报道中掌握分寸、把握时机的基本功。不过，这是题外的话了。

民间性

社会新闻所报道的题材都不带专业性，大多反映人们在劳动、工作、学习以外，与他人发生交往的那部分日常生活。因此，社会新闻都出自民间，具有民间性，也可以叫做民间新闻。凡有人群的地方，都有这种民间新闻，人愈多，民间新闻也愈多。

人们的日常交往活动，有物质的，也有精神的。例如，商品交换是人们的物质交往活动，助人为乐则是人们精神交往活动。社会新闻所记载的，是“人们的精神交往”。正是这种精神交往，反映形形色色的社会意识，形成各种社会风气。社会风气也就是民风。因此，社会新闻是社会风气的写照，是一个社会、一个时代的民风的记载。

远在先秦，我们的祖先就从事过民风的采集和记载。那时所谓"采风"，就是采集反映民间风俗、社会风气的歌谣，亦即采诗。"孟春之月，群居者将散，行人振木铎徇于路以采诗，献之太师，比其音律，以闻天子。"①我们从"徇"、"采"、"闻"这些字眼中可以想见，当时的"采风"有点类似现代人的新闻采访活动。如果说，"采风"是我国最早的新闻采访活动的话，那么，"行人"便是最早的记者，"太师"就是最早的编辑了。他们采编之"风"，同现今社会新闻的题材很相似，如《关雎》、《氓》所写的就是青年人的恋爱、婚姻。当然，古代生产力水平低，没有社会科学，文学和新闻尚未分家，更没有人研究新闻学，新闻报道的准确性、时效性都远不及现代，这是不可苛求于古人的。

我们可以从社会新闻的民间性，从古代"行人"采风的活动，探索社会新闻采写中的某些规律。有的同志不无感叹地说："社会新闻可遇而不可求。"在政府机关，社会新闻几乎是既不可遇，也不可求。因为政府机关不出社会新闻，也不发布社会新闻。但我们的政府，是人民的政府，是密切联系人民群众的。记者可以到政府机关觅取社会新闻的线索，如公安局、检察院、法院、公证处、民政部门等，都会向记者提供这方面的线索。但这仅仅是线索而已，要真正获得社会新闻，必须顺藤摸瓜，到民间去，到群众中去，到事件发生的现场去。

记者如果到民间去，或者长期生活在民间，那么，社会新闻是"可遇"而又"可求"的。这里既有偶然性，也有必然性。有些社会新闻，是记者在采访途中不期而遇的；但有不少社会新闻是记者有意识地去觅取的。高明的记者，对何时何地会出现社会新闻有"预测"的能力。例如，车站、码头、大街、影剧院等公众聚集的场所，以及居民大院、医院急诊室、婚姻介绍所，都是多出社会新闻的地方。暴雨天，大雪天，可以去捕捉助人为乐的好新闻。有一天北京下暴雨，第二天

① 《汉书·食货志》。

《北京日报》就登出一组街头助人为乐的新闻照片，这显然是记者有所“预测”，赶去现场抓拍的。

我们现在有专跑行业（工业、农业、财贸、文教、卫生等等）的记者，却几乎没有专跑民间的记者。可不可让一部分记者专跑民间，提倡走街串巷、走村串户呢？我以为是可以的，或者不妨一试。不到民间去，何来社会新闻？我国第一个名记者黄远生，经常在茶馆与人们聊天，听他们谈论各地新闻，边听边写。还有一位老新闻工作者，家安在里弄，至今不搬，为什么？就是要生活在民间，每天进出茶馆，来往于里弄，街谈巷语不绝于耳。这些街谈巷语自然不会都见之于报端，但却是一个新闻工作者的养分。有成就的文学家都从民间文学吸收营养成分，为什么新闻工作者不去从民间的口头新闻中吸取养分呢？

我们看报纸上发表的社会新闻，多数是通讯员采写的。这是因为，通讯员比较接近群众，或者生活于群众之中。在这一点上，通讯员同记者相比，是得天独厚了。对于任何一个新闻单位来说，记者的人数总是极为有限的，能专跑民间的，更寥寥无几。因此，社会新闻的多少，取决于遍布各地的通讯员。在这一点上，我们同资本主义国家的新闻机构相比，也可以说是得天独厚的了。当然，我们最大的优越性在于社会主义制度，在于社会主义精神文明建设。加上我们提倡记者到民间去，重视培养生活在民间的广大通讯员，我们的社会新闻，无论在质量上还是在数量上，都是任何一个资本主义国家不能相比的。

人情味

人们的精神交往，就是人与人之间意识、观念的相互交流或相互影响。这种意识、观念，就是人们的理想、信念、道德、习俗、情操、爱好、追求等。这种交流或影响，在人们的情感上表现为喜、怒、哀、乐等，这就是人情味。

过去讲到“人情”问题，往往被斥为资产阶级人性论，似乎只有资产阶级才讲人情，才有人情味，无产阶级和人民群众不能讲人情，不能有人情味，这显然是荒谬的。《辞海》中，“人情”的第一个释义是“人的情感”，还列出《礼记》中一句话：“何谓人情？喜、怒、哀、惧、爱、恶、欲，七者弗学而能。”这个“能”字很有说服力。世间所有的人，都能喜、能怒、能哀、能惧、能爱、能恶、能欲，除非白痴，或清教徒；其实清教徒也是“能”的，只是常常秘而不露罢了。当然，喜什么、怒什么、哀什么、惧什么、爱什么、恶什么、欲什么，即什么样的情，在有阶级和阶级斗争的社会里不可能一致，这才可以讲阶级性。但无论哪个社会，无论哪个时代，任何人都能动情，这是无可否认的事实，也是人们的常识。

读者（或受众）能动感情，社会新闻所报道的人和事都包含感情，因而以情动情，社会新闻往往激起人们感情上的波澜。如果新闻人物（也包括新闻记者本身在内）的意识、观念同读者的意识、观念一致，就发生共鸣，读者被感动；如果双方的意识、观念不一，或相反，就产生抵触，引起读者反感：这都属于以情动情。正是这个缘故，社会新闻一传就通，传通性能特别强。车祸、火灾会伤害人命，人人都惧怕，所以传得特别快。敬老爱幼，人人赞美，难中得救，无不庆幸，这类社会新闻就很吸引人，而且传为美谈。

我们采写社会新闻，要把握人情味这一特性，包括三个方面：一是作者之情，二是报道对象之情，三是读者之情。不能要求每篇社会新闻报道出来三者之情完全一致（批评报道就有两种截然相反之情）。但作者之情是起关键性作用的，因此要求作者之情——作者的意识、观念应高尚、纯洁。作者感情丰富，而且心灵美，这是写好社会新闻的思想基础。此外，还要有辨别真、善、美和假、恶、丑的能力，要有敏锐地观察各种社会行为、识别各种社会意识的能力。这就要学点社会学、伦理学、道德学、心理学等。在这个基础上，才能增强对于社会新闻的特殊敏感，才能使社会新闻在精神文明的建设中发挥积极的作用。

写好社会新闻，一定要充分了解和全面掌握新闻人物的思想感情。写先进人物，就是写他们的心灵之美，写人情味，而且要写得真切感人。有一篇新闻稿，写一位城市姑娘护送一位进城找不到亲人的老人返回农村家中的动人事迹，初稿中写她护送这位素不相识的老人回家是要“回击那些不良风气”；重新采访后，改成：“我考虑到如不送老人回家，老人就会像一只船一样不知漂流到哪里去，如果再托给别人，又怕中途发生意外，实在放心不下。”这一改，就写出了人情味。只有写出这种真切之情，才能激起读者之情，拨动读者的心弦。写思想落后的人物，也要注意人情味。对错误的思想行为要进行恰当的实事求是的批评，同时注意笔下留情，如不指名道姓，避免言词过激等等。记者通情达理，被批评者才会心悦诚服。

社会新闻的成败得失，最终看其激起读者什么感情，对读者的心灵发生什么影响。绝大多数社会新闻滋润读者的心田，在意识、观念上起潜移默化的教育作用。但有的社会新闻在读者的心灵上留下斑痕甚至创伤。如有一则社会新闻报道两家打架，一个被打昏致死，竟“陈尸三月”，无人处理，臭气熏人。群众纷纷议论：“这里的领导哪里去了？”如果事实确凿，并非不可报道。遗憾的是，此后再无下文，未闻领导如何出面处理，仅仅引起读者激愤、厌恶之情就完了。而《羊城晚报》在揭露这类丑闻时往往作连续报道，始则令人激愤，继则督促有关方面处理解决，最后读者心花怒放。这才有助于精神文明建设。

边缘性

社会新闻虽然不带专业性，但它所报道的都是各行各业的人，所以它同各行各业都有联系。社会新闻反映人们的精神交往活动，但精神是“人们的物质关系的直接产物”，所以社会新闻又同经济部门，同人们的物质交往发生联系。这些联系，在有些社会新闻中并不明显，内容不涉及新闻人物的工作、业务，事情都是业余时间发生的，例如:《陈燕飞怀孕五月下水救人》(《解放日报》)、《啊,男妈妈》(《辽宁日报》)、《谁是林森?》(新华社)、《她和素不相识的老人》(《浙江日报》)等。还有相当多的社会新闻,同政治新闻、经济新闻、科技新闻、文教新闻比较接近,带有边缘性。《农民王久林夫妇旅游 3 市 12 省》(《青海日报》),报道这户农民家庭经济生活富裕后引起了精神生活的变化。《售票员冷静擦去一口痰,微笑震动一颗心》(《解放日报》),报道公共汽车上一个逃票青年的恶作剧和售票员得理让人的新风尚,从中也可以看出这位售票员的业务能力和工作的责任心。《美国妇女玛萨在穗心脏停止跳动经南方医院急救 50 小时后复活》(《南方日报》),写到旅行团成员临上飞机时请宾馆和医院协助美领事馆处理玛萨的后事,并带走她的假牙(作为遗物),而医师仍不遗余力地抢救,终于使玛萨死后复活;她的女儿带着她的遗物急忙从美国飞来,流着热泪感谢中国医生救活了她的母亲。这里有感人肺腑的人情味,又可以看出我国的医疗水平,还可以看到两国人民的友好往来。这些社会新闻的边缘性是比较明显的。

有的同志把带边缘性的社会新闻称为“两栖新闻”,即既是社会新闻,又是别的门类的新闻,这是值得商榷的。我认为,边缘性的社会新闻同别的新闻仍然是有界限的。《装卸工野蛮卸热水瓶胆》只报道工人的劳动态度,不是社会新闻。《售票员冷静擦去一口痰,微笑震动一颗心》则是社会新闻,因为她的工作同公众的活动有直接关系,她同那个恶作剧的青年之间又有明显的“精神交往”。《玛萨复活》充满了人情味,因而也是社会新闻。

认识到社会新闻的边缘性,也有利于新闻工作实践。干新闻工作,一开始最好跑社会新闻。因为这可以使记者不囿于某一行业,可以接触各行各业、各界人士,开阔眼界。跑过社会新闻再去跑某一行业或某一领域的新闻,同一开始就跑那方面新闻是不一样的:记者的视野有宽窄之别,作品的读者有众寡之分。因为写惯社会新闻的记者心目中有各行各业的读者,不是专为某一个行业写报道;而且在作品中注意写人的活动,带点人情味。所以他的报道易引起普遍的兴趣。

临末，试对社会新闻的本质属性即其内涵作如下表述：

社会新闻是报道社会各界的人们在日常生活中的精神交往活动，具有人情味，并影响读者心灵的新闻。

这个定义是从上述社会新闻的特性中概括出来的。这些特性是否符合实际情况，是否揭示出社会新闻的内部规律，以及这个定义是否恰切，都尚待继续研究，也有待大家共同探讨。

1982 年 12 月

（刊于《新闻业务学习》1983 年第 1 期）

一张经济小报的“观察与思考”

——谈谈浙江《经济生活报》的一个特色

“观察与思考”，是浙江《经济生活报》一版上的一个新闻栏目。这个栏目中的新闻，是记者根据观察到的某些经济生活现象，提出一些与读者共同思考的问题。实际上，《经济生活报》在这个栏目之外，还有许多新闻和言论，也程度不同地具有同样的特点。因此可以说，“观察与思考”是整个这张经济小报的一个特色。

《经济生活报》创刊于 1980 年元旦。当时，全党工作重点刚刚转移到经济建设上来，各报都在围绕拨乱反正开展宣传报道，全国除有一张《市场》报以外，还没有一张报纸专门反映经济问题。新创刊的《经济生活报》别开生面，以广大消费者为主要读者对象，兼顾经营者和生产者的需要，新闻多采自消费领域和流通领域，因而，这张小报的特色颇为鲜明。两三年后，类似的经济小报在全国雨后春笋般地出现了，《经济生活报》原来的特色也就不明显了。随着经济改革的发展和经济生活的变化，广大读者的兴趣和需求也在扩展和深化。《经济生活报》同广大消费者息息相通，坚持“做消费者的挚友”，注重观察经济生活现象，深入思考经济改革问题，以新的经济思想和新的生活观念去推动改革，引导消费。这就逐渐形成了这张经济小报的新的特色。

发表在“观察与思考”一栏中的新闻报道，都是记者自己观察到的经济生活现象。1983 年 7 月，一位记者上避暑胜地莫干山采访一个商品交易会。莫干山管理处的同志请他写篇报道，宣传莫干山的旅游业。这位记者没有立即向管理处要材料写报道，而是用自己的眼睛去观察莫干山的旅游设施和服务工作。出乎人们意料之外，他写了一篇题为《可惜啊，莫干山！》，从房门关不住写到路灯都损坏，从名胜古迹无导游写到不少风景点荒芜破落，从原有的茶室被拆除写到山上文娱活动一无所有，以致许多游客乘兴而来，扫兴而归。接着，他又写了一篇《守着"摇钱树"反而缺钱用》的稿子，报道这个旅游宝地入不敷出，全年平均床位利用率仅占45%的事实。原因是，30多年来，一直用行政手段管理这块宝地，把"人、财、物"都管得很死，国家财政包袱越背越重。记者认为要改变这种局面，只能走政企分家之路，变目前的行政管理机构为旅游公司一类的经济实体。

这两篇新闻见报后，省旅游局、省社科院经济研究所和省机关事务管理局的负责同志分别向该报记者发表谈话，指出像莫干山那样用行政手段管理风景区的，在本省为数不少，改革的关键是变行政管理为企业管理，按旅游经济规律办事。上述报道也引起浙江省政府的重视，省政府委托有关部门制定了莫干山总体规划大纲，并邀请省内外30多名专家上莫干山共商开发大计，下决心按经济规律振兴莫干山的旅游事业。

如果说，关于莫干山的"观察与思考"对于别的记者并非难事的话，那么，《"重量级"败给"轻量级"》这篇新闻，没有独到而又深刻的观察力是写不出来的。这种观察力同记者具有一定的经济理论和经济思想分不开。一个旅游旺季，记者到天台县，看到一种怪现象：游国清寺的游客越来越多，而县汽车站开往国清寺的班车却由原先每天五个班次减少为三个班次。这是为什么？记者深入观察就明白了：这里个体机动三轮运输业很兴旺，国营汽车站跑国清寺的生意大部分被这些专业户抢走了，"四个轮子"跑不过"三个轮子"。记者因此思索："后台老板梆梆硬"的国营"大力士"竟会竞争不过初出茅庐的个体运输户，这从马克思主义经济学中很难得到解释。再进一步观察，原来是个体户服务周到，随叫随停，片刻一个来回，票价也跟国营汽车一样。那么汽车站为啥不买些灵活机动的小面包车同个体户争个高低呢？记者这一问，汽车站的站长委屈得几乎叫喊起来："我们再笨，也知道该怎么办。我们想买小车，可钱呢？我们想多辟几条线，跑宁波、上海，可要上面点头呀！最担忧的还是人……人家出高薪挖我们的驾驶员，已经有人辞职走了啊！”记者在这篇报道的末尾指出：个体运输业的兴起是件大好事，使汽车站站长懂得了经济改革的必要。“问题是这些基层企业‘上面’掌权的部门。如何认清咄咄逼人的改革新形势，尽快对国营运输业松绑放权，给这些企业以更大的活力去参与竞争。”这篇新闻写了记者的现场目击及其步步深入思考和探索，问题提得尖锐，感染力很强，说服力也很强。

《经济生活报》一般不为新闻配发言论。1983 年在二版辟出一个“经济新论”专栏，文章的议题也都是从经济生活现象的观察中得来的。这个专栏中常有新的经济思想、新的生活观念的阐述。1983 年 9 月底，该报发表记者采自上海的一条新闻，报道上海国庆服装展销会推出大批奇异服装，受到消费者的欢迎。新闻的标题也颇奇异：《当今年轻人对服装的要求是：你穿，我不穿，我有，你没有》。这是记者在展销会内外细心观察所得的最新印象。记者感到言犹未尽，又写了一篇《为“奇装异服”正名》的“经济新论”。长期以来，人们都把“奇装异服”作为贬义词，用来指责某些人的衣着。然而，这篇评论说：“什么样的服装尺寸、什么样的服装款式，才算不是‘奇装异服’？这个问题谁也回答不了。”文章指出：“当然，并不否认，也许有人会穿有伤社会风化的服装，但这并非服装本身问题，因为衣冠楚楚的‘禽兽’也会干出伤天害理的事来，这是人的道德问题。服装与道德是两个不同范畴的问题，不能混为一谈。”这篇冲破世俗偏见的“经济新论”，不但使追求美化衣着的消费者理直气壮，也使服装行业的同志松了口气。一位服装业的同志兴冲冲跑到《经济生活报》编辑部，感谢报纸为他们说了话。

像这样冲破旧思想、旧观念的“经济新论”，还有《“讨价还价”可登大雅之堂》、《为善于社交的人美言几句》等。这些文章中阐述的新经济思想、新的生活观念，在社会上广为传播，成为人们议论的话题，对消费、经营和生产起着引导和促进作用。

《经济生活报》的上述特色也很自然地引起办综合性大报即党的机关报的同志的思考：这张经济小报上不少新闻和言论的思想性、指导性都很强，对读者的吸引力更不用说了，为什么在一些大报上却很少见到呢？我以为问题在于记者能不能或愿不愿"观察"和"思考"。老一辈新闻工作者常说：记者应是观察家。现在有不少记者却似乎不屑于观察他们所要报道的客观事物，他们要"观察"的只是人家送来的材料、文件。他们又不肯或不会独立思考问题，常常只根据领导所点的题去找材料写稿子。这样写出来的东西，读者扫一眼就过去了，不会有深刻印象。穆青同志提倡写"视觉新闻"是很有见地也很有针对性的。视觉新闻从何而来？我以为最好是记者目击所得，即根据自己的观察和思考写出来的。这里，观察是第一位的，观察又有待于深入思考。一个对党对人民都有责任心和使命感的记者，应该随时观察客观事物，独立思考各种问题，多写有现场目击和思想深度的报道，去推动城乡改革，促进四化建设。

（刊于新华社《新闻业务》1985年第2期）

话说“新闻人物报告团”

去年9月，在党的全国代表大会召开前后的日子里，一个由6名英雄模范人物组成的报告团，在浙江各地作巡回讲演。在短短15天中，报告团成员日夜兼程，跑遍了包括舟山地区在内的全省11个地、市，同两万多干部群众直接见面。人们从这几位有崇高理想、有模范行动的先进人物的报告中，受到了一次生动而又深刻的共产主义理想和纪律教育。

组织这个报告团的不是党政机关，不是群众团体，而是人们意想不到的新闻单位——浙江日报社。说起来，新闻单位主动组织这个报告团是顺理成章的事：报告团里3名对越防御作战中战功卓著的英雄人物，是不久前在《浙江日报》上报道过的；3名在四化建设的平凡岗位上传播社会主义精神文明的模范人物，也是《浙江日报》的记者、通讯员发现并向全省读者介绍过的。这些英雄模范人物经过报纸的介绍，早已闻名全省。因此，浙江日报社就给这个报告团取了一个别具一格的名称：“新闻人物报告团”。

浙江日报社在这个时候组织这项全省范围内的社会活动，意在进一步发挥新闻人物在社会主义精神文明建设中的积极作用，推动各地正在开展的共产主义理想、纪律教育。这件事很快得到了省委的关心和各地党委的欢迎。省委书记王芳为此撰写了题为《有理想的人讲理想最有说服力》的文章，赞扬它是“运用正面典型对广大干部群众进行生动具体的理想教育的一种好形式”，相信它“一定会以真实形象、生动感人的报告赢得人们的欢迎”。

果然，新闻人物报告团的巡回讲演及其在各地激起的反响，在全省范围内形成一股推动社会主义精神文明建设的强大动力。

9月21日上午，在宁波市华侨饭店门口，新闻人物报告团的同志刚走下汽车，就被一群热情拥上来的学生围住了，一朵朵红花别到英模们的胸前，一个个请求签名留念的本子塞到他们的手里。这一事先没有安排的热情洋溢的欢迎场面，使报告团的成员非常激动。被誉为“维护人民健康的忠诚卫士”的普陀县药检所所长周启堂对在场记者说：“眼前这景象把我带回50年代，那时候，我们欢迎从朝鲜凯旋的最可爱的人——中国人民志愿军时，也是这样。我已经多年没有见到这种场面了。”

报告团每到一地，会场里都座无虚席。他们在台州地区临海县作报告时，除了县城的听众以外，还有从外地赶来的许多听众，并带了录音机来录音。原来，他们是附近县和部分厂矿派出的代表，要把报告录下来，带回去让更多的人能听到。

面对当前党风和社会风气尚有许多消极因素的现状，浙江日报及时组织的这个报告团，每到一地，就在当地形成一股激浊扬清的冲击波，宣扬正气，压制歪风。尤其是在青少年中产生了巨大的吸引力，使他们增强了对党对祖国对人民的热爱。台州地区医药单位一些同志在同英模座谈如何抵制不正之风时，大家从英模报告中得到一个体会，这就是“抵制不正之风，不仅要有严格的党纪法规来约束，更重要的是要像报告团的英雄模范人物一样，首先要在自己思想上筑起一道反腐蚀的墙”。宁波、湖州、嘉兴、舟山、金华一些地区的党组织，把英模们的报告印发出来，作为向党员进行理想、纪律教育的教材，推动了各地正在进行的整党工作。

浙江日报提出组织新闻人物报告团时，有人担心让自己报纸上宣传过的人物同读者直接见面，万一有关他们的报道有失误，不是影响报纸的威信吗？实际上，这个顾虑是多余的。由报社出面组织新闻人物报告团，除了使它发挥重大社会影响以外，也是让广大读者对新闻报道的真实性进行一次检验。去年8月14日，报纸报道过原安吉县委宣传部副部长吴仲华，他深感要振兴安吉经济，应注重培养本地人才,因而主动辞去副部长职务,自愿到这个县的递铺中学担任高一年级语文教师。这次他也参加了报告团。人们听了他的报告后,不仅确信原来的报道完全真实,而且感到报告的内容比报道更切实、更生动感人。

报道各行各业的先进人物,是当前一日千里的改革形势赋予新闻单位的一个重任,记者必须随时留心先进人物的出现,把他们的事迹及时报道出来,以推动两个文明建设。但是,新闻失实是整个新闻界尚未根除,需要不断提醒、警惕的顽症。尤其是在人物报道方面,往往容易犯以点代面、任意拔高、不切实际,甚至虚夸杜撰的毛病。如果新闻单位经常组织自己报道的人物参加报告团,就会促使记者、通讯员经常思考这样一个问题:自己笔下的新闻人物、新闻事实,能否经受得起群众的检验,能否得到群众的欢迎?从而树立起一个基本的也是最重要的观念,即:新闻,特别是人物报道,第一要真实,完全真实。这无疑是对记者、通讯员的一种鞭策。

群众与报告团成员见面时的一些提问、对话,对记者如何采写好人物新闻或通讯也很有启发。一般地讲,他们的对话不受拘束,有生活气息,不拿腔拿调,代表了广大群众的心理。如老山英雄一等功臣、"英雄坚守连"连长汤仁发在金华市浙江师范大学作报告时,不仅报告现场被学生挤得水泄不通,而且报告散场后,又接受学生邀请,举行了小型座谈会。学生们提出许多问题:"有的战士平时调皮捣蛋,不服管束,为什么在战场上却能表现大无畏的精神?""都说城市兵难带,但英雄中却有许多城市兵,你们是怎么带出来的?""你们是英雄,但英雄也是人,您能否谈谈参战前、参战中的心理活动?""在前线,您最想的人是谁?"这些问话,都充分反映不同读者的心理。而我们的记者在采写先进人物时,往往想不到这些方面,因而报道常常缺少针对性。

从温州二医护校7位女青年同"三八"女子卫生队指导员赵丽君的谈话中,记者还会得到更多的启示:

"赵指导员,听说这次对越自卫防御战,你和丈夫、妹妹一家三口都上了战场，而且丢下了自己的孩子，当时你是怎样想的？”

“说句实话，我真舍不得离开我的孩子。因为我对他照顾太少了。然而，我又想到，为保卫边疆，天下不知有多少父母也丢下心爱的孩子。现在战场需要我们，比我需要孩子更迫切，所以接到参战命令以后，我们就毫不犹豫地走了。”

女青年们又向赵丽君问起战场上的“夫妻情”。

赵丽君说：“我和丈夫同在一个部队，他在机关，我们之间相隔才一公里左右，却几乎没有碰面。有一次，我上前线送药，途中一个军人拦车上来，当时我竟认不出他就是我的丈夫。只见他全身像泥猴一样，又黑又瘦又脏，胡子拉茬的。等到他挤到我跟前，我才惊呼道：‘是你呀！’”说到这里，赵丽君感慨地说：“军人的牺牲，岂止在战场，我们这些20世纪80年代的女兵，充满了情与爱。可是在个人与祖国的选择上，我们都自觉地把心中的情与爱融注到祖国之中。”

这些话，既是理想教育，也是“新闻写作”课的好教材。这里有活生生的人物感情，有真切的内心活动，又有如画的情景描绘，使人感到先进人物可亲、可敬。可是，在报纸人物报道中，这样生动的描写却看不到，而这些恰恰是最能打动读者的心。

所以，由报社组织新闻人物报告团，不但具有宣传教育意义，而且对于记者改进新闻报道也有许多启迪，正如中共浙江省委宣传部一位领导同志所说的，这是“报纸工作的一个新发展”。

（刊于新华社《新闻业务》1986年第1期）

闯入新闻的记者角色

——童禅福印象记

一

3月30日,《钱江晚报》头版登出《“3·24”上海撞车事故目击记》,作者是浙江省广播电视厅的一位记者,名叫童禅福。这篇难得的目击新闻震动了浙江新闻界,新闻中披露的撞车和救人的详情,以及记者的非凡人品,成了人们议论的热门话题。童禅福受到记功、晋级奖励,成为同行们争相报道的新闻人物。

童禅福今年42岁,1984年才从常山县广播站调到省人民广播电台当记者。他是电台的高产记者之一,曾在一个月内发过38篇新闻稿。短短四年,先后四次受到电台和厅里的通报表扬和嘉奖。他以采写目击新闻著称,他的采访作风也有独特之处。

1985年9月15日傍晚6点30分,杭州市小营巷酱园弄,一场大火刚刚扑灭。火场周围,一位女青年和一位中年男子在14户受灾居民中逐户了解灾情,边问边在本子上作记录。女青年是街道办事处副主任,中年男子是刚刚赶到火灾现场的记者童禅福。“已有4户临时投亲靠友,还有10户39人的吃饭、睡觉没有着落……”童禅福对女青年说,两人琢磨着尽快把10户人家安置好。深夜他的双亲先后去世了。

“你是在红旗下长大,又是在苦水中泡大。”我以为我理解他了。

“我父母很不幸,一辈子不幸。我是幸运者,我总是走运。”他不假思索地说。“有人说我在险境中也总是幸运的。”

二

他颇为得意地说出下面一件事。

1987 年 3 月 14 日上午 8 点 20 分左右，他撑着雨伞，路过杭州闹市区井亭桥附近，突然发现斜对面亨得利钟表店和市广播公司经理部的屋顶上浓烟滚滚。他拔腿冲过去。店门口许多人被突然发生的大火吓懵了，都愣在那里。“快进去抢救财产呀！”他大叫一声，第一个冲进火场。许多人跟着冲了进去。他在浓烟中抢出一台收录机，又去搬保险箱……9 点 20 分，大火扑灭，他发觉自己戴的一块进口表不见了。眼看救火的群众要离开现场，哪有工夫找表，他慌忙上前拦住众人：“请留下姓名……”脏乎乎的手掏出了笔，摸出了采访本。10 点 15 分，他旋风般赶回电台新闻部：“我抢到独家新闻了！”同志们见他全身湿透，急忙搬来火盆，催他换衣服。他迅速脱去水淋淋的呢上衣，喊着：“你们快出去吧，我马上写出来。”仅 40 分钟，1100 字的《烈火见精神》一气呵成。12 点的新闻节目中，播出了这篇目击新闻。

这是一位闯入新闻事件的双重角色的记者；这双重角色，便是既当新闻记者，又成为新闻事件中的一员。双重角色使他写的这篇《烈火见精神》有一种魅力：把听众无一例外地引到了新闻发生的现场。

第二天，童禅福又在救灾现场抢到一条独家新闻——《亨得利钟表店在火灾中 4781 只钟表没有一只丢失》。

“我抢新闻抢上瘾了。”他笑着对我说。

“听说，事后你受到了表彰。”

“受表彰的人很多。”他思索片刻，又说：“表彰大会上，一位市委副书记说：‘既抢救了国家财产，又抢到了独家新闻，人民需要这样的记者。’这说明，我这样干得到了社会的承认。你说呢？”

他注视着我，我朝他点头。

三

在震惊中外的“3·24”上海撞车事故中，童禅福的双重角色再鲜明不过了。一开始，他的表现是个抢新闻的记者角色。《目击记》第一句话是：

“‘哐铛’一声巨响，我和乘坐在从长沙至上海的208次列车上的人差不多同时惊叫起来：‘怎么啦！’我看了一下表，是下午2点19分。”

在大难临头的这一瞬间，只有具备新闻敏感的记者，才会惊而不慌，迅即记住重大事件发生的时间。

“我奔到一节被压弯撞扁的车厢的一个窗口下……对旁边的旅客说：‘同志们，帮助一下，我上去看看。’”

童禅福指着这一段对我说：“我当时只想‘上去看看’，可是，一钻进车厢，抢新闻的念头一下子变成了抢人命的搏斗！”

他在《目击记》中描述了这惊心动魄的一幕：“抬头一看，啊……车顶和座位上的沙发被撞压得像麻酥糖一样。里面被压着的人，横的、竖的、团的、挂的各种姿态都有。……他们抓住我的手，抱住我的脚，拉住我的衣服，用日语连声喊：‘救命！救命！’……我脑子里马上闪出：这是日本客人在中国遇难了！这时，我深感到自己的肩上担子的分量。我不会日语，只能用动作来表示：对拉住我的双手，每一双手都匆匆而紧紧地握了一下，意思是说：‘我一定要设法把你们救出去！’”

他一个人救出其中两名日本学生之后，才有两名消防战士进来，协助他一起割沙发、撬板块、锯铝管，救出两名重伤的日本学生。第五个就是一开始抱住童禅福的脚、压在最底下的日本姑娘。她被沙发、板块压着，上半身倒悬着。暂时没法救她，童禅福脱下自己的羽绒衣，连同手提包，垫到她的头下。车顶上在气割，冷水洒到这姑娘的脸上，嘴巴、眼睛都淋满水。童禅福看了直难受，掏出手帕，盖到她脸上。救她时，压在她身上的那块大板，三个人怎么搬也搬不动。狭窄的地板上漾着血水。童禅福设法躺下去，直到把头钻进撞碎物的缝隙中，背脊才贴地板，两脚朝上顶着大板块，使劲一蹬，大板块才松动了……

讲到这里，他对我说："当时把头钻到缝隙中，上面撞碎挤压在一起的东西层层叠叠，要是都塌下来，我大概就完了，可当时哪会想到这些。"

5 个受伤的日本学生都送出去了，挤在一处的 5 个死难者的遗体也移出去了。这时才知道 9 点钟了。在这个直不起腰、迈不开步的狭小的地块拼搏了近 7 个小时。他疲乏、饥饿极了，忽然又闪出去抢新闻的念头。

他爬出车厢，直起了腰，冷风吹过，清醒多了。这才发觉：袋里装钱的羽绒衣，裹着那位日本姑娘从窗口递出，不知送到哪家医院去了。装着钢笔、采访本的手提包也不知去向了。甚至连腰间系运动裤的皮带，也不知啥时落掉，以至湿沉沉的毛绒裤往下滑落，步子也走不快了。

这时，一群新闻记者拥过来，围住了他，几台摄像机对着他，话筒也伸到他的面前。他赶紧说："我也是记者，也想抢头条，可是没抢到……"

他毫不气馁。头条新闻没抢到，目击新闻可以抢上去。26 日，他的《目击记》在上海一家报纸没有挤上版面，他立刻投寄给《钱江晚报》。30 日，他通过省政府驻沪办事处的同志，将目击新闻寄给朝日新闻社。4 月 3 日《朝日新闻》刊登了这篇报道。日本公众从中得知撞车和救人的情景，还得知有一个中国记者，"与消防人员一起奋力抢救遇难的学生"。他为中国记者争了光。

"抢险救人的场面我们见得多，能够像童禅福那样奋不顾身、冲锋陷阵的记者，还真没见过，不容易啊！"这是上海市公安局消防处参谋胡刚说的，发此赞叹的又何止他一个！

"今后遇到这种事，我还会照样拼搏！"这是童禅福在省广播电视厅授奖大会上说的。在他看来，这种拼搏是他当记者的行动准则：一个人民的记者，总是在新闻事件内外，为不幸的人们拼搏，也为幸运的人们拼搏。

（刊于新华社《中国记者》1988 年第 6 期）

脚板踏开新思路

——《浙江日报》青年记者贫困县调查活动纪实

1985 年 11 月——

万山丛中的永嘉县八亩乡，逶迤曲折的山径忽上忽落；趟溪水，攀陡坡，累得小沈汗流浃背，腰疼腿痛。一条羊肠小道横挂在山崖上，他小心翼翼走过去。山风从身旁呼啸而过，刚才热乎乎的背脊忽然冷得直打颤。山回路转，又是下陡坡，又要过溪水。这样赶山路，对于生长在水乡城市的沈海涌来说，确是平生第一遭。记得上中学时，一次去看望在农村插队的哥哥，走了 10 里平坦路还累得够呛，今天要走的是 80 多里山路呀！清早出发，还没走一半路程，两条腿沉得不听使唤了。他抬头望着伸上山去的小道，真想坐下来歇口气。向导看出他的心思，说："赶山路，累了是坐不得的，坐下来就走不动了。宁可走慢些，或者让身子在树上靠一靠……"小沈笑着接过向导递给他的树棍，一步步登上山去。

也是在这样寒冷的日子里，在满目荒山野岭的磐安县仁川乡，那条通向下石岗村的陡峭小道上，迟全华、过自幸在吃力地攀登着；在景宁县沙湾区白云深处的高山顶上，杜方文、章新民在考察一片经济林；在泰顺县海拔 800 多米的夏卢乡，刘宇、王郁走进一幢岌岌可危而又阴暗潮湿的破房子，那是当年省委书记刘英同志打游击时住过的地方；在文成县东头乡的山间小径上，万刚、蔡景富二人一溜小跑，他们发现前面有三个农民赶着一群活蹦乱跳的小猪，多么生动的山区民情，快赶上去打听打听……

在 5 个贫困县，9 名浙江日报的青年记者，在赶路，在察访民情，在调查研究,在思索山里人脱贫致富的门路。

年初,这5个贫困县的领导干部曾应邀来报社作客。但青年记者们的贫困县之行,不是通常礼节性回访,而是编委会精心组织的一次旨在锻炼青年记者工作作风的社会调查活动。出发前,编委会对他们提出两项任务、三个要求。两项任务很明确:每人写一篇"供省委参阅"的内参稿和一篇"贫困县纪行"的新闻稿。三个要求不寻常:调查时间为20天至一个月;调查地点要选择不通汽车、干部很少去的穷乡僻壤,至少走30里山路;要蹲在一个山村里,住7～10天。一次组织这么多青年记者到贫困山区去调查,又提出这样的任务和要求,这在报社30多年的历史上是未曾有过的。

也是"师出有因"。这些年来,青年记者队伍在扩大,给报社带来了生气和活力。但有些青年记者在采访中满足于摘录工作简报、会议材料;有的把采访对象叫到招待所、宾馆谈话;有的只找干部谈情况,不到群众中去听反映;不少人只跑先进的、交通方便的地方,不到后进的、交通不便的地方去采访。青年记者们采访作风不深入、不艰苦的状况,使总编辑郑梦熊深为忧虑。他常用报社老记者们的成长过程去启发他们,一再讲:当记者要自觉地"沉下去",有意识地"自找苦吃",这是记者的基本功,也是成为名记者的必由之路。经他提议,编委会决定组织这样一次别开生面的社会调查活动。

11月底,这9名青年记者带一身泥土气息,风尘仆仆回到报社。一篇篇报道山区商品经济初兴的"贫困县纪行",陆续出现在报纸版面上。一份份难得的内参稿送到省委,其中反映了这些贫困县鲜为人知的真情实况,也记录了记者们的真情实感——

来自磐安县仁川乡下石岗村的报告说:农民人均口粮300斤,其中50%是玉米、番薯。记者说:"我们的心感到一阵阵痛楚。"

来自永嘉县潘坑乡的报告说:全乡90%的小学办在破烂的祠堂里,乡中学的37名住校女生挤在一间13平方米的斗室里。记者吁请领导关注山区教育事业,"尽快改善住校学生的住宿、卫生条件。"

来自泰顺老区夏卢乡的报告说:1984年这个乡人均收入仅37

元，口粮 309 斤。群众反映："共产党打游击时看重我们，现在不管我们了，36 年了，我们经济上还没有解放。"记者写道："听到这样的话，我们心里很难过。"

来自文成县东头乡的报告说：这里有一种奇特的婚姻现象——典妻，卖女现象也很普遍。记者认为："主要原因并不是封建包办，而是穷困所迫。"报告中引证一位退伍军人的自述："我并不想包办女儿的婚事，可爱人生病没钱医……只好这样做。"

来自景宁县郑坑乡的报告说：这里的"年报"有虚假成分，抽样统计是"取高弃低"，未出栏的隔年猪两年连算两笔账。记者说："统计浮夸是上面(县、乡)叫出来的。"

在 12 月 23 日的汇报会上，青年记者们谈到那几天行路、食宿的种种情景，都视为自己新闻生涯的不寻常的一页。难忘那几夜：住在农民家的破屋子里冻得整夜睡不着，一被子跳蚤，数也数不清。难忘那几天：走进贫苦农民家，主人盛情留吃饭，端上来的是一盘腌山蕨草和橡子面。进村头两天，挨家挨户走访，第三天就有群众主动来反映情况，诉衷肠的竟接连不断，有的滔滔不绝，有的眼泪汪汪。他们把记者叫做"同志人"，那是当年老根据地群众对共产党干部的亲热称呼啊！上山时，对报社领导要求在村里至少住 7 天不理解，下山时完全理解了：两三天了解不到多少真情实况，要听到群众心底里的话，非住六七天不可。

如今，坐在这窗明几净的报社会议室里，耳畔还回响着山区群众的肺腑之言。万刚思索记者的真正价值这个问题。他说："党报记者的价值，就体现在他同人民群众的联系之中；没有这种联系，是当不成记者的。"过自幸的感触也很深，他说："过去常常为自己写的稿子有观无感、有事无情而苦恼，现在认识到是没有深入下去的缘故，把自己同群众的关系仅仅看成是采访与被采访的关系。"

总编辑听完大家的汇报后，说："记者同采访对象的关系，是仆人和主人的关系，服务与被服务的关系。你同人家接触，不能光是想着从他那里挖材料、掏情况，这是不行的。一定要使他们感到你是为他们办事的，是‘自己人’。这样才会得到他们的信任，他们才会把情况告诉你。”他赞扬青年记者们在调查期间为群众办了实事。当有记者说到今后还想到那里去看看时，郑梦熊欣喜地说：“这就是建立了感情！允许你们每年去一次。”

一年后的一天，迟全华又到磐安县，再登下石岗。他心头特别记挂的，是村里那四孤儿一家子。18 岁的小青年曹正传，父母全都去世了，他背着一身债，拖着三个弟妹，苦度光阴。四兄妹盖的是一条破被子，吃的是一日三餐杂粮。一年前，他向县里汇报情况，县长听他讲到这四孤儿的境况时坐不住了，急忙把县民政局长叫来，第二天就亲自上山慰问这孤儿之家。一年来，这四孤儿的境况改善了吗？

一见面，曹正传拉着这位记者朋友的手，使劲地摇呀摇，激动得一时张着嘴说不出话来。慢慢地，他告诉记者，县府、省府的领导同志先后来看过他，县医药公司资助他种药材，县民政局破例招收他的弟弟到杭州一家工厂去工作。他家情况登报后，杭、嘉、丽、台、湖等地素不相识的人以及国外友好人士给他寄钱来。他拿出一叠信给迟全华看，指着一封信说：“这位青田人，一年两次给小弟弟寄学费来……”啊，这一家境况变了，正传一年前的愁容消失了，小妹、小弟的脸上也都有了笑容。

“我下山了，正传还是那样，拉着我的手臂直摇，对我说明年要种多少药材，要收多少粮食……”迟全华在一篇文章中写道，“我握起那双粗糙的、与年龄不相称的大手……不用再说什么了，留待明年我看你时，我们再围着那冬夜的火炉，细细地说说你们充满希望的今天和明天……”

一个记者，每天握在自己手中的是笔杆子，倘若每年都能握到那些“粗糙的大手”，是要有勇气，要有真情实感的。记者的情感是什么呢？迟全华已经悟出来了：“是社会责任感……”

（刊于《浙江日报》创刊 40 周年纪念文集《继往开来》）

且谈“新闻人物”

近几年，报纸上人物新闻（消息）多起来了，业务刊物上探讨人物新闻问题的文章也多起来了，于是，“新闻人物”这个命题也就提出来了。

“新闻人物”的含义是什么？什么样的人可以成为“新闻人物”呢？这些似乎是不成问题的问题，却值得我们探讨和深究。

过去，我们在运用人物报道的形式方面，偏重于人物通讯、人物特写、报告文学，很少采用人物消息这种形式。因而在介绍经验、研究业务的文章中，若论及人物，都不用“新闻人物”这个概念，而是用“先进人物”或“典型形象”这类概念。其实，“典型形象”，严格地说，它不是新闻学的概念，而是文学艺术的概念。比如，电视连续剧中的华罗庚是艺术形象或典型形象，而新闻报道中的华罗庚不能说是典型形象，而是新闻人物了。

毫无疑问，在我们社会主义国家，新闻人物主要是指各条战线上的先进模范人物。在我们10亿人口的社会主义大国中，每有大批先进人物崭露头角。对新闻工作者来说，先进人物是采之不尽、报之不竭的。所以，我们提倡用篇幅短小、时效性强、针对性强的人物新闻这种形式，又多又快又准地报道各条战线上涌现出来的先进人物，这是时代赋予我们的报道任务。

如果说，我们的时代是个“不拘一格降人才”的时代，那么，在人物报道方面，也就应该不拘一格选人物。有的人物，在他整个成长过程中和全部业绩上都体现了时代精神，一经报道，可以成为影响面很广、鼓舞力很大的新闻人物，如张海迪、朱伯儒等等；有的人物，虽然在长时期内默默无闻，但在一定的历史时期对社会作出了贡献，为社会各界所瞩目，成为新闻人物，报道出去，社会影响也很大，如杨小运等；有的人物，在工作、学习等方面未必超群出众，但在某一件事情上，体现了时代精神，拨动人们的心弦，也会成为有口皆碑的新闻人物，如杜芸芸、陈燕飞等。此外，一项新技术的发明，一项科学实验的成功，一个有利于四化建设的倡议，一封启迪人心的书信，甚至一句激励后人的遗嘱，都可能使当事者成为新闻人物。

那么，"新闻人物"同"先进人物"之间可以画等号了吗？我以为，这是两个不同的概念，不能画等号。"新闻人物"，作为新闻学的一个概念，作为新闻工作的一个术语，同人们政治生活中的"先进人物"这个概念是有区别的。如果把两者等同起来，结果会怎样呢？结果是：记者报道的人物，必须是先进人物，不是先进人物就不能报道。而事实上，新闻报道并非如此。我们大量的人物报道中有许多并不是先进分子，但确实是引人注目的"人物"。比如，在打击经济领域中的犯罪活动和打击严重刑事犯罪活动的斗争中，我们的通讯社、报纸、电台报道了不少民愤极大的犯罪分子。犯罪分子当然是绝对不可与"先进人物"相提并论的。但他们也确实是新闻人物，是反面的"新闻人物"，也有报道价值。我以为，某些人之所以成为"新闻人物"，并非因为人们把他定为"新闻人物"，而是因为人们在新闻传播活动中谈论他，新闻机关报道了他，所以他才成了"新闻人物"。因此，"新闻人物"不是日常生活中的用语，而是新闻学的一个科学概念。

在日常生活中，同"新闻人物"这个概念相似的用语，是人们口头上常说的"出名的人"。新闻学作为一门社会科学，源于实际生活，并为实际生活服务。因此，"出名的人"这一生活用语，可以帮助我们对"新闻人物"这个概念的含义有个比较清晰的科学的认识。

在"出名的人"中，有先进人物，也有反面人物，或者是引起群众议论和批评的人物，这是人所共知的。现实生活充满先进与落后、正确与错误的矛盾和斗争。这种矛盾和斗争，不仅使先进的代表人物出名——为人们所学习，也会使代表落后的人物出名——为人们所批评、责难。在我们同某种错误倾向、不正之风的斗争中，代表这种错误倾向、不正之风的人，往往成为众所议论的人物，他也就因此而出名，经过新闻报道传播出去，就成为“新闻人物”。领导干部多占住房是许多地方都存在的不正之风，中央纪律检查委员会为此发出公开信，要求各级领导干部退出多占的住房面积。福建省轻工业厅盐税局局长姜浩序多占住房面积，在中央纪委公开信发出后仍拒不退出，引起干部和群众的强烈不满，有的要求在报纸上公开批评。姜浩序却声言：“我干了几十年革命，还没有出过名呢，这回能出出名也不错。”他这种横蛮态度，使问题的处理更加复杂。于是，1983 年 9 月 18 日《福建日报》报道了姜浩序多占住房拒不清退的新闻，还发表了《“出名”种种》、《姜局长别发怒》两篇评论，姜浩序一下子成了全省人民议论、批评的人物，成了真正“出名的人”。《福建日报》在《“出名”种种》这篇评论中说：姜浩序“干了几十年革命，落得出这样的名，实在是很不光彩。很不应该，很不值得的”。姜浩序由于犯了这个错误，而且拒绝改正错误，为舆论所指责，报纸报道了这件事，他就成了“新闻人物”。当然，报道的目的是为了端正党风。

湖北省有个青年养鸭个体户，因不守信用，也成了“新闻人物”。这个青年叫高小来，年初同有关部门签订一项生产合同，国家供应他养鸭饲料，他应向国家交售 7000 斤鲜蛋。但他只图个人多收入，不履行向国家交售鲜蛋的合同。此事影响不小，因为他作为养鸭专业户在当地已经出了名，甚至当了省劳动模范。劳动模范撕毁合同在当地一传开，众人议论，波及面很广。县委书记亲自给他写信，批评他目光短浅，希望他改正错误。1983 年 9 月 22 日《中国青年报》报道了这封信的内容。接着，该报又以《高小来对自己撕毁合同深感有愧》为题，报道了高小来在县委书记的开导下，认识了错误，有了可喜的转变。《湖北日报》也于同年 11 月 5 日发表一篇思想漫谈，题为《高小来的“变去变来”》。由于几家报纸连续报道了这件事，高小来就在省内外出名了。这件事足以说明：一个人之所以成为“新闻人物”，往往是缘于某种变化，这就是新闻学所讲的变动的事实即新闻这个道理。这件事还说明：在我们社会主义国家的报纸上，有关人物的批评报道，不是像西方国家报纸上那样专门以揭人之短、出人洋相为目的，而是为了推动工作、教育人民，同时也是为了帮助被批评者改正错误，跟上时代前进的步伐。

姜浩序、高小来之“出名”，都出自于他们自己行为所构成的事实。那么是不是可以这样说：凡是成了“新闻人物”的，全都是由自身行为构成的事实所决定的呢？似乎不完全是这样。

报纸上曾经报道过一个普普通通的日本妇女——美穗子，她在中国和日本都成了新闻人物。1980 年 5 月，当《日本小姑娘，你在哪里？》一文和两幅送孤的珍贵历史照片一发表，立刻激起了中国人民感情上的波涛。日本小姑娘兴子姐妹，在抗日的战火中被我八路军战士救出，而后受到聂荣臻司令员的爱护、关照以及根据地群众的哺育、抚养，最后被妥善地送回日本侵略军的兵营。这件事，充分体现出八路军的革命人道主义精神和人民群众的崇高道德情操，也说明了在当年遭受日本侵略军铁蹄蹂躏的国土上，仍然开放着中国人民对于日本人民的友好情谊之花。重提这件几十年前的事，无疑勾起了我国人民对于日本侵华战争期间的苦难岁月的回忆，更激起了今后两国人民要世世代代友好下去的情感。出于这种强烈的情感，当年“救孤”“送孤”的故事，迅即发展成中日两国人民“寻孤”的热潮。仅仅 6 天时间，几十年杳无音讯的兴子——美穗子终于在日本找到了。随着美穗子的应邀来华访问，这位“日本小姑娘”的故事，成为全国城乡街谈巷语的佳话。作为新闻人物的美穗子，成了当今中日友谊的象征。

像美穗子这样的人，并非由于自身的某种行为在社会上产生影响而成为“新闻人物”的。她是由于在一定的历史时期造成的一定的历史事实，牵动了千千万万人民群众的某种情感，这种情感倾注在她身上，体现出时代精神，于是，她成了公众关注的人物，即具备了新闻价值，就成为“新闻人物”了。

时代精神决定着新闻价值。与时代精神无涉或与时代隔绝的人，不会成为“新闻人物”。即使曾经出过大名的人，当他脱离了现实斗争，人们就会把他遗忘掉。比如章太炎，当他“以革命家现身”的时候，遐迩闻名，是个新闻人物。但他“后来却退居于宁静”，“和时代隔绝了”，就“为大多数（人）所忘却”（鲁迅语），就不再是新闻人物了。

因此，新闻工作者应该站在时代斗争的最前列，时刻把握当今时代的脉搏，研究现实生活中的种种矛盾、斗争，体察广大人民群众的心愿和情感，领会我们党据此制定的新时期的总路线、总任务，才能识别和报道出各种各样的新闻人物，推动历史的前进。

（刊于新华社《新闻业务》1985 年第 1 期）

不拘一格写人物

——人物新闻的几种表现形式

在人物报道中，写人物新闻(即人物消息)比写人物通讯、人物特写、报告文学省力吗？不一定。几千字的人物通讯、人物特写、报告文学，要写得真切感人，固然不容易，但毕竟容许作者有较多的时间构思谋篇，精心写作，反复推敲、修改。人物新闻是急就章，作者在一两天甚至更短的时间内，在几百字的篇幅中，做到主题鲜明突出，人物栩栩如生，其难度有时要超过写一篇几千字的通讯。人物新闻一般都得交待人物的姓名、性别、年龄、身份，而人物的思想，作为全篇的主干和精要，其表现手法更须讲究。有两种基本的表现手法：一种是浓缩，善于把足以写成几千字的通讯的素材，经过提炼，浓缩成几百字的消息；另一种是再现，善于在短短几百字的篇幅中，使人物的思想行为、音容笑貌活灵活现地再现在读者面前。可以说，人物新闻，既是高度浓缩的人物通讯，又是形象生动的消息、快讯。

翻阅了几家报纸，发现人物新闻已有多种表现形式，写法也各有所长，这里作些简要的介绍和分析。

简讯式。其特点是内容高度概括，情节不须展开，仅仅告诉读者某人某事就可以了。《光明日报》去年 1 月 10 日刊登一则 800 多字的人物新闻《邵惠卿被河北省政府命名为模范班主任》，《人民日报》把它改编成一则仅 200 多字的人物简讯《邵惠卿单人执教 22 载偏僻小乡村成为无文盲村》，把原新闻稿的主体部分即家访、送教上门一类事迹全都删去，而将导语和结尾合并，使人物的先进事迹通过概括性的介绍突现在读者眼前。这类简讯式的人物新闻，一般都以人物的简明扼要的事迹来吸引读者，如果把情节一展开，反而吸引不了读者。新华社 9 月 6 日的《厂长龚明义有自知之明辞职》、《辽宁日报》8 月 2 日的《张喜久 5 次谢绝疗养》等人物简讯都很吸引人，读者不会因为没有写出人物事迹的过程而不屑一顾。但简讯一定要既简又明，不明不白会使读者心生疑窦。《人民日报》9 月 5 日的《赵凡就任太原市机电公司副经理》，就因为没有把赵凡是什么人，男的还是女的，何以提拨为副经理这些情况作必要的交待（即使以前报道过，这一篇也需作简要的背景交待），使一些读者疑惑不解。

通讯式。这是目前报纸上人物新闻大多采用的形式。这种形式的人物新闻，容易写成鉴定加事例的介绍，或写成人物的生平传略，显得平淡无味。一些较好的人物新闻，作者既会概述，也善于描写。新闻写作中的概述，不是事实的抽象，而是事实的浓缩。描写，则要抓住人物的特征，撷取最能说明人物思想和精神面貌的一两个事例或细节，使人物自身的行动、语言直接同读者见面。例如，《工人日报》10 月 14 日刊登的人物新闻《一等残废人创造了一等工作》，先用一句话概括出人物的整个事迹："一个只有一条左腿和一只左手的残废人，跑遍了太原市的大街小巷，为 6000 余批长期无人领取的货物找到了主人。他就是山西太原铁路分局货运员景尤善。……"这个人物的先进事迹很多，但作者只抓住 3 个最突出的事例进行描述：一是为一块无人领取的菜墩子挨门挨户寻找货主。二是为了追回被一位货运员交错的两袋面粉，他冒着酷暑"翻山 20 余里"，才找到收货人。返回家时发现假肢鲜血淋漓，老伴"心疼得哭了"。他却安慰她："一个人活在世上，难得的是为别人多办点好事。今天累是累点，可是找到了货主，我心里痛快。"三是不厌其烦地为一个来函要求更改收货站的货主重新办理发货手续。情节波澜起伏，事迹十分感人。

再如，《光明日报》1982 年 7 月 20 日的人物新闻《靠假腿走遍全国各地用残掌绘出千幅彩图》，报道特等残废军人、无锡印染厂工程师郑挺不靠国家供养过日子的感人事迹。为使无指的手掌能绘画，他"去找医生，请求做手术，把自己手掌上的虎口割开，用来夹笔。医生不忍心让他再吃苦头，不给他做手术。但经不起郑挺的苦苦哀求，医生只好又给他动了一次手术”。没写郑挺的豪言壮语，只写医生的“不忍心”和郑挺的“苦苦哀求”，就把郑挺的思想境界写出来了。“进厂头一天，郑挺领到了一枚厂徽。回到家里，他就让爱人给他佩在胸前。他对着镜子看了又看。这个平时不轻易流泪的铮铮铁汉，此时因为自己又变成对祖国有用的人，激动得热泪盈眶。”这一笔岂不传神！可见，人物新闻中的叙述只要抓住人物的特征，饱含思想感情，来展现人物的精神风貌，就可以写得平而不淡，引人入胜。

特写式。也就是采用新闻特写的形式来刻画人物的形象。截取一个情景交融的生活片断，像电影镜头那样，展现人物的思想面貌。如《辽宁日报》8 月 13 日刊登的《耿耿凌云志深深爱国情》，报道粮食专业户刘秀文承包的 167 亩玉米地，长势喜人，他准备向国家交售 13 万斤商品粮。出现在画面上的刘秀文和县委书记武广洪，两人站在“大片大片的墨绿墨绿的玉米地”边交谈，开头的一笔是：刘秀文指着玉米地，拍着胸脯说要向国家交售 13 万斤商品粮。最后一笔是：“县委书记轻轻地点着头：‘走，进去看看。’两人谈笑着，肩挨肩地走进玉米地。”画面开阔，小中见大，人物形象栩栩如生，言谈举止，跃然纸上。

还有些特写式的人物新闻，则是采用多镜头或连环画式的写法。如《浙江日报》8 月 9 日的《儿子英勇献身化忠魂　父母深明大义亮高风》，主体部分有 5 个镜头（画面），各有人物对话，但对周围环境和气氛未加描绘和渲染，犹如 5 幅民间风俗画。这 5 个画面是：一、厂里领导征求梁宏宝的父母有何要求时的对话；二、厂里负责人同他们商量梁宏宝遗体火化时的对话；三、梁母向儿子遗体告别时感人肺腑的言语；四、火化后梁的父母谢绝在厂留宿，午饭也不吃就要赶回家去忙农活的对话；五、临上车时对 3 位受梁宏宝保护过的女青年说了安慰话。这则千把字的人物新闻，用白描手法，使人物的思想境界、性格特征逼真地展现在读者面前，感染力是很强的。

访问式。这种形式的人物新闻，一般都是通过新闻人物与记者交谈，以及必要的背景材料的交待，写出新闻人物的新事迹新思想。《福建日报》8月30日刊登的《唐水官夫妻养猪冠全省 9个月卖给国家600头》和9月18日的《唐水官赴浙买猪苗途中损失数千元》，都是用访问记形式写的人物新闻。前者报道唐水官养猪的成绩，介绍他如何肯吃苦，如何讲科学，末后透露出“他计划9月再进几百猪苗”。后者写道：“9月9日，我们再一次到他那里采访。没想到，一见面，唐水官却气愤地对我们说：‘这一回我可倒霉啦！’接着，他就给我们诉说起这次到浙江省嘉善县购买猪苗时遇到的种种艰难。”原来，福州市有关部门去年曾为支持农民养猪，派人到浙江购买猪苗，今年却没有人管了，由专业户自己去联系，结果因争相购买而抬高了价格，使他多付了4000多元；又因运输途中驾驶员不负责任等原因，猪苗死亡86头，又损失4000多元。唐水官对记者说：“我们专业户多养点猪，真是不容易呀！别的不说，光采购猪苗就得‘过五关斩六将’，稍有不慎就倾家荡产。”同一个唐水官，在前一则新闻中喜气洋洋，在后一则新闻中却忧心忡忡。记者同新闻人物直接交谈，等于读者同新闻人物见了面——拉近了读者同新闻人物之间的距离，显得格外真实可信。所以，这位专业户的损失引人注目，也引起有关部门的重视。

经验式。报道一个单位可以用经验式的写法，人物新闻也可以采用经验式的写法。《辽宁日报》8月29日一版头条新闻《张殿奎领富的三部曲》，报道这位农村大队党支部书记处理好个人致富和带领群众致富的关系，有三条经验：一、“当群众对党的政策还不托底的时候，他用自己的行动去消除群众的疑虑，带领他们走勤劳致富的道路”；二、“当社员有积极性，还不会富的时候，他主动把自己（收入很高的）承包项目让给别人”；三、“当他成为‘万元户’之后，把富日子当穷日子过，慷慨支援集体，帮助群众”。这条人物新闻政策性、思想性、针对性很强，既有具体事例的叙述，又有条理清楚的经验性总结，特别适合农村基层干部的阅读兴趣。

调查式。调查报告的表现形式，也可以用来写人物新闻。如《人民日报》10 月 19 日刊登的《陈有和盲目养鸡上万只　鸡群损失剩三千难维持》足以说明其特点。这则新闻报道山西省潞城县农村的这位单身汉用贷款买来一万多只小鸡，然而，饲养场地连 5000 只也放不下；找了 5 个帮手，开支很大；全年所需饲料还得花十几万元，更是大问题。由于鸡群损失很大，这个专业户已“骑虎难下”。作者用了十多个调查得来的数据，细算了经济账，从中指出了盲目养鸡的教训。如果不是这样周密的调查分析，就很难使人从中吸取“盲目行事”的深刻教训。一般地说，要使读者从某人某事的经历中吸取什么教训，可以用调查报告的形式。因为调查报告注重科学分析，说服力较大。

写人物新闻，自然还可采用更多有效的表现形式。新闻写作本来就是不拘一格的，人物新闻所报道的是各行各业的先进模范人物，以及其他有教育意义的引人注目的人物。新闻人物“不拘一格”地出现在生活中，人物新闻的写作也应该是不拘一格的。人物新闻的思想内容是多方面的，哪种形式适合于表达哪种主题，有较好的宣传效果，就采用哪种形式。

1983 年 12 月

（刊于《光明日报通讯》1984 年第 3 期）

报纸要有更多的人物新闻

人物新闻，就是通常说的人物消息。人物消息，连同人物通讯（包括人物专访）、人物特写和写人物的报告文学等，都是人物报道的不同表现形式。

人物报道在当前显得特别重要。我们生活在全面开创社会主义现代化建设新局面的年代，各条战线的先进人物、各行各业献身改革的有志之士大批大批地涌现出来，呈现出一派群星灿烂、人才辈出的景象。这种景象，应通过大量的人物报道，充分地反映到我们的报纸上来。1982 年，《工人日报》、《光明日报》等几家报纸，为加强人物报道，先后在记者、通讯员中提倡多写人物新闻；仅几个月光景，报纸面貌就为之一新：人物新闻连续不断地涌现在要闻版上，有不少是引人注目的头条新闻，真是龙腾虎跃，生气勃勃，读了令人鼓舞，催人奋发向上。

记者历来都比较注重于写人物通讯、人物特写、报告文学，这些表现形式，对于人物报道无疑是必要的（当然也有个不断创新的问题）。但是，近年来的实践经验足以说明：人物新闻更能发挥人物报道的宣传效能。正像战士要熟悉手中武器的性能一样，了解和掌握人物新闻的特性，熟练地运用这一表现形式，对于我们搞好人物报道将是十分有益的。

人物新闻的特性在于：

一、篇幅短小，可以多写多编。一般都是五六百字，二三百字也可以写一条，超过千字的已属“长篇”。唯其短小，记者可以多写。现在写人物通讯，一般都有二三千字，洋洋数千字的也常有人写，费时又费力，往往要好几天甚至个把月才能“磨”出一篇来。在同样多的时间内，写人物新闻就可写出三四条来。从编辑角度看，在同样大的版面内，人物通讯可以装一篇，人物新闻则可以容纳三五条。报纸的版面就这么大，要多多地报道先进人物，多发人物新闻实在是最佳方案。为什么有的报纸很少有人物报道，原因很多，其中之一是：一有人物报道，必来长篇人物通讯，占去一大块版面。偶一为之尚可，天天这么来，版面编辑陪不起，广大读者也不欢迎。为什么有的报纸的要闻版上，一天出现三四条人物新闻？除了他们重视人物报道，也还因为人物新闻这种形式短小的缘故。新闻要又多又广，人物报道多用人物新闻这种形式，才能使各条战线的先进人物每天在报纸版面上崭露头角。

二、时效性强，使先进人物得以及时报道。通讯也应该讲求时效，但毕竟不像消息那样要求严。许多记者写人物通讯是慢条斯理的，慢采、慢写、慢发，一两个月采写一篇是常有的事。消息的时效要求严格，记者写人物新闻不敢慢条斯理，非快采、快写、快发不可了。这种作风，符合今天人才辈出、人物报道务求及时快捷这个要求的。我们不但要看到当今时代先进模范人物在与日俱增地涌现出来，而且要看到：同一先进人物，他的思想、事迹也在日新月异的发展之中。往往报道过一次，过些日子又有新鲜事儿需要我们去报道。因此，我们不但要力争把尚未见过报的先进人物多多地请到报纸版面上来，还要改变对一个先进人物的报道一次终止的现象。新闻报道的连续性源于客观事物的连续性，即其不断地运动和发展。有些先进人物的业绩，不必等他大功告成之后再去作总结性的报道，可以而且应该在他成就其业绩的过程中作局部的或阶段性的连续报道。我以为只有这样报道先进人物，才能生动地反映出我们时代的风貌和人民群众前进的脚步声。而时效性较强的人物新闻，最能发挥这样一种宣传效能。

三、针对性强。人物报道思想性强是不言而喻的，但人物报道的针对性不是所有人都认识到的。当要宣传某项政策或要克服某一错误倾向时，我们常常去抓某个单位、某个领导班子的报道，而且往往是经验性的报道，很少想到去抓个典型人物来报道。因为一写人物，又是大块的通讯、报告文学来了。不能说通讯、报告文学没有针对性，但终究比不上人物新闻那样机动灵活，能够敏捷而又明快地报道客观事物，传播党的方针、政策。事实证明，学会熟练地掌握人物新闻这一形式，有助于我们的新闻宣传搞得更生动有力。农村实行大包干生产责任制后，基层干部应该怎么办？自己敢不敢富？自家致富与群众致富的关系怎么处理？这对于每个农村基层干部来说，都是一个回避不了的急待解决的问题。《辽宁日报》1983 年 8 月 29 日在头版头条位置刊登一条人物新闻：《“丢掉大伙自己富，还叫什么共产党员！”——张殿奎领富的三部曲》。这位大队党支部书记的思想和行动是：当群众对党的政策还有疑虑的时候，他带头走勤劳致富的道路；当群众想富还不会富的时候，他主动把自己收入可观的承包项目让给社员；当他自己成为“万元户”之后，又慷慨支援集体，帮助群众。这不是很有说服力地解决了农村基层干部的思想问题吗？！抵制文艺工作中的精神污染，许多报纸先抓文艺团体的思想工作方面的宣传报道。《工人日报》则在同年 10 月 12 日的一版首要位置组发两条人物新闻，一条是报道曲艺演员董湘昆全心全意为职工演出，做到“不健康的曲目不演，来路不明的钱财不收”；另一条报道评剧演员马泰金钱面前不动心，自觉抵制“私演私分”的错误做法，还在配发的短评《人民欢迎这样的好演员》中一针见血地指出：有些艺术家、演员“眼珠绕着钱转，到处搞私人营利的演出，表演一些庸俗、低级的曲目，不仅造成对社会的污染，对艺术的亵渎，而且毁坏了演员的人格和演出团体的声誉”。这组人物新闻的针对性很强，给读者留下深刻的印象，给一些昏昏然的艺术家敲了警钟。

从上面的分析中可以看出：采用人物新闻这种形式，可以使人物报道又多、又快、又富有针对性，因此，人物新闻应该成为人物报道的一种主要形式。

我们的论点是否站得住，不能不问问广大读者。读者爱不爱看人物新闻呢？回答是肯定的。何以见得？这里讲两点：

从人民群众的新闻传播活动看，被称为“新闻”的事，总有人的活动；关于某个“人物”的新闻，往往是他们最感兴趣的（用新闻工作者的话说，是最有新闻性）。假如一个记者问一个农民：“你们村里最近有什么新闻？”农民答道：“有一桩新闻。”那么，这桩新闻必然牵涉到张三或李四，不是张三或张三家里最近有什么新鲜事，便是某个轰动四周的事件同李四王五有关。而这个张三，往往是在他们村里本来是有一点名气的人，或是优秀的共产党员，或是一个很有才干的专业户。人物新闻中所报道的“人物”，不是一般意义上的平平常常的“人”，而是在某方面有代表性或具有突出才能的人。这些人在我们报道之前，一般都在群众中有所传闻，或已遐迩闻名；一经报道，就传得更快更广。因此，报纸人物新闻多，特别是要闻版登上三五条，群众一看就感到这张报纸新闻多，争相传阅。

其次，群众爱看短（几百字）、快（最近几天发生的）、准（群众最关心的人和事）的人物新闻。洋洋数千字的人物通讯、报告文学，即使先进人物的事迹很突出，写得又很生动，对于许多读者（不是一切读者）来说，往往“爱莫能读”。为什么？忙啊，没有那么多时间读报。忙人爱读短新闻，这也是一条规律吧。而我们新闻工作者服务的对象，恰恰是以“忙人”为主的。有一位老同志，最近在一篇文章中讲他读新闻的心境：当看到当天报纸上有一篇长通讯，内容好，写得也好，很想一读，可是没有那么多时间去读完它，且放一边，明天再读；可是第二天，报纸又来了，又有更新的新闻吸引他读，哪里还顾得上去找隔天的报纸读那篇长文章呢！我们看报，也常常有这种心情。短短的人物新闻，在有些记者看来也许是不起眼的，但在读者看来却往往是显眼的，也便于他们阅读。

在我们新闻工作者中，许多人多年来形成这样一种观念：消息不是用来写人的，而是报道机关、单位的工作情况的；写先进人物么，自然得有通讯这种形式了。如果组织一批记者同时去采写一个事迹生动感人的先进人物，那么，十之八九写出来是通讯，而且是长篇的。

在新闻改革中，这种观念，这种工作方法，也需要改一改。提倡多写人物新闻（写法也要不拘一格，多姿多彩），这不仅对于众多先进人物的报道是适宜的，对于被称为"重大典型"的先进人物报道，也并非不适宜，或者可以一试。这种"大典型"，难道非写成长篇通讯或报告文学不可吗？新华社最初报道刘胡兰英勇就义，就是一条消息，而不是长篇通讯。刘胡兰的光辉形象永垂史册，激励着一代又一代的革命青年；关于刘胡兰事迹的报道也载入我国新闻事业的史册，成为我们新闻业务学习的一个范例。

加强先进人物的报道是我们时代的要求；记者多写人物新闻，报纸多登人物新闻，是广大读者所喜闻乐见的，也是当前新闻业务改革的重要一环。这，就算是本文的结论吧。

1983 年 11 月

（刊于《新闻业务学习》1983 年第 4 期）

消息中的细节描写

细节制胜

消息应该写得简洁、明快，不容许像小说那样描写大量的细节，也不要求像通讯、特写、报告文学那样穿插较多的细节；但是，如果以为写消息不可以描写细节，写进细节就不是消息，那就不对了。

为什么许多动态消息写得不动不活、无声无息呢？为什么抓到手的“活鱼”，到了读者手里“不活不跳”了呢？重要原因之一，是作者不重视或不善于描写细节。从理论上看，客观事物都是由许多细节组成的，因而报道客观事物的新闻不应该摈弃细节描写。从实践中看，恰当而又必要的细节描写，正是写活新闻，特别是把动态消息写活的重要手段。即使较好的动态消息，如果没有必要而又可能的细节描写，也会显得逊色。《新闻大学》第 2 期载文指出，《女工陈春花应邀赴美作绣花表演》“在关键之处，还缺那么一两笔（描写）”，这个意见是中肯的，而《杭州日报》今年 3 月 2 日报道市委领导和群众一起上街值勤，宣传讲究卫生、维护交通秩序的消息，就是因为写了“看到一个过路群众在地上吐了一口痰。周峰同志马上迎上前去，向他宣传吐痰的危害，劝说不要随地吐痰。陈安羽同志立即拿出随带的废纸，为他擦掉了地上的痰痕”这两个细节，才使这则消息显得活灵活现，吸引了众多的读者。可见，一二个成功的细节描写，会使一则平常的新闻身价百倍，尤其会使动态新闻真正显出“动态”而令人喜闻乐见。至于因细节描写生动有力而使新闻成为名篇佳作的，在新闻业史上也是不乏其例的。

恰到好处

消息中的细节描写，就描写的对象而言，可以写人——肖像、语言、动作、心理等，可以写物——大小、形态、色彩、声响等，可以写事——过程中的片断、整体中的局部等，也可以写景——场景、情景、风景的细小点。

细节描写，按新闻报道的要求，可以写在消息的各个部分。

写在导语部分的，可以引人入胜。例如：

> 上海无线电22厂党委书记楼信康的玻璃板下，压着一张“三好”学生奖状。这是厂校开办的干部“扫盲”学习班奖给他的。（新华社电讯）

写在消息主体部分的较为常见，因为消息主体要求丰满一点，内容可详，较能容纳细节。例如，《文汇报》刊登的《阿西、亚妮当众挥毫妙趣横生》，写小画家给大画家作的精彩表演：

> 四岁的亚妮，穿着袜子爬到一张乒乓台上，看一看四尺长宣纸，便从笔筒中选了一支大号斗笔（笔头有她三个拳头大呢），她饱蘸墨，稳稳地握着大笔，在宣纸上迅速地边爬边画，瞬息间，一座比她人体还高的大假山一挥而就。轮到七岁的阿西画画时，他脱掉鞋子站到椅子上，大大方方地作起画来……

写在消息结尾部分的不多，用得好可以加强新闻报道的效果。例如，《解放日报》今年6月23日发表的《南京路上动人的一幕》，报道一位老人突然病倒在地，众人热心救护的事迹，结尾部分是：

这几位同志叫什么名字？那位老年纠察始终不肯说出姓名。人们只见他佩戴的值勤红袖章上，写着“黄浦江整顿马路交通、市容办公室170号”。吉普车司机和随车人员把患者送到医院后，因为任务在身也悄悄地走了，细心的交通民警小石记录了这辆吉普车的牌照：08—00419。

报纸编辑人员正是根据这两个细节，查出了这两个人的姓名，在消息中作了交待。

各类消息，除了新闻公报和公告性消息，一般都可以写细节。社会新闻、体育新闻、文艺新闻自不待言，政治新闻也可以写细节。如《邓小平会见意大利记者》这条消息中就有细节描写：在记者问到“当中国反击越南时，你是否注意到意共对你们持攻击的立场”时，有这样一句：

邓小平把手一摆，说：“那没有关系。”

这个动作、这句话，表明了我党坚定的立场和求同存异的态度。至于经济新闻，特别是那些很难突出人物和场景的消息，细节描写确实很难，干巴乏味似乎不可避免。请看新华社一则报道建筑部门提高工程质量、争创名牌工程的消息，其中有一个精彩的细节描写：

上海市浦东最近有一批新竣工的住宅，每幢房外墙角都有一块50厘米长、26厘米宽的牌子，上面写着隶书红字：市建305工程队一九七九年建。过路的行人说：这是一件新鲜事，以后发现施工质量有问题，随时都可以找上门去。

由此看来，细节描写在消息中似乎多多益善了。不是的，消息中的细节描写宜少不宜多，宜精不宜滥，即使是精彩的细节，也不可任意使用，更不可多用。对细节要严加选择，用得恰到好处。怎样才算恰到好处了呢？这就需要掌握几个原则。

一、应是揭示新闻事实本身的意义所必需的。如果概括性的叙述难于揭示事实的意义，就要下工夫选择具有典型意义的细节。大家熟知的《经济学家赶集》，写这位 75 岁高龄的老人“兴致勃勃地挤进人群，东瞧西看，问这问那”。一个“挤”字，先把新开放的集市贸易深受广大人民群众欢迎的生动局面烘托出来了。接着写薛暮桥买胖头鱼、买擀面杖、买挖耳勺 3 个细节，特别是后一个细节更耐人寻味：“这时一个老头在叫卖挖耳勺。他赶忙过去花 3 分钱买下一个，说：‘我很早就想买这个小东西，总买不着，今天算是盼着了。’”这几个细节都具有典型意义，说明还是“两个市场好”，说明集市贸易“作为补充”，“方便”了群众。若不写这些细节，这则新闻还有什么深刻的含义呢？这位经济学家的评论不就苍白无力了吗？

二、应是记者根据事物的特征选取报道角度所必需的。事物的特征具有很大的鲜明性和吸引力。事物的特征又都是从细微处显示出来的。报道一桩新闻事实，如果不抓住其特征部分，事实本身就给人含混不清的感觉。因此，要抓事物的特征，抓体现特征的细节，给人以鲜明的感觉。例如，大家熟知的《脖子上挂钥匙的孩子吃饭问题解决了》，“脖子上挂钥匙”这个细节，是吃饭问题难解决的这部分孩子的特征，不写这个特征，解决吃饭问题的对象就不明确，也就无从谈起了。

有些新闻，正是记者捕捉到了这种富有特色的细节，才感知事物的变化及其含义，从而确定报道角度的。例如，《解放日报》的一则消息：

> 前几天本市下雨时，我们在南京路上，从商店的楼上往下看，许多女同志头上撑的是五彩缤纷的花雨伞；从人行道地面上望过去，不少女青年脚上穿的是鲜艳夺目的彩色胶鞋。这说明，上海的女式雨具生产，已打破了长期沉闷的“一片黑”局面。

三、应是为使读者确认记者的报道客观、公正所必需的。新闻报道最忌主观臆测，而应力求客观如实，方能取信于读者。要把新闻事实尽可能写得客观、准确，往往离不开写细节。例如，《大众日报》7月23日消息《台鸽翩翩来鲁，同胞依依情深》，作者着力描写这样一个细节：

……突然，一只精疲力竭的白色信鸽落在了船的甲板上，当船员们把这只白鸽捉在手里后，发现它的铝制脚环上有“台鸽78—022497”的字样……

写了“铝制脚环”上的字样，使人确信这只信鸽是从台湾飞来的。

写批评性报道，更应注意客观、公正，使事实准确无误，越细致入微，越有说服力。例如，1981年《人民日报》的消息《牛发年打骂教师被撤职》中，写了几个细节：

……校长和老师向他（牛）说明真实情况，他拍桌大骂“放屁”，并抓住王红右臂使劲一拎，扬手就打，被老师拉开。随后，牛的长子长女一起来学校打骂王红。拉断了王的书包带子，撕下了王的两撮头发，折断了王的手指……

记者准确地写出牛发年打人骂人的细节，使读者信有其事，而且看到他错误的严重性，得出他“被撤职”的处分完全正确的结论。

四、应是为使新闻作品具有一定的趣味性、可读性所必需的。细节描写可以使新闻生动形象，读来有味。例如：

初秋的合肥街头，每天清晨可以看到手持竹竿的农民，赶着千百只鸭子穿过闹市。鸭群一来，满街一片嘎嘎声，大小车辆纷纷让路。人们看到这种多年不见的鸭群过街，车辆让路的合肥风光，无不喜形于色。（新华社电讯）

弄巧成拙

恰到好处的反面，是弄巧成拙。这在消息的细节描写中，也是常见的。主要表现在：

一是偏离主题，以文害义。与消息主题无关甚至有害的细节是写不得的。例如，有一篇报道某位领导同志支持为儿童义演，买票看戏的消息，写他“买了一张票”是好的，但又写他“准时由大门进场”这个细节，就显得多余，不但与主题无关，而且会使人产生不应有的歧义。

二是该详不详，该略不略。事件的全过程固然是由许多细节组成的，但在下笔时要主次分清，详略得当，把细节描写放在事件的关键时刻和核心位置上。如果在事件的次要方面着力描写细节，就会轻重颠倒，或使读者如入五里雾中，看不懂新闻事实的真面貌。这种新闻稿大都经过编辑“手术”，删去不必要的细节，保留必要的细节，才得以见报的。但也有因编辑不细心，放过了不必要的细节描写而使稿件见报的。

三是主观想象，造成失实。细节描写的本意是使新闻报道更有真实感。因而细节必须确切无误，半点也马虎不得。《解放日报》最先报道了孕妇陈燕飞下水救人的感人事迹，整个连续报道是很出色的。但在最初的报道中，写陈燕飞“跳到河里”这个细节是不确切的，后来才在报道中改为“下水救人”。新华社的报道写陈燕飞“顺着河边铁梯下水了”，就比较确切。批评性报道的细节更要慎之又慎，仅仅由于某个细节失实而影响批评效果的，在本报也曾有过。记者不应满足于“基本属实”，而要做到完全属实，细节也无差错。

四是丑事细描，害及读者。暴露丑恶行为的细节并非一概不可以写，但要顾及社会影响，要看对读者，特别是青少年的身心健康是有益还是有害。比如，荒诞不经的迷信活动，丑恶残忍的犯罪行为，其中一些细节写出来会起扩散作用，或令读者目不忍睹。

五是文字啰嗦，细节太长。细节描写，在文字上也要力求精练，切忌拖沓。一个细节，能用一个词组写明的不用一个分句，能用一个分句的不用一个整句，能用一句话的不用数句话，言简意明就好。有的同志以为写细节可以不惜笔墨，结果反而使读者越看越糊涂。作者、编辑都应力求用最少的文字，写出最生动的细节来。

（刊于《浙江日报通讯》1982年第14—15期合刊）

新闻中应有必要的交待

新闻中缺乏必要的交待，是目前新闻写作和编审中普遍存在的一个问题。最近，《浙江日报》上也经常出现一些缺乏必要交待的新闻。

必要的交待，指的是什么？一类是构成事实的5要素或6要素，即5个W，加一个H，是必不可少的；另一类是必要的背景交待，这是写明新闻事实和突出主题思想所要求的。此外，凡是读者对一条新闻感到不满足而记者、编辑可以使他们得到满足的，都应该交待清楚。

新闻中缺乏必要交待的第一类情况比较多。

不交待"何时"：《东海舰队广泛开展军民共建精神文明活动》（《浙江日报》1月11日），这条新闻从导语到结尾，通篇没有一个表明时间的语词。"共建的文明村镇、街道、学校、工厂、商店、海岛、码头等单位已达446个"，显然这不是一两天之内能做到的，那么是去年一年之内的，还是去年、前年两年之内的，没有交待。

不交待"何地"：《杭州环城浴室建成开放》（1月13日），写了这家新落成的浴室的规模、设备、开放日子，但却没有写明它坐落何处。杭州读者看到这条消息一定会问："在哪里？"看来只好沿着环城路去寻找了。

不交待"何人"：《铁路决定增开客车十三对半》（1月2日），作出这个"决定"的是人（包括单位、部门），而不是物。"铁路"和"铁路局"，前者为物，后者为人（单位），这是两个概念，两种含义，这是不应该混淆的。事情当然不是由铁路局某一个人决定的，而是组成局机关的人们决定的。所以无须写出某几人，只要添上一个"局"字，人们就会明白的。然而这个“局”(或“分局”)是不可省略的。一省略,就没有人了,或者人变成物了。应改为“××铁路局(或“分局”)决定……”。

不交待“什么事”:《大陈六位渔民一网捕获万斤鲻鱼?》(2月21日),“鲻鱼”是一种什么样的鱼?它的模样和食用价值如何?没有交待。不讲明这是一种什么样的鱼,“一网捕获万斤鲻鱼”这件事在大多数读者心中的印象一定很淡薄,似有似无。《瑞安推广温州母水牛挤奶》(1月5日),“推广”的是饲养“温州母水牛”这种特别能产奶的母牛呢,还是温州地区农民养母水牛(与别的地区的牛种无区别)历来有的挤奶的做法?不清楚。若是前者,“推广”后面应加“饲养”二字,“挤奶”二字应该删去;如果是后者,“母水牛”前的“温州”二字应删去,推广后面加“饲养”一词;“挤奶”前面加上“历来”,后面加“的做法”。由于文法不通,或词不达意,往往会把事情写得不明不白,令人费解。

不交待“为什么”:《绍兴自行车总厂重视“三废”治理电镀车间被评为环保先进单位》(2月14日),开头说:“走进绍兴自行车总厂的电镀车间,一只小水池十分引人注目。池中养着几百条小鱼和许多泥鳅、黄鳝。……”可是文内没有说明:为什么要在水池中养鱼?这同排放和处理废水有什么关系?

不交待“怎么样”:《捎给养鸡户的喜讯——能养鸡又能种葡萄的鸡舍通过鉴定》(3月16日),没有写明这种鸡舍有多大、一舍能饲养多少只鸡。“顶上有棚,可种葡萄”。此话不通,应改为“顶上有棚,可作葡萄架”。《杭州举行首次“西湖夜游”活动》(3月20日),没有写出首次“西湖夜游”的情景、气氛如何。由于没有写出或没有写清楚“怎么样”,读这两条消息的人就会感到很不满足,甚至很失望,因为他们对这两条消息的兴趣,就在实际情况“怎么样”上。

必要的背景交待。也大多同五个W有关。如环境,就同“何地”有关,环境交待也是对“何地”交待的一种加强。《磐安县干部满怀信心建设新山区》(1月10日),是对刚刚恢复建制的磐安县的首次报道。许多读者(特别是青少年)还不知道这个磐安县在什么地方,更不知道称之为“恢复建制”的历史依据。这就必须向读者介绍该县的地理位置、建制沿革以及人口、物产、地方风貌等。最好画一张地图，标明其四邻各县，读者明白它在我省地图上的位置。这个背景材料，可以以简洁文字写入新闻稿，也可以另写一篇，作为“小资料”，附在这条消息的后面。这样做，决不是小题大做。首先是增强了这条消息的思想性。在这样一个条件很差的山区县份工作的干部们满怀胜利的信心建设新山区，岂不感人？其次，党报作为宣传工具、舆论机关，通过一篇小资料，会引起全省各界人士对磐安县干部、群众的关注。这对磐安人民有鼓舞和激励的作用，对全省人民来说，有组织和推动的作用。因此，一段背景交待，一篇小资料，其作用也是不可小看的。

还有一种交待，不同于环境或历史背景的交待，但也是一种说明性的“交待”，而且肯定是读者争欲知道的。如《国务院任命韩桢祥为浙江大学校长》(3月4日)，是一句话新闻，除了时间，文内再没有比标题更多的内容。但许多读者一览必问：韩桢祥何许人也？恐怕只有极少读者对他有所了解。在这里，编辑应该根据确凿的资料，介绍韩桢祥的简况，如年龄、经历、学术造诣等。这也不是小题大做。首先，浙大是闻名中外的全国重点大学之一，也是我省的最高学府，浙大新任校长名震全省是当之无愧的。其次，单从韩桢祥1951年毕业于浙江大学电机系这一点看，至少可以使读者晓得：一位解放后毕业的新中国的大学生，如今当上名牌大学的校长了。这不是有很大的政治意义的吗？知识分子从中受到鼓舞，其他阶层的群众也从中看到我国社会主义教育事业的新形势、新面貌。显然，由于这条消息没有作这方面的交待，宣传效果就大为逊色，这是很可惜的。

新闻中有没有必要的交待，反映出新闻采编人员所掌握的知识多少，也反映出他们为读者服务周到不周到，责任心强不强。同时，还反映出报纸编辑工作的总体面貌。例如，有的新闻稿要配以必要的资料，或要画地图示意，就要看能不能迅即把资料人员、美术人员调动起来，全力以赴。所以，解决这个问题，记者、编辑固然要加强基本功训练，重视知识的积累；同时编辑部其他方面的人员都要配合好。

(刊于《新闻业务学习》1984年第1期)

"新闻观念要有大的突破"

——王中教授访问记

王中教授接过一份《(新闻实践)创刊启事》,看了一眼便说:"新闻实践离不开新闻观念。"

他说话直截了当,一下子像开了闸的水滔滔不绝。

"有些陈旧的新闻观念要改革。"他说,报纸上印度总理甘地被刺身亡的新闻放在很不显要的地位,而我们总理悼念甘地逝世的唁电却登在显要的地位,这叫"以我为主"。至于灾害,灾情如何,过去是不报道的,要报道的是人们如何救灾。在观念上灾情不是新闻,救灾才是新闻。"这种观念,解放初就有了,那时把报道灾情批为资产阶级客观主义。于是,主观主义应运而生。"接着说到大跃进时报纸上动不动搞耸人听闻的通栏标题……

"所以,新闻实践总是受新闻观念的支配。"

他的精辟论点就是这样爆豆似的不断跳出来,记者笔头略感应接不暇。

说话时,他的目光总是投向斜对面的电视荧光屏。那电视只有图像,没有声音,音量控制开关早已关闭了。他看着电视谈话,似乎不假思索,这就更使人感到,他的论点是经过深思熟虑的,而且积蓄已久了。

他接着说:"新闻观念,就是新闻哲学。"

"新闻哲学……"记者思索着。

坐在一旁的李良荣同志替王老的这一命题作了解说:新闻哲学就是新闻行为哲学。一切新闻工作者,无论是搞理论研究的,还是搞实际工作的，谁都有自己的新闻观念，他的工作都受新闻观念的支配，甚至读者也都有自己的新闻观念。

王老点着头，说：对新闻与宣传的关系，怎么看？理论界有种种说法。有的同志认为，凡新闻，都是宣传。实际上，许多新闻是宣传，但有的新闻就不是宣传，只是传递某个信息罢了。我们的记者写新闻，只考虑宣传要求，不注意读者对信息的需求，往往观点加例子，把客观事实仅仅当做宣传某个观点的例证。这样写出来的新闻，就没有多少信息量。他又说到十年内乱期间，“写新闻是按上面意图找材料，就难免编造假材料。那个时候，编有编的经验，看有看的经验；他不看你的头版头条，只看末版末条，哈哈，末版末条成了头版头条……”他笑着，又点上了一支烟。

“对陈旧的新闻观念，要清理清理。有些本来就是有害无益的，有些在过去条件下是对的，在今天就不对了，过时了。陈旧的新闻观念，都不符合现今社会主义中国国情，我们今天从事新闻实践，就不要被这些陈旧观念框住了。”

“……新闻观念，要有大的突破，要有大的革新。”谈了一个多小时，老人在这个问题上好像还有更多的话。“新闻观念的改革，是新闻改革的根本问题，不改变旧的新闻观念，光是从新闻业务上改，新闻改革停留在表面上，是搞不好的。采、编、写上升不到理论高度，就解决不了根本问题。有的报纸，只抓一个‘短’，这怎么行呢！”

“办刊物要有胆识。”他的话题转到刊物上。“比如，新闻界‘左’的影响有哪些表现？有哪些新闻观念是陈旧的，不合高度民主、高度文明的社会主义中国的国情？这些都可以在刊物上开展讨论。”

他说：“现在新闻界刊物很多。你们可以多搞点作品评析，搞‘文章病院’。‘文章病院’主要着眼于新闻内容。如报道一个先进知识分子，宣扬他不肯出国。这是什么观念？好不好？”

已是深夜时分了，如果不是两位同志突然跑进来跟他商谈一件事，老人还会继续谈下去的。

这时，记者才意识到，来访前所拟好的两个问题竟没有来得及提出来；然而，他却在滔滔不绝的谈话中作出了解答，满足了来访者的企求。由此可以看出这位老新闻工作者的新闻敏感之强——很显然，他一眼就察觉一个初次来访者的意向了。

我们满意地告辞了，老人站起来送到门口。这时，记者才发觉他步履蹒跚，老态龙钟了。真难于想象，两个月前，即去年 11 月，这位 70 高龄的复旦大学新闻系教授，还远走广西去讲学呢！

（刊于 1985 年《新闻实践》第 1 期）

头条新闻竞赛启示录

1990年华东9报头条新闻竞赛活动历时半年，于6月底结束。

从本报参加这次竞赛的情况看，成效是显著的。头条竞赛较好地把握了舆论导向，突出宣传了年初中央提出的“稳定、鼓劲”和“以正面宣传为主”的基调，拓宽了头条新闻的题材，促进了新闻改革，同时也锻炼了新闻队伍。

这次头条新闻竞赛活动给我们以不少的启发，主要有这样四点：

一、培养和提高了记者观察事物、认识事物的能力，使头条新闻具有强烈的时代气息。

记者的职业特点使他接触社会上各种各样的事物，这就要求他有政治家的远见卓识，又要有专家的真知灼见；要求他对事物的观察有宏观，也有微观；对事物的认识由表及里，由现象到本质；又能从一些小事看出深刻广泛的社会意义。

在头条参赛稿的采写中，不少记者在提高自己观察和认识事物能力方面有了可喜的进步。温州8位“廉内助”发出倡议的报道，其成功的重要原因，首先是编辑、记者从这一新闻线索看到了我们党推进廉政建设的深度、广度，意义深远。他们把温州的这一新闻事实同面上普遍存在的问题联系起来，“贪官大多有个贪夫人，清官大多有个廉内助”是个普遍现象，因而“廉内助”的倡议对于廉政建设具有重大社会意义。果然，倡议书的报道一发，引起了省委领导和省有关部门以及一些老同志的重视，在社会各方面引起了强烈反响。而且影响到省外，《人民日报》、《中国青年报》也都陆续加以报道，《解放日报》、《人民日报》还先后发表赞“廉内助”的言论。

有些记者善于从观察到的具体事物中提炼出鲜明而又有分量的新闻主题,也就是从小题材、小角度,反映大主题。如从“八只鸡蛋”、“种田人日记”反映科技兴农这个大主题;从饲料风波,尖锐地指出以保护产品为名,实际是保护落后的观点。此外,蔬菜、猪肉、火腿、鸟类、湖水、皮鞋、住房、煤气、小商品、电脑、一台戏、一张视力表、一堂课、新型厕所,这类与人们生活密切相关的日常现象,引起了记者强烈的采写热情,挖掘出了新鲜的有意义的新闻主题。这些小题材、小角度取材于丰富多彩的生活侧面,从中可以看出记者在观察客观事物时,注重从群众生活角度,去认识事物,提炼主题。

二、培养记者艰苦、深入的采访作风,不搞“蜻蜓点水”,“沉下去”,才能写出生动活泼的新闻佳作。

深入采访包含两层意思,从工作作风上讲,是深入基层、深入群众、深入现场;从思想作风即记者的思维上讲,是透过事物的表象,深入到事物的内核中去,了解和把握事物的本质。记者深入现场采访,作品才有现场感;透过事物的表象,把握事物本质,作品才有思想深度。既有现场感,又有思想深度,才是上乘之作。在这方面,我们的一些年轻记者在头条新闻竞赛中也有长足的进步和可喜的收获。

采写《春园村百余农户写“种田人日记”》的记者走村串户,同刚从水田里走出来、腿上带着泥巴的农民交谈。读这篇报道,仿佛闻到来自田间地头的泥土气息。

采写《杭曲一台好戏在江浙沪赣引起轰动》的记者,专程跑到苏州,在开明大戏院门口实地考察人们看戏前后的情绪和议论,并同他们进戏院,重新看了一遍。

采写《建德偏僻山村办了63所微型小学》的通讯员,先后四次趟溪水,爬高山,深入偏远山村采访。可以毫不夸张地说,这条新闻是作者“爬山爬出来的”。

《人间天堂复现百鸟朝凤景象》是作者用了多年积累的素材,又经过近期深入细致的采访写成的。稿中所提供的每个材料,都来自与不同采访对象之间的一次谈话。可谓一句素材,一次采访经历。

作者在谈这篇报道的采写体会中说:"这篇稿件好似一个鸟窝,是东衔一根枯枝、西衔一片枯叶筑成的,非一日之劳作。"

三、培养和提高记者的新闻敏感,处处当有心人,不让有新闻价值的材料从眼皮底下溜过去。

新闻敏感,说到底是记者的政治洞察力和新闻工作事业心在日常工作和生活中的表现,也是记者异乎常人的勤奋的表现。在这次头条新闻竞赛中,不少记者、通讯员以强烈的社会责任感,时时注意捕捉新闻。《春园村百余农户写"种田人日记"》是记者从广播中听到农民也写日记这句捎带的话,抓住了这条线索前去采访的。《"大江南"皮鞋上柜前先做破坏性试验》一稿的线索是这样发现的:那天,记者到大江南皮鞋店采写一篇解决商业职工后顾之忧的稿件。走进经理室,只见几双破皮鞋放在桌子上,鞋底、鞋帮分了家,鞋底被撕开了。记者问是怎么回事,于是引出了破坏性试验的一番介绍来。记者联想到许多报纸上正在报道应把伪劣商品从柜台上清除出来,而杭州"大江南"则不让劣质皮鞋上柜台,这更有新闻价值,于是把原定采写的稿件暂时搁下,先写这篇稿件,果然很快就见报了。

《乐清涌现 300 多"电脑专业户"》的作者抓住电脑入农家这一新鲜事物,揭示了中外人士关注的温州试验区在健康发展中的时代风貌,给人看到试验区的稳定和繁荣,看到了农民科学文化素质的提高,看到农村产业结构的巨大的进步。因此,消息发表后,《人民日报》、《文汇报》、《福建日报》、中国新闻社等多家新闻媒体转用。电脑专业户和作者收到的 100 多封读者来信共同表达他们的感奋之情。

四、记者在新闻写作上精益求精,力争拿出代表自己水平的精品佳作。许多记者多次修改稿件,句句斟酌,有的记者、编辑进入"语不惊人死不休"的写作境界。

自古以来描写西湖和报道西湖的文字难计其数,而《西湖水清了,深了,活了》这条新闻,从水质的变化写出西湖"玉体"之美,则是不多见的。要把这条科技新闻在不到 1000 字的篇幅里写得合乎科学原理,又使读者易懂,是有很大难度的。在编辑的帮助下,记者通俗易懂地写出了有立体感的“水陆空”综合科学治理。这样，使读者确信西湖水清、深、活，是“现代‘科学魔师’对‘西子姑娘’精心调养、巧妙梳妆的结果”。

在我们发表的41篇参赛作品中，消息占36篇。单从参赛作品体裁看，消息似乎偏多，其他体裁似乎偏少。但从记者新闻写作的现状看，这是一大收获、一个突破：开始注重新闻（消息）了。近几年，我们评年度好新闻作品，每年都出现一个问题：各发稿部推荐上来的好稿，大部分是通讯、特写一类，消息极少，精彩的消息更少。为什么？因为许多记者的工夫都下在通讯、特写上。这无疑会影响要闻版的新闻质量。这次头条新闻竞赛，记者、通讯员们把消息作为业务上的主攻方向是件大好事，收获也是可喜的。

综观这36条消息，在写作技巧上确有明显的提高，大体有这几方面：

1. 对新闻事实作客观的叙述和评价。记者不直接评论事实，且尽可能避免大段大段的陈述。大段陈述，阅读时有沉闷、枯燥、单调之感。少作直接评论，多用有关人士的评价较客观可信。例如，《“大江南”皮鞋上柜前先做破坏性试验》中，记者让该店经理来介绍为什么要做破坏性试验。《投入鸡蛋八只　包增稻谷百斤》中，记者让农技集团的负责人直接向人们解难释疑。《金华500砖瓦厂造出万亩农田》中讲到黄土丘陵上烧砖造田的优越性，是由义浦乡浦口村的老支书讲出来的。

2. 注意运用背景材料去阐明新闻主题，揭示新闻事实的深意，使新闻作品具有立体感。《人间天堂复现百鸟朝凤景象》的一文记者善用历史背景材料，使作品突破了一般的生态报道，具有深广的政治意义。文章最后一段，巧妙地将地理背景材料穿插进去，接着引出“又闻虎啸”的新闻素材。可以说，这篇报道的新闻价值，一大半是得力于背景材料的分量。有的记者运用背景材料时只是轻轻地点一下，所谓“点到就好”，也是成功的手法。如《杭曲一台好戏在江浙沪赣引起轰动》中写到这样一笔：“《爆炸》产生的‘轰动效应’，与时下戏剧界普遍抱怨‘戏难演’、‘众口难调’的氛围形成鲜明的反差。”

3.适应当代人快节奏生活、快节奏读报的新情况，消息写作改变传统的四五百字一段的沉闷叙述，记者们开始追求短的段落、短的文句，这样读起来既快捷又轻松。这是消息写作在行文上的大改革。有些消息，七八百字，有六七段之多，平均每段百把字。实践证明，百来字一段较为合适。

在把消息写活的探索中，有些记者锐意创新，尝试着把通讯、特写、散文、人物专访的笔法引入消息写作中去，这种尝试也是成功的。

把通讯中对人物和故事的写法运用到消息中去。虽然消息篇幅短，不可能像写通讯那样洋洋洒洒、铺陈其事，但可以用精练的文字，描写人物的思想和行动。如《乐清涌现300多“电脑专业户”》的第一、二段，很有通讯常见的场面。又如《嘉兴教师收入提高住房改善》的第三、四、五这三段，抽出来一看，很像是通讯的一个情节。

把特写中对现场情景的描写引入消息写作中去，使消息有现场感，读来可信可亲。如《投入鸡蛋八只　包增稻谷百斤》中农民群众同农技承包集团领导之间的对话，是一个特写镜头。又如《春园村百余农户写“种田人日记”》中记者在村里同农民交谈的情景，《杭州解百乐卖小商品》中记者在解百商店从一楼走到三楼的情景，都写得有声有色，场面感人。

把“人物专访”的特色和写作技巧恰当地引进消息写作中去，使枯燥的科技报道变成展现人物风貌的人物新闻。《新的标准对数视力表全国启用》这条消息，在导语下面扼要地介绍了对数视力表的特点和优越性之后，用大半篇的篇幅写记者与这张视力表的创制者缪天荣教授之间的交谈，读者从中了解到了科研成果推广之艰难、缪教授数十年坚韧不拔的努力奋斗以及他为国争光的抱负、信念。这条消息的后半篇，场面、人物谈吐都同人物专访很相似，读来饶有兴味。

把散文中文笔轻松幽默的写作技巧引进消息写作中，熔思想性、新闻性、知识性、趣味性于一炉，这也是把消息写活的巧妙手法之一。在这方面，比较成功的是《人间天堂复现百鸟朝凤景象》一稿。作者用杜甫的两句名诗，引出杭州的白鹭、黄莺，用“梧桐”“凤凰”一语引出188种珍鸟“似曾相识又归来”，由龙井茶主产区梅家坞老人说的“现在杭州山林茂盛，同抗战前差不多了”，笔锋忽然转到数十年前在战乱之中的杭州景况，接着又道出今年3月几位日本专家寻鸟到杭州来的趣闻，下面又绘声绘色地写出了空山鸟语、水禽游戏，写鸟写人，鸟乐人喜，两相映衬。最后由山写到林，由林茂引出虎啸，把杭州这块鸟儿王国、人间天堂写得有声有色。

（这是为浙江日报新闻竞赛工作小组起草的总结，刊于报社1990年编的《头条新闻》，收入本书时有删节和增补）

新闻原理应用篇

现场新闻与新闻现场

——在金华市现场新闻研讨会上的发言

"现场新闻"的提出

去年以来,在我国新闻界,"现场新闻"逐渐成为同行们的热门话题。

倡导采写现场新闻,最早是 1989 年 10 月由中宣部领导同志在一次新闻单位负责人会议上提出来的,很快得到了首都新闻单位的支持和响应。经过全国记协的联络和组织,首都 21 家新闻单位参加了现场新闻评选活动。这次评选的范围是 1989 年 10 月至 1990 年 3 月刊登和广播的首都 21 家新闻单位的现场短新闻,有 120 多篇作品参加评选,共评出一等奖作品 5 篇,二等奖作品 15 篇,三等奖作品 30 篇。6 月 12 日,在北京人民大会堂隆重举行了"现场短新闻"颁奖大会。

"现场短新闻"评奖活动的开展,对坚持社会主义新闻宣传的党性原则,支持贯彻以正面宣传为主的方针,对继续推进新闻改革,提高报道质量,起了正确的导向作用,使我们的新闻改革更贴近群众,贴近生活,贴近实际。这是穆青同志在颁奖大会上说的。

李瑞环同志在首届"现场短新闻"颁奖大会上指出:在坚持正面宣传为主的前提下,要使我们的报刊、电视、广播办得生动、活泼。"我们应当注意,不能由于强调新闻工作的党性,而影响了新闻宣传的可读性和趣味性。新闻宣传要使人感到亲切、轻松、喜闻乐见。"这就是我们开展“现场短新闻”竞赛的宗旨。

在这个颁奖大会上，提出了由全国记协主办第二届“现场短新闻”评选活动，评选 1990 年 7 月 1 日至 1991 年 6 月 30 日的现场短新闻，参加单位由中央和部级新闻单位，扩展到全国各省、市、自治区和计划单列市的报纸、电台、电视台。

浙江日报的“现场新闻”竞赛，实际上是 1989 年 10 月份就开始了。第一篇作品是这年 10 月 13 日发表的《河蟹难在公费餐桌上“横行”了》。当时，这篇现场新闻冠以“目击新闻”的报花。从此，“目击新闻”在本报连续发表，十分引人注目。后来，有些现场新闻冠以这一报花似不大恰切，于是用了另一个报花，叫做“现场见闻”。这两个报花便在报纸上交替着出现。虽然当时没有明确提出开展现场新闻竞赛，但到今年年初，实际上已形成了记者、通讯员积极采写的竞赛势头。

今年 9 月，华东 9 报开展了“现场新闻”竞赛。现在，报社内外都在议论“现场新闻”。许多记者感到现场新闻难觅、难写，甚至比头条新闻的难度还大。这说明，大家都在重新认识现场新闻，在实践中探索采写现场新闻的某些特殊规律。

从体裁上讲，“现场新闻”并不是一种特殊的新闻文体，它在表现形式上包含消息、通讯、特写等多种新闻文体。较为多见的是新闻特写，即新闻性强的特写。从写作特色上看，有些现场新闻是新闻素描，有的是新闻速写。新闻性的素描和速写，都要描写现场，区别在于：前者描写比较细腻，像是工笔画；后者较粗，只是事物轮廓的勾勒，但神形兼备，犹如写意画。

从题材上看，现场新闻也没有什么独特之处。现场新闻既可报道政治题材、经济题材，也可以报道科技、文艺、体育等题材。甚至会议报道，也可以写成现场新闻。

现场新闻的独特之处，除了作为报道必须具备的新闻价值外，就在于现场感强。因此，如果要给现场新闻下一个定义，着眼点应在“现场感”上，不妨作如下表述：现场新闻是记者直接从新闻事实发生的现场采写到的具有直观性和证实性的报道。

对于记者来说，采写现场新闻必须亲自跑到出现新闻的场地，亲眼目睹这个现场的人、事和种种情景，要说难，就难在这里。

但对于读者来说，喜就喜在这种新闻有“现场”：有“现场”必然有生活气息，有群众的社会活动和思想情感，因而备感亲切。

因此，提倡多写现场新闻，实在是把报纸办得贴近人民群众、贴近实际生活的一大措施，也是促使记者真正上路和迅速成才的一大措施。

记者的现场意识

现场新闻其实是“早已有之”的。远的不说，单就10年来评选的全国好新闻作品中，就有《运载火箭飞越万里长空》、《副总理验锅》、《女排奏捷场面感人》、《陕北有煤海》等。当然，从数量上看，真是少得可怜。

可以设想，如果我们的报纸上经常有许多现场新闻，记者采写现场新闻习以为常，那就没有必要下大力倡导和评选现场新闻了。因此，现在从中央到地方的报纸都提倡现场新闻，这同报纸上缺少现场新闻直接有关。

报纸缺少现场新闻，又同记者、通讯员在新闻报道中缺少现场意识有关。这些年来，不少记者采写新闻不到现场，满足于在办公室、招待所看简报、打电话，用别人提供的第二手材料写新闻。这种新闻当然不可能有生动的现场感。此外，也还有另一种情况，有的同志在采访中到了新闻现场，但是，他的稿子里却不写现场情景，就同没有到过现场一样。这两种情况表明，记者头脑里有无“现场意识”，不是个小问题。

何谓“现场意识”，起初我也说不清楚。我是在研究、分析本报大量现场新闻中，逐渐有所感悟的。从去年10月以来，本报一位摄影记者连续采写了几篇现场新闻，现场感很强，给人一种驾轻就熟的感觉。这使我思考一个问题：为什么他会写出这样好的现场新闻？除了有相当的文字功底以外，一个突出的印象是：他在新闻采访中，有相当强烈的"现场意识"在支配着自己的行动。探究起来，这是不难理解的。对于摄影记者来说，不到现场，就抓不到新闻；换言之，抓新闻，必到现场。这大概是摄影记者所特有的职业意识，也可以说是摄影记者强烈的新闻意识。其实，这种新闻意识对于文字记者来说，也是不可或缺的。记者的新闻意识中如果缺少现场意识，这种新闻意识仍然是淡薄的，很不完整的。记者只有进入新闻现场，才真正进入了角色。这一点，无论行内还是行外，几乎是人所共知的。

在今年3月底召开的华东9报头条新闻竞赛第二次协商会议上，在讨论头条新闻参赛作品的要求时，上海的同行认为"要是真新闻"。当时，与会同志有表示不理解的。头条新闻嘛，当然是真新闻，难道还有假的？我理解"真新闻"之说，并非指新闻事实有真有假，而是指新闻性强，即事实很新鲜，报道很及时，有现场感。被9报评为一等奖作品的《解放日报》头条新闻《上海不平常的年初二》，及时报道10万市民在大雾迷漫的年初二，秩序井然地渡过黄浦江的生动情景，是一篇现场感很强的新闻，也就是所谓"真新闻"。

新闻常识告诉我们，新闻报道有五要素或六要素，五要素就是时间、地点、人物、事件、为什么，第六要素是怎么样。这个"怎么样"，就是现场情景。如果说深度报道要在回答"为什么"上下工夫，那么现场新闻则要在回答"怎么样"上下工夫，把新闻事件发生的现场情景再现于读者眼前，使得读者有如临其境之感。当然。突出"怎么样"并不排斥回答"为什么"，成功的现场新闻也把事件的原委告诉给读者。但读者对有些新闻事件的原委并不十分关注，或者说，他们能够理解这种新闻事件的原委，他们所关心并急于要了解的是事件情状如何，记者只需把"怎么样"告诉他们，就满足他们的"新闻欲"了。因此，我们可以说，读者也是有"现场意识"的。他们对于一部分新闻报道的阅读兴趣，的确就在现场情景上。如新华社记者采写的《美军入侵一周后的巴拿马街景》，记者着力描写弹痕累累、满目疮痍的巴拿马街头景况。至于为什么是这个样子，就因为美军入侵的缘故，这是完全可以理解的，没有必要多花笔墨。1984 年，新华社记者采写的《陕北有煤海》，记者在“陕北为什么有煤海”上几乎不着一字，而着力描写陕北煤田裸露在地面，一掘就是一块，山沟里更是煤块累积，只要去搬就是了。这篇报道，几乎把读者带到陕北煤田去游了一转。如果这位记者缺少现场意识，就不会到现场去采访，而不到现场，就只能写一条简讯。我似乎觉得，记者的现场意识是由读者的现场意识决定的。现场意识强的记者，能够体察读者的新闻欲，自觉地充当读者的耳目，为把读者想看又看不到、想听又听不见的现场情景告诉读者，不辞辛苦地深入现场，通过自己的耳闻目睹，一五一十告诉自己的读者。前几年，《钱江晚报》登过一则杭州新闻，说的是“小钵头甜酒酿”的一个制作场所如何低矮、简陋、潮湿、阴暗，地面、器具很脏，蚊子、苍蝇很多。读过这篇报道的市民都惊呼“上当”、“再不吃了！”人们爱吃甜酒酿，自然关心甜酒酿是怎样制作出来的，但又不可能专程跑到制作场所去看个究竟。这个“差使”，他们是有意无意地委托给所订阅的这张报纸的记者的。有社会责任感的记者，自然会体察读者的心愿，无师自通地接受读者的委托，把读者想看到而又看不到的现场情景告诉读者。采写甜酒酿制作场所的记者，就具备了这种责任感和使命感，受到读者出自内心的赞许是可想而知的。

记者的现场意识强对他的报道来说，至少有两个好处：

一是真实可靠，避免失实。因为对于他来说，跑新闻必跑现场，不到现场心不死，不见现场不下笔。“耳听为虚，眼见为实”是他的信条，求真写实是他的职业品格和新闻文风。新闻失实，大多出在记者凭道听途说，凭第二手材料写稿上。因此，为防止报道失实，要增强记者的现场意识，树立跑新闻必跑现场的观念。

二是作品“鲜味浓”，可读性强。现场意识强的记者，往往能采写到新鲜、活泼的新闻。他凭自己在现场亲眼目睹、亲耳所闻的第一手材料写稿。这第一手材料直接反映社会生活，是真情实况，是最生动具体、新鲜活泼的。为什么有些记者的作品生活气息很浓，写群众写得多，而且活灵活现，生动感人？为什么有的记者长期来作品写得干巴巴，总是跳不出会议圈子、工作经验，看不到群众的精神面貌，写不出群众活动的场面？这都同跑不跑新闻现场直接相关。

现场的新闻价值

"现场的新闻价值"这个命题，也是在研读了本报数以百计的现场新闻之后，特别是在同采写现场新闻的几位记者商讨之后，在我脑子里闪现出来的。

本报采写现场新闻《镇海拥有世界一流兔群》的记者曾对我说，她原先没有考虑这篇报道写现场，部里同志建议她写成现场新闻，参加华东 9 报竞赛，于是她特地赶到现场去采访，写成这个样子，自己看看，还是觉得不大像现场新闻。我说：有些新闻，确实没有必要写现场。要求所有新闻都写现场，似乎不切实际。凡是要写现场的，这个现场总得有新闻价值，起码是值得一写的。她这篇报道的现场描写，我觉得还是有新闻价值的。联系具体作品，分析新闻与现场的关系，便不难发现：一、从宏观上讲，并非所有新闻都可以或应该写现场；二、把写现场的新闻作品放在一起作比较，现场的新闻价值也难于等量齐观，而是有差异的；三、有些新闻事件的现场不宜报道，如对死刑犯执行枪决，刑场不能报道，这是大家都知道的。

需要我们深加研究和探讨的是其中第二个问题，也就是研究现场的新闻价值问题。这个问题直接关系到记者的选题，是采写现场新闻遇到的一个首要问题。

现场新闻中的现场，应是"有新闻"的现场。也就是说，"这个场面"是新闻，是一桩新闻事件或有新闻价值的事物。

事物这个概念，包括有发生、发展、消失过程的事件，也包括相对静止状态的、非事件性的各种事物。如新落成的桥梁、纪念碑以及社会生活中种种现状。一般地说，动态事件的新闻价值比静态事物的新闻价值大些。

场面和事态不同，新闻价值也不一样，记者的采访活动也有别。因此，现场新闻大体上有三种类型：

（一）现场目击

现场目击式的报道，就是所谓目击新闻，报道现场所出现的突发性的惊人的新闻事件。被称为“目击”的事件，一般都具有3个特点：1.时间短促，突然发生，很快消失，有的是几小时，有的只几分钟，所以是稍纵即逝，一般人不易遇见的。2. 地点确切，场面集中，除地震、战争等事态外，场面集中在一点，因而只有到这一地点才能目击到事件，在别处是看不到的。3. 事件有惊人之感，或惊异，或惊险，或惊骇，不是寻常小事，不是随处可见、随时可闻之事。这就是被称为“目击”的突发事件的三大特色。“目击”这个词，《辞海》解释为“亲眼看见为目击”。实际生活告诉我们，这是不甚确切的。“亲眼看见”，同我们平时说的“亲眼目睹”是同义的，“目睹”可以包含“目击”，但比“目击”宽广得多。我们会说“目睹”某人在台上讲话，但不会说“目击”他在台上讲话。被目击的，一般都是稍纵即逝的惊人的突发事件。因此，目击新闻是不多的，不是记者主观上想写就一定能采写到的。采写目击新闻，大多是记者不期而遇，凑巧碰见突发性事件。《运载火箭飞越万里长空》读来令人惊奇，是“目击新闻”；这种事件对读者来说是突发性的，对有关的科技工作者来说是预计之中的，对记者来说是可以事先获悉的。这在“目击新闻”中较为少见。

“目击新闻”在采写上有几个特点：

1. 十分注重时效，分秒必争，事件一发生就以最快速度发稿；

2. 十分准确地报道新闻发生的时间、地点，时间写明某日几点几分，地点写明某市某县某乡某村某个地点；

3. 十分注意现场情景的描写，首发稿不必写事件的背景或原委（实际上，事件发生时，背景、原委还不得而知），现场所见就是新闻，因此作品几乎通篇都是现场描写；

4. 首发稿不写事件的全过程，更不必写事情后果或结局，一般都作连续报道，随时发稿。

如果记者是在事件刚刚发生就闻讯并及时赶到现场，在观察这个现场的情景时，还应向“目击者”采访事件发生时的情景。《美军入侵一周后的巴拿马城街景》就是这一类的现场报道。但如果记者迟迟到场，已经事过境迁，在现场看不到事件发生的遗迹和氛围，就很难写出目击新闻来了。

（二）现场见闻

现场见闻就是报道记者亲眼目睹的非突发性的新闻事件。这种事件，有发生、发展、消失的过程，有确切的时间和确定的地点。这种事件，并非稍纵即逝的惊人的突发事件，人们不感到惊异、惊奇、惊骇、惊险，但又不是随处可见、随时可闻的寻常小事，而是新鲜的、有意义的，或是人们比较关注的。这种事件，记者可在事先获得有关方面提供的信息，及时赶到现场采访。本报下面几篇现场新闻所报道的就是这种非突发性的新闻事件：

《深山第一拜年人》：今年 1 月 10 日，金华县县委书记黄昌棠率先来到革命老区溪口乡，登门给这里的老红军、老党员拜年。

《农村市场购物热》：去年 10 月 26 日，兰溪市百货大楼一辆送货下乡的大篷车来到洞源村，村民们喜笑颜开地争购百货。

《李家巷的喜事》：去年 11 月 21 日，长兴县李家巷镇李家巷村给“三户”钉红牌，群众欢天喜地，热闹非凡。

《“我心中的 90 年代”》：今年 1 月 6 日下午，杭州市 300 多名小学生在武林广场进行题为“我心中的 90 年代”的粉笔“地画”表演，路人赞叹不已。

《百岁老人喜尝寿星宴》：今年 2 月 19 日中午，以经营点心著称的杭州老店知味观喜逢 90 周年店庆，特邀 90 岁以上的老人至该店品尝寿星宴。

《张天津卖鸭》：今年 1 月 2 日，温岭县著名的养鸭专业户张天津到县城设摊，向离休老干部和驻军部队优惠供应 3000 多只樱桃鸭，表示对党和政府支持专业户的感激之情。

尽管这一桩桩新闻事件可以用这么一句话加以概括并传播一个

新闻信息，但是这些新闻事件都有其发生的场地，都有生动感人的场面。没有场面作依托，就不存在这种事件，也就不会有这种新闻。简言之，这些新闻“有场面”，这些场面“是新闻”。作者是通过对现场的采访和报道，将新闻现场“展现”在读者面前的。展现这种场面同不展现这种场面大不一样，信息量增加了，思想内容丰富了，各种人物出现了，作品的感染力出来了，可读性、趣味性也有了。因此，这种现场新闻的新闻价值大大超过了常见的简讯。

（三）现场察访

现场察访，是记者对读者比较关心的非事件性的事物作实地考察和访问。这类事物有两个显著特点：一是并非新近所发生，其中有的早已发生且早有报道，但在渐变中出现新情况，有新闻价值；有的早已发生却从未有人报道过，记者一经发现并加以报道，读者喜闻乐见。二是并非很快就消失的事件，记者早一天去或迟一天去都无妨，但都有该事物所依托的场地，作实地观察、访问，才能写出新鲜动人的报道。从“现场就是新闻”这一点看，它同“目击新闻”、“现场见闻”有相同或相似之处。采写这种现场新闻，记者应通过对有关人士的访问、访谈，介绍一些背景材料或知识性材料，使作品具有一定深度和立体感。

有一篇研究现场新闻的文章认为，凡早一天采访与迟一天采访都无关紧要的报道，都不属现场新闻。这个看法，对有发生、发展、消失过程的事件新闻，特别是对转瞬即逝的突发性事件新闻来说，无疑是正确的，但对“现场察访”性的现场新闻来说，就未免言之不确了。本报一年多来所发表的现场新闻中，就有几篇是这一类的报道，记者早一天报道与迟一天报道都关系不大，只因记者深入到现场。又观察又访问，抓到了读者感兴趣的新情况、新现象、新事物，作品确有新闻价值，读者也就喜闻乐见。例如：

《春到花鸟市场》：杭州市岳王路的花鸟市场是几年前就出现了的，一年比一年兴旺。记者今年 2 月 21 日采写的这篇报道，描绘了“花的世界，绿的海洋，鱼的天地，鸟的乐园”，突出描写儿童买鱼、老人买花的闹猛景象，又写到“岁乐人养花”，开掘出“国泰民安”这个大主题，这是以往同一题材的报道中未曾见到过的。

《在青屿乡看到的……》：温岭县青屿乡中心小学有崭新的教学大楼，乡卫生院有全县最先进的医疗条件，村民们兴建的二三层住宅新楼达 13 万平方，人均 26.6 平方米，而乡干部至今还住在低矮破旧的房屋里，六七个人挤一间，没有一张沙发、折椅；乡长一家四口住在 13 平方米的木结构屋子里。群众过意不去，要求建办公楼，可是这份报告至今还锁在抽屉里。这是记者今年 10 月 10 日到这个乡实地察访后写出的一番情景。

《人工割脂在龙泉》：在龙泉县西北山区郁郁葱葱、挺拔入云的松树林中有个采脂场，脂农们割松脂如同割橡胶脂。作者于 6 月 11 日前去实地察访，目睹了割松脂的情景，探询了割脂是否影响松树生长的问题，由工程师介绍了松脂的经济价值。由于本报从未报道过人工割松脂，所以这篇现场新闻令人耳目一新。

这些报道虽然并不惊人，也不大可能产生“轰动”效应，但都因其现场的新闻价值而吸引读者。报道新近发生的事实是新闻，报道新近发现（如考古、天文发现等）的事物也是新闻。新华社记者采写的《陕北有煤海》就是一例。这说明，新发现的非事件性的事物，有的也有场面。上述三篇报道，不是事件，却有场面，读者感到新鲜，完全可以列入“现场新闻”。

“现场新闻”，既有“现场”，又是“新闻”，这个“现场”有新闻价值，这个“新闻”以现场为依托。因此可以说，凡有现场作为依托的新闻事实，都是现场新闻的采写题材。现场目击、现场见闻、现场察访，都是现场新闻，只是事态和场面有所不同、新闻价值有所差别罢了。

关键在现场观察

如果说选题得当是采写现场新闻的重要前提，那么，现场观察则是采写现场新闻成败的关键。

记者的现场观察是记者政治素质和新闻敏感的生动体现。面对同一事件，身处同一场面，记者政治素质和新闻敏感的强与弱决定新闻稿件质量高低。采写《难忘的时刻》的《人民日报》记者孙毅，当听到小平同志郑重宣布“日中经济协会代表团将是我会见的最后一个正式代表团……”时，立刻意识到：一个历史伟人即将告别正式国务活动了，这无疑是一个非常重要的信息，一个历史性的时刻。采访结束后，他立即请示编辑部领导并得到同意，打破通常发外事活动消息的“惯例”，以特写的形式，也就是以现场新闻的形式，将这一历史场面勾画出来，告诸世人。这样的历史性时刻，对记者来说是十分难得的机遇，孙毅是够幸运的，但获此机遇的记者却未必都能拿出《难忘的时刻》这样的佳作。政治上眼力不够，对新闻缺乏敏感的记者，很可能失之交臂。

观察什么，也就是“捕捉”什么，是现场观察的核心问题。有些新闻现场人多事杂，令人眼花缭乱，有的记者抓不住真正有新闻价值的东西。解决这个问题的办法是，首先对基本的新闻事实的内涵或实质有比较深透的理解，根据这种理解去观察现场事物，捕捉足以揭示新闻事实内涵的情状和细节。《张天津卖鸭》，作者首先写“一位鬓发斑白的离休老干部手提鸭子从人群中挤出来”，喜滋滋地说“便宜”，1公斤“比市场价低1元多”，接着写出张天津优惠供应鸭子的原委，然后写人们对农村专业户的赞语。尽管卖鸭场面热闹纷繁，作者紧紧扣住了党对农村专业户政策不变，才有张天津卖鸭之举这个题旨，稿件写得不枝不蔓，生动而又明白。

有的现场新闻，场面较大，记者要留意生动感人的小场景，即以自己的眼睛为相机，“摄取”有典型意义的特写镜头。《在姚江治理工地上》，作者描写了领导干部加入劳动大军的热闹场面，不光写共同劳动的乐趣，还别开生面地写出了工地用餐的情景：

棉田里，成千上万个农民席地而坐。有的拿出自带的干粮，有的接过亲属送来的饭碗，香甜地吃起午饭。孙家贤走进万圣乡海防村老农王顺标一家的吃饭圈，一看，嘿地一声乐了："三瓶啤酒，三斤黄酒，不错嘛！什么菜？白切肉、红烧鱼、呛蟹，还有芹菜、豆腐，不错，真的不错。"当他听说王顺标的四个儿子及孙儿、孙女都在工地上劳动，更加高兴。

王顺标的大媳妇红着脸叫了声："孙书记，您坐下和阿拉一起吃饭吧。"孙家贤笑着说："不啦，不啦，你看我们有这么多人，把你们的饭吃光了，下午你们就没气力干活啰。"周围的农民听罢，都笑了。

这个镜头很有时代气息，既展现了和谐融乐的干群关系，又可以看出当今农民告别了"穷棒子"时代的生活，他们在工地上干得欢，吃得好，节假日的乐趣更不用说了。

现场观察，主要是用眼，靠视觉。但又远不止于单凭视觉，还需用耳，靠听觉。记者的耳朵具有一种"新闻听觉"，善于选择和"捕捉"有新闻价值的声音，而不以声音的大小强弱为选择标准。《团徽在寒夜闪光》中，记者写道："修车的人络绎不绝，一晃已 3 时 20 分了，这时走来一位挎着篮子的大妈，小伙子叫了声妈，问爸的病怎么样。我上前问大妈，他爸爸是不是住院了？大妈说，他爸患哮喘病，一到冬天就是下城区人民医院的老病号，这会给他送饭回来。他父亲住院，儿子还在修车，令路人赞叹不已。"处在这样一种热闹场面，小伙子叫妈的声音不会是大的，即被耳尖的记者听见了，于是抓出了反映主人公精神境界的这个好素材。

记者在新闻场面要动用所有感官，才能充分而又准确地感知各种事物。一位记者写"农村新型厕所"，在厕所现场亲自用鼻子嗅过，才确信没有臭气。采写《寒夜送奶人》的记者，一开始就写皮肤的感知："临近子夜，记者站在杭州乳品一厂冷库发货车棚里，一边北风'削'来，一边冷气袭来，裹着羽绒衣、戴着帽子、围着围巾，还是冻得直跺脚。"

现场事物，现场氛围，都是靠记者直接感知获得的，不到现场一无所知,到了现场而又不积极动用自己的感官,也可能知之甚少。

优劣看现场描写

从新闻写作上讲,品评现场新闻的优劣,主要看作品中现场描写的成功与否。

现场新闻,因场面不同和事态各异而呈现出千姿百态,在写作上不可能有固定的模式。有描写单个场面,也有描写两个以上的复合场面。描写单个场面的作品中,因场面有小有大,有的集中写一个场景,有的则由多个场景组合起来。但不管怎样的场面,怎样的事物,写作上都必须掌握这样一条:描写为主,叙述为辅;场景宜多,背景宜少。

许多同志在讲现场描写时,都指出要形象化,写得如临其境、如见其人、如闻其声。从写作效果上讲,现场描写的确应该生动而又形象,但从写作思维上讲,又区别于文学创作所追求的形象化。形象化不是新闻描写的唯一目标,更不是现场新闻描写成功的唯一标志。如果只以形象化为标准,就可能盲目追求"形象化",导致报道的失实。这是新闻报道的大忌。现场描写所追求的,是要把有新闻价值的现场事物如实地再现在读者面前。因此,现场描写以"记实"、"再现"为最高标准,其特征就在于直观性和证实性。

(一)现场描写的直观性。从文字表达及其效果上看,直观性同形象化相差无几,但直观性具有新闻所特有的"实感",而不是"仙女下凡"式的生动形象。记者依据自己感官所获得的实感作直观描写,读者从直观描写中获得相应的直觉印象,这种直觉印象又作用于他的感官。于是记者描写场景,读者如临其境;记者描写人物,读者如见其人、如闻其声;记者描写事态,读者如睹其状。

例如,在南太平洋火箭着落区现场采写《运载火箭飞越万里长空》的记者,描写自己观察到的实况:"……一个亮点拖着长长的白烟从西北天空飞来。穿过一团烟雾之后,亮点越来越大,变成一个火球，呼啸而至。随着一声巨响，火箭头部在预定区域准确入海，激起冲天的水柱，像是从海底钻出一条白色的飞龙。”这段描写，比“运载火箭在预定海域准确降落”一语显得生动而又形象，但读者得到的是一种实感，一种直觉，而不是若有若无、虚无飘缈的感觉。

又如《女排奏捷场面感人》中的现场人物描写：“当中国女排的张蓉芳最后一击，中国队以 3 比 0 将美国队打败后”，荣高棠等“都跳了起来，冲出贵宾席，向中国女排祝贺”。“荣高棠大声叫：郎平不要哭，要笑！”文字平朴，却极其传神。记者显然是根据自己的视觉和听觉，直书其状其声，读者也仿佛耳闻其声，目睹其状。值得注意的是，后一句短短 13 个字，即写了荣高棠(大叫)，又写了郎平(哭)，把整个现场气氛(笑、哭、叫声)都带了出来。

在现场新闻中，不光场景描写要有现场感，人物描写也要有现场感。这是因为，所描写的是这个场面的人物，其言谈、举止、情绪、心态都与场面气氛息息相关。人物描写如果没有这种现场感，那就变成常见的人物通讯的描写，而不是现场描写，也就谈不上什么“直观性”了。这种“对准现场”的直观描写，可谓录像又录音，显得真切而又客观，并无记者的主观意识(记者的宣传思想只作用于对描写客体的选择上)。请看《山村来了“兔大夫”》中给长毛兔配种的一幕：“……高柏录抓过一只母兔，悬空一倒提，随手将注射器轻轻地往母兔体内输精。不一会，在母兔的屁股上一拍，‘好了！’农妇接过兔子，满脸喜悦地挤出人群。”作者用了“抓过”、“倒提”、“一拍”、“接过”、“挤出”等一连串动词，一声“好了”，把两个人物写得活灵活现，跃然纸上，现场感很强。

(二)现场描写的证实性。这是新闻描写区别于文学描写的一个显著特点。真实性是新闻的生命，可信性是新闻的魅力。现场描写的证实性，就是要使读者确信所描写的事物真实可靠。至少有下列两点值得记者们注意，在描写时“多多关照”。

一是对所有事物的描写，都切实限制在确切的时间、空间之内。也就是说，时间、地点要写得又实在又精确，不打马虎眼，不说含糊话。《团徽在寒夜闪光》一稿，先后描写多个场景，几乎每个场景都交代时间，“初八夜”、“7 时 15 分”、“8 点 20 分”、“9 点 30 分”，这不是记流水账，而是记录现场实况，虽文字不多，却备感真实可信。

二是表明所描写的事物是记者所亲眼目睹。在现场描写中，一般都写到记者在现场活动，这也是使读者感到真实可信的一个因素。《李家巷的喜事》中，有六个数字，很容易写得令人乏味，或将信将疑，作者在这串数字前写了这么一句：“钉牌子的统计表格出来了，我们凑上去一看……”这就显得真实可信了。

证实性的描写，也有写得精彩动人的，本报记者从亚运会发回的《杨波没有流泪》一稿，就是一例。记者先写体操运动员杨波因“腰痛”，“使她在最后一个后空翻时使不出劲”，“从她最拿手的平衡木上掉下来了”。接着，着力描写她没有流泪的几个细节：

> 当队友陈翠婷的名字亮在第一名的位置时，杨波使劲地鼓掌。她就像自己得了金牌一样激动，因为金牌属于中国，属于亚洲！
>
> “杨波！”记者在比赛场地轻轻地喊。
>
> 她回过脸，眼眶中亮晶晶地一闪。
>
> “腰还疼吗？”
>
> 她用手往腰上轻轻捶了两捶，嘴抿得很紧，没吭声。
>
> 她的眼睛里满盈着泪水。我知道，她是在使劲地忍着，不让泪水流下来。
>
> “明天平衡木决赛，有信心吗？”
>
> 她的嘴抿得更紧，用力点点头。
>
> 她始终没有流泪。

这段现场描写，既有直观性，又有证实性，既生动形象，又客观可信。

但是，目前有为数不少的现场新闻，在写作上存在一个倾向：由于“记者现场活动”写得太多，使现场新闻几乎变成了“现场访问”。在这类作品中，记者自己成了中心人物，现场新闻人物都像配角，一个个围着他转，这不能不给人一种“喧宾夺主”的感觉。由于“喧宾夺主”，新闻现场几乎变形、易样了，新闻事实本身受到记者活动的“干扰”。在这样的作品中，现场描写往往是贫乏无力的，点缀性的，缺少切切实实的现场感。

而优秀的现场新闻作品，几乎通篇都是现场描写，都是新闻人物按事物本身逻辑在活动着，记者自己只是恰到好处地偶尔露一下。可否连“偶尔露一下”也不写呢？不妨试试。《农家除夕夜》写金华县委书记、县长到瘦肉型猪场主人家过除夕，通篇写人物的现场活动和交谈，作者始终没有在所描写的现场露面；然而，从字里行间可以窥见作者就在两位领导干部的身旁。请看这样的描写：

> ……倪长生抬头一看：“哟，黄昌棠书记也来了。请坐。”
>
> “别忙，先参观参观。”县委书记黄昌棠笑吟吟地说，“我这是第一次上你猪场来呢。”
>
> 县长呷了一口酒却不伸筷，“长生，还有5天就立春了，不知你们村上春耕生产准备得怎样了？”

这些现场直观描写，如果不是作者亲眼所见、亲耳所闻，是很难写得如此真切动人的。

是否可以说，作者不出场、直观描写很成功的现场新闻属上乘之作呢？我想，单从写作上看是可以的；如果作品题材重大，新闻价值和社会影响也大，那无疑是上乘之作了。

1990年12月9日脱稿

（刊于浙江日报总编辑办公室1990年编的《现场新闻》，缩编稿收进新华出版社出版的《现场短新闻研讨集萃》一书，在1994年浙江省首届新闻学术论文评奖中获优秀论文奖）

现场新闻深度二题

现场新闻难采写，有深度的现场新闻更难采写。因此，尽管现场新闻在报纸上日见其多，但真正有深度，即含义深刻、给人们思想上以启迪的现场新闻尚不多见。

诚然，有些现场新闻，只要把基本的新闻事实讲清楚，写出较强的现场感，就很吸引读者。例如，本报发表的《“可视电话”在杭开通》、《蔬菜无土栽培成为现实》、《“白衣天使”加冕记》、《白天一度变黑夜》、《洋营业员站柜台》等等，就属于这类现场新闻。它们的共同特点是，事实本身新闻性很强，可以说是“头等新鲜事”，即读者们闻所未闻的，或者是本地未曾出现过的，因而很快引起读者的关注，先睹为快。当然，这类头等新鲜事，记者除了告诉读者“怎么样”，也还得回答“为什么”。例如，《蔬菜无土栽培成为现实》中，记者写到了“营养液”、“根环境”、作物“吸收到更充足的空气和养分”；《白天一度变黑夜》中，记者写到一团浓重的云层，“厚度达 1 万米”，都给读者以科学知识，起到了释疑解惑的作用。但是，首先是这些事情本身的新闻性吸引着记者的采访和读者的关注，按照记者通常的思路，去深究“为什么”，也不大困难。其次，即使未能把有关科学知识告诉读者，读者仍然关注这条新闻。如《“可视电话”在杭开通》，读者从这篇报道中看不到有关“可视电话”的科学知识，如果他有兴趣，是会去翻阅有关书刊的。总而言之，这类现场新闻以事实头等新鲜而取胜。

但有不少现场新闻，新闻事实就没有这样“头等新鲜”的程度，或者说，其新鲜程度尚不足以吸引读者非读不可。正是这一类现场新闻，其成败取决于作者能否在深度上下工夫。

关于现场新闻的深度问题。这里谈两点，都与记者的思路有关，供同志们参考。

现场·现象·本质

采写现场新闻，不可能像写言论那样，构思出某种“新意”来，然后落笔。作者必须先进入新闻现场，其写作思路得从这个现场所发生的事情出发。所谓“新意”、“思想深度”，丝毫也离不开现场所看到的各种现象。换句话说，只有透过事物的现象，把握事物的本质，才能写出有深度的现场新闻。

从事物本质的角度看，事物的现象大体有这几种：一种是实质性现象，即直接联系本质的现象；一种是表面性现象，即间接地联系着本质的现象；还有一种是假象，也可以叫做非本质现象，它同事物本质没有必然联系。因此，我们在新闻现场看到各种现象时，要鉴别一下，是哪一种现象，假象不能当真相写。只看到一些表面现象，写出来一定平淡，言不及义。记者的目标是要去寻觅和抓住那种实质性现象。如《白天一度变黑夜》中写到的“一团浓重的云层”，《蔬菜无土栽培成为现实》中写到的“营养液”、“根环境”，这些都是实质性现象。

现场新闻都写人的活动。把人的活动写深，主要途径是挖掘人的思想，也就是支配人物行为的那种思想情感。对于现场新闻来说，这种行为必须是现场表现出来的，这种思想情感必须是现场行为的内心流露，而不是作者把人物拉出现场，到办公室、会议室或者家庭里去交谈时所流露的思想。例如，在《元旦，在北仑电厂工地》中，写到：“在炉顶的另一侧，公司热电机处主任周舒丹正戴着油腻腻的手套，和几位工人一道为钢心梁就位。他说：‘现在有一种被工程推着走的感觉。’身旁有一位工人告诉笔者……”周舒丹的这句话道出了元旦加班突击的缘由，这话显然是在现场说的。《火红的铁匠铺》中王正登师傅说的一段话，从语气看，也是在现场说的：“今年特别忙，农业局、林业局都到我这里打锄头，有好几天我都来不及打。前几天，县里一位同志来买锄头。要我打质量最好的锄头，说是给书记、县长用的。你看，这些当官的也使起锄头来了！”我们不妨设想一下：假若稿件中没有铁匠师傅这几句话，这篇现场新闻还有多少新闻价值？会不会见报？我以为没有这段话，只有“炉火通红，铁花四溅”这些表面现象，就没有新闻价值，也没有见报的可能。因为正是铁匠说的几句话，既传出了新闻信息，又告诉人们铁匠铺为什么这样红火。所谓“新意”，所谓“深度”，都在这几句话中。

在现场新闻中，表面性现象不是不可以写，但不能仅止于此；实质性现象则是非写不可的。《点“将”会》是篇只写实质性现象的现场新闻。它报道嘉兴郊区洛东乡党政机关深入贯彻中央六中全会决议，进一步密切联系人民群众。文章一开始就道出了新闻的要义：来自全乡 15 个村的 100 多名代表当着 36 名乡干部的面，正在认真热烈地选点联村干部。这对每一个乡干部是一场严峻的考验：“有村选我吗？”联村干部由“上派”变为“下点”，他们不怕点不着时脸面上难看，这表明乡干部们进一步密切联系群众的心是多么坚定，又多么真诚。作者如实报道了群众选点联村干部的结果：在 36 名乡干部中，被点着的有 30 名，其中有 8 名分别被 2 个以上的村的代表点着，其余 6 名没有点着。这些数字是实质性的，很有说服力。它表明，我们的基层干部的大多数是受群众欢迎的，真正脱离群众的是极少数。在未被点着的 6 名干部当中，有的是因为群众不了解的缘故，并非全都是作风不正。他们中有人说，这场点“将”会“终生难忘”。这就看出，群众选点联村干部，将鞭策和激励所有干部走密切联系群众之路。这篇报道，思想深刻容量大，给人以启发和鼓舞。感到不足的是现场描写还不够生动。

这篇有深度的现场新闻，得益于作者平时对干部联系群众这个问题的调查与思考。点“将”会现场，作者并非不期而遇，而是事先有了解，有思索，因而新闻立意鲜明，一落笔就接触到实质性的现象。采写现场新闻，若能选择那些自己平时熟悉的题材，就比较容易抓住那些直接反映事物本质的现象。

见闻·联想·主题

常常有这样一种情况，记者在采访活动中遇到一个场面，粗看很平常，不值一写，但仔细观察，发现有东西可写；再仔细想想，发觉有新意，令人深思！

这里所说的“仔细想想”，不是胡思乱想，也不是幻想，而是联想。《新闻战线》曾开展记者在新闻报道中应不应该有想象的讨论，争论得十分热烈。我以为，记者的想象活动总是有的，问题是什么样的想象，是大诗人李白那样从地上想到月宫似的虚幻的想象呢，还是我们日常生活中从这件事联系到那件事，从这个人联系到那个人的想象。新闻记者的想象活动，当然不是前一种（作家艺术创作的想象活动），而是后一种，那就是对客观事物的联想。联想常常使记者发现新闻主题。这是因为，一联想，把这件事同那件事、这类现象同那类现象联系在一起，就有个比较，有比较才有鉴别，有鉴别才能识别事物的意义。《一份新春“压岁”礼》，把给孩子买本好书同新春给孩子“压岁钱”两桩事联系起来；《为粮田办“年货”》把农民年底忙着为来年春种买化肥同临近岁末家家户户办年货两桩事联系起来，都联出了新意，令人喜闻乐见，或曰喜闻乐道！如果不作这样的联想，这两篇现场新闻就显得平淡、一般化了，很难见报，更难作为参赛稿发表。

但联想也要有功底，这功底便是生活和知识。社会生活了解得越多，文化知识掌握得越丰富，联想就必然越多。当然，任何人，会不会联想还有个思想方法和思维方式在起作用。习惯于孤立地看眼前事物是封闭式思维，当然不会有联想；把眼前事物同别的事物联系起来看，是开放式思维。纵向横向交叉的思维是立体思维，这种立体思维是一种创造性思维，因为它常常使人们有所“发现”。有些现场新闻之“发现”，正是得益于记者的立体思维。

《不寻常的剪彩》是个很好的例证。这桩剪彩的现场新闻，对记者来说是不期而遇的。他骑车经过这家商场，看到这个热闹场面，便进去“轧轧闹猛”。记者的职业敏感，使他区别于一般看热闹的人们；在场那么多人，有许许多多群众，还有自己熟悉的市里的领导同志，还有新闻单位的不少同行。记者扫视全场，目光集中到剪彩的两个人物身上，注意到这两个人的身份。这两个人，一个是进这家商场购货的农民，一个是市消费者协会的干部。弄清了这两个人的身份后，记者立刻联想到各行各业类似场面，剪彩的人物都是领导干部。而在这里，领导干部站在旁边，看两个“小人物”剪彩。这一联想，就发现眼前这个场面不寻常，也就发现新闻了。记者还联想到华君武的一幅漫画，画的是剪彩，一年花费的红绸子可以绕地球数周。因为现在出席剪彩的都不止一二个领导人，往往有四五个、七八个，主办单位不好“偏废”哪一位，只好每人一把剪刀，都来剪吧。这些现象，记者见得多了。这就更发觉眼前这个剪彩场面的不寻常。据说，这篇现场新闻在本报发表后，当地的同行惊叹这位记者“棋高一着”。因为大家都在这个现场，却没有看出“不寻常”之点。我想，“棋高一着”，就高在这位记者张开了联想的翅膀。而且不是事后联想，而是“临场”联想，把现场的观察与超现场的联想结合起来。由此可见，记者必须置身于现场，还得有超越这个现场的思维活动。他目光四射，思路八达，现场的见闻同平常贮存在脑子中的见闻一碰撞，闪出思想火花，新闻主题油然而生。

对记者来说，这是一种“临场”考验，如同医生临床手术、战士临阵杀敌一样，是很严峻的。采写现场新闻，确实是对记者整体素质的考验。

（刊于浙江日报总编辑办公室 1991 年编的《现场新闻》）

现场新闻采写分类提要

我们在 1990 年和 1991 年曾先后编印过上、下两集《现场新闻》。现在编印的这本《现场新闻》，选录 1991 年 7 月至 1993 年 6 月在本报发表的现场新闻作品，共 131 篇。书中对不同类型的现场新闻分别作了简要评析，并附有部分记者撰写的现场新闻采写体会，供大家参阅。

报社提倡多写多发现场新闻的结果，读者喜闻乐见的新闻比以前多了，记者深入现场的活动也比以前多了，可谓一举两得。现场新闻的提倡，使新闻的采访和写作有了新的突破，现在报纸上各种不同体裁的新闻，都比较注意从现场挖掘素材，增强作品的现场感。这表明，不少记者、通讯员已认识到：凡新闻采访，都应该深入到新闻现场；新闻有现场感，应是一般新闻写作的基本要求之一，并非只是被称为“现场新闻”的报道所独有。提倡现场新闻的目的就是提倡和鼓励记者、通讯员们深入实际，深入基层，努力在新闻现场掌握第一手材料，使我们的新闻报道更加鲜活、生动，“可读、可亲、可信”，富有感染力。

现场目击记：预见・组织

1990 年，我们在联系新闻实践，探讨现场新闻的特性时，曾经将现场新闻分为现场目击、现场见闻、现场察访三种类型（见《现场新闻与新闻现场》一文）。现在看来，这样分类，虽然不能看成是绝对的，但三年来的实践表明，分类有助于我们把握现场新闻的诸多特性，特别是根据新闻现场的特点去把握新闻事实，如果不加区分，就很难根据不同的新闻现场，采写出各具特色、绚丽多彩的现场新闻来。

目击新闻的最大特点是现场所发生的新闻事实是“稍纵即逝”的。所谓“目击”，便是指记者亲眼目睹那“稍纵即逝”的事实。我们曾经认为，这种“稍纵即逝”的事实都是突然发生的新闻事件。但从近两三年的实践看，有些并非突发性的新闻事件，由于时间短促，或场面集中，也具有“稍纵即逝”的特点，因而谁能抓住它，谁就是这一事件的目击者了。例如，钱江二桥建成，公路、铁路分别开通这一时刻的动人情景，是稍纵即逝的，但不是突然发生的。由此看来，目击新闻的外延比我们原先所想象的要宽广得多。

近两年来，我们在目击新闻的采写方面有了一些较大的突破，主要原因就在于我们对目击新闻的特性有了更多的认识。

首先是预见和判断。那些稍纵即逝而又并非突然发生的新闻事件，显然是可以推测和预见的，现场事态也大体上是可以事先判断的。例如，钱江二桥公路、铁路开通时刻激动人心的场面，群众在电视机前观看党的十四大隆重开幕镜头时的热烈场面，流通了40年的粮票被取消这一天的群众心理和行为，这些都是可以预见和判断的，而且很有新闻价值。采编人员正是意识到这些新闻事件会稍纵即逝，机不可失，时不再来，才抓住时机，奔赴现场采写的。特别是钱江二桥公路开通是在子夜零点，记者们深更半夜去现场采访，写出了一篇生动的报道，达到了预期的目的。

其次是策划和组织。采写以上三桩现场新闻，事先都经过部主任、编辑、记者的共同策划，并估计到可能出现的种种情况，作种种准备。由于事件重大，意义深远，一名记者尚难完成报道任务，部主任郑重地组织采访力量，派精兵强将出马上阵。《零点开通》是篇只有七八百字的短稿，部里却派出两名得力记者去采写，又有通讯员的协力合作。因而这篇现场短新闻内容扎实，撷取的人和事具有典型意义，使作品显得厚重，绝无轻飘、敷衍之感。《满城争说十四大》由三名记者分别从街头、里弄、校园采写，每人见报的仅二三百字，显然是从大量动人事实中精选出来的。由此可见,精心组织采编力量,是目击新闻采写成功的一个重要因素。

近两年来,本报这类经过组织而采写和见报的目击新闻给人以深刻的印象,组织程度在不断提高,作品的力度也在不断增强。

但是,报纸上突发性目击新闻毕竟太少了。按照目击新闻的本义,应以报道有新闻价值的突发性事件为主。不少人认为,这种目击新闻"可遇而不可求",这有一定道理;但如果记者不出门,那就不但"不可求",而且连"遇"也无从谈起了。关键是记者、通讯员要多出门,多跑路。像《丽温线上堵车一幕》这样突发性的目击新闻,便是记者在旅途中遇见和采写到的。我们常说记者的工作是"跑新闻",从某种意义上讲,"新闻"的确是记者"跑"出来的,目击新闻更是如此。

现场见闻录:题材·特点·镜头

记者采写现场新闻,大多是到一个现场去报道一件事,这件事有新闻价值和宣传意义,但这件事并不是突然发生的,而是记者获得有关此事的某个信息,视为报道线索,才赶到现场去采写的。这种为数较多的现场新闻,我们称之为"现场见闻"。在本报所发表的现场新闻作品中,这种现场见闻在80%以上。

题材新鲜是采写这类现场见闻成功的一个基本因素。由于见报的现场见闻不断出现,迫使记者在采写现场新闻时首先考虑题材如何出新这个问题。从许多记者、通讯员采写实践看,开拓现场见闻的题材,不外乎寻觅新鲜事物或拓展新闻场面。在改革开放不断深化的年代,新鲜事物是层出不穷的,只要深入基层,到群众中去,就有采之不尽的新题材。例如,农村出现喜庆电影,农民欢迎《一优两高作物结构表》,农家姑娘开办"便民信息服务所",老劳模喜游新杭城,浙江大学校长亲自送科技到义乌,科技成果拍卖情景种种,城里人到宾馆酒家去吃年夜饭,等等,这些题材都比较新鲜,报道这些新事物的现场见闻正是因其新闻性强而取胜。至于场面,新和广是联结在一起的，如果事情都是发生在杭州，都在武林广场，看过几篇后，再看就会倒胃口。场面越广便越新鲜，从城市到农村，从平原到山区，从陆地到海岛，从本省到外省，凡有人群的地方都可能出现新闻，都有新闻现场。本报三年前曾发表过一篇报道顾客为湖州城里某商店开张剪彩的现场见闻，一年后本报发表采自革命老区的农民剪彩的现场见闻，读后仍有一种新鲜感，主要是地域和场面新鲜。由于近年来记者、通讯员的新闻视野从省内伸向省外，出现了《浙菜享誉京华》、《天安门前庄严的一刻》、《"鸭司令"开店》等跨省新闻。特别是采写"鸭司令"开店的通讯员，专程出省采访，从嘉兴跑到无锡，又跑到常州。新闻工作者跨省采访活动是同经济工作者跨省经营活动一脉相承的，有跨省的经营，必然会有跨省的新闻。浙江企业家在地球上有多大的跨越，我们记者、通讯员也应该有多大的跨越。这样，就不愁抓不到新鲜的现场新闻题材了。

抓特点，包括抓事物特征和现场特色，这是采写任何题材的现场见闻都应当切切留意的。特别是许多老题材，几乎年年有报道，更要注意抓出特点来。夏天战酷暑、冬天斗严寒年年都有报道；农民春游杭城、蚕区开秤收茧、除夕拜年、春节联欢也年年有新闻，至于抗台防洪抢险等，更是必须报道的。从老题材中抓新特点，写出新人新事新场面，才成其为现场新闻。春节联欢、过年送礼，以前报道得很多了，但《特殊的迎春联欢会》报道的是盲童与残疾人联欢的动人情景；《节前送礼到山村》写的是新昌县政协请一位高级农艺师去给农民传授育桑知识的新鲜事；《给守桥战士送年货》写的是杭州先锋电子技术公司给战士们送去一种高新技术产品——防刺背心，这些事实都很新鲜，场面也各有特色。

抓住特点，怎样表现呢？现场新闻在写作上要力求使典型的新事物与动人的场面融为一体，用文字手段将它传送给读者，达到电视新闻镜头那样的效果。过去我们总觉得现场新闻写得再精彩，也难于像电视新闻，特别是电视现场报道那样形象鲜明，历历在目。现在看来，报纸上的现场新闻可以达到电视新闻现场报道那样传神的效果,有的甚至更生动传神,更富有魅力。这是因为,报纸记者和电视记者同样都在新闻发生的现场,所报道的都是亲眼目睹、亲耳所闻的事实,而且在电视记者紧张地忙于操作手中那架摄像机时,报纸记者却可以细心观察、冷静思索;在他形诸文字时,尚可琢磨一番,使笔下事物的深刻含义通过形象化的语言展现出来。

报道杭州大众帮忙公司开张前一天情景的《招牌未亮客盈门》,有这样一个生动形象的镜头:

> 杭州大众帮忙公司离正式开张还有一天,这个公司就闹猛起来了。8 时 30 分,工作人员杨大妈刚把办公室的门打开,前来要求帮忙的人就争相而入。杨大妈一边打扫办公室,一边劝大家改日再来,可是等候已久的人们似乎没有想走的意思。一位个体酒家的女店主想马上找一位手脚麻利的外地女青年做服务员,另一位老伴生病住院的老大爷则想当场带走一位能料理家务活的帮工回家给老伴送饭送菜。杨大妈急得直摊手,“明天下午才开张哩,你们慢慢来不行?”

这个镜头,若与电视记者的现场报道相比,并不见得逊色。

报道邮电职工年终工作繁忙情景的《纷飞贺卡中的绿衣人》,在介绍了 12 月 19 日以后日处理信函比平时增加一倍后,推出这样一个镜头:

> 在 400 平方米的分拣大厅里,近 50 位职工正在飞快地处理信件,动作令人眼花缭乱。女工俞东方一边拣信一边说:“我们平均每小时要分拣 2500 多封信,一天干下来,肩膀都抬不起。”

这段文字简练、精妙,用词贴切、传神,现场情景与人物心境交融,其效果在电视新闻现场报道中似并不多见。

报道浙江大学与义乌市开展科技合作的《浙大校长送科技到义

乌》,突出描写这样一个场面:

在义乌的大型企业浙江味精厂,路甬祥站在一堆堆小山包似的甘蔗渣前,捞了一把甘蔗渣对随行的骆有寿副教授说:“这是一个很好的二次资源利用课题。”

这个厂今年就有6800多吨蔗渣,这批东西原来是生产普通包装纸的,现在普通包装纸价格下跌,而且生产中污染问题也难于解决,工厂正为此苦恼。

骆有寿掰着指头说:“现在国际市场木糖畅销,蔗渣正可用来生产木糖,6800多吨蔗渣可生产500多吨木糖,产值2500多万元,利润300万元左右。”

味精厂厂长金贤富听了非常开心:“这正解决了我们的难题。”

这个场面不光有电视新闻中常见的几个人物在现场谈话的情景,还有谈话内容和精确的数字。不难想见,记者在那里仔细地看,细心地听,还在快速记录、冷静思索。记者完全理解他们谈话的内容,如实录下,成为一条经济信息,本身就具有新闻价值。这篇现场见闻有深度,这是电视新闻现场报道所难于表现的。

报道杭甬高速公路开工典礼的《盛世盛典》,开头写得较平,但结尾却推出一个出乎读者意料的特写镜头:

半小时的开工典礼很快结束了,来宾陆续离去。突然,记者发现路边有一位老人,久久地凝望着清静下来的会场,不想离去。原来,今年81岁高龄的屠大爷是从一公里以外赶来观看这个开工典礼的。当我们提出送他一段时,他谢绝了,说:“盛世盛典,我心里高兴、高兴……”我们的车走了,他仍站在那里,深情地凝望着……

读到这里,真令人喜出望外。这个特写镜头有着诗一般的意境和情味,使人觉得余音袅袅,余味无穷。我们在电视新闻的现场报道中,还从未见到过这样意味深长的镜头。

诚然,在我们报纸上,现场见闻中这类精妙的镜头也是不多见的,但是,我们可以自信:文字记者采写的现场新闻,无论在内容或形式上,在思想性或感染力上,都有大大提高一步的可能,而且可以超过电视新闻中的现场报道。

现场察访篇:新风貌·新问题

有些现场新闻,并不是报道新发生的某一事件,而是描写客观事物某种现状,是记者通过现场察看和访谈所采写得来的,我们称之为"现场察访"。

"现场察访"的新闻性较难把握。如果只是罗列一些平平淡淡的现状、情景,那就完全没有报道意义了。现场新闻的新闻性在于客观事物渐变过程中显露出来的新鲜可闻的状态,说它"新鲜可闻",是因为这种状态本身是一种信息。因此,"现场察访"中应该传递人们感兴趣的信息。例如,《蚕能不吃桑叶吗?》这篇报道,就是记者从蚕区传来一个信息:科学养蚕,可以使蚕不再吃桑叶,吃一种"墨绿色的人工饲料"。这自然会引起人们极大的兴趣和关注。而如果记者到那些普通的蚕区去察访,察得再细,访得再详,写些尽人皆知的状况,没有闻所未闻的信息,那肯定是引不起人们这样大的兴味的。

从近年来见报的"现场察访"看,大体上可分两类,一类是反映新面貌,新风貌的,另一类是描述事物新征兆,揭示新问题的。

描写新风貌的"现场察访"比较容易采写,见报的稿件较多。但要写得新鲜可闻而又精彩动人,也是不容易的。作者不仅要传递新的信息,而且要展现典型的人和事。作品中既有场景的勾勒,又有典型事物的描绘,有特写镜头。《八方鸭农逛信息市场》是比较精彩的一篇。作者并不是写宁波禽蛋信息市场的开张,而是在开张多日之后，通过细心察看和与人访谈，描绘出这个市场新鲜动人的情状。“一张张四方桌旁，人们三五成群，一边喝茶，一边交谈”，这是场景勾勒，还有生动的特写镜头。

“金娣姐，金娣姐，我托你打听的苗鸭有信息没有？”在拥来挤去的人流中，一位养鸭户拉住一位满脸堆笑的中年妇女。

记者循声一看，认出这就是赫赫有名的“鸭大王”、省劳模陈金娣。她一家养鸭3万多只，出产的鸭蛋占宁波市民消费量的1/3。说起这个信息市场，陈金娣眉飞色舞地说：“远远近近的养鸭户都离不了这个市场。你想想，每天几千斤鸭蛋，你能今日慈溪明朝余姚天天挑着跑吗？有了这个市场，只要隔5天来一趟，价格清楚了，买主也找到了，真叫省事。”

这个人物的忽然出现有一种明显的现场感，她三两句话道出了这个禽蛋信息市场的功能和价值，成为这篇现场新闻的画龙点睛之笔。

提出问题的“现场察访”虽不多见，但一见报就会引人注目。这是一种批评性或探索性的报道，作者通过现场实地观察和访谈，指出一种不良现象或揭示一种危险倾向，或提出一个疑难问题，引起人们注意，促使有关部门去解决问题。批评性报道如能采用现场察访的形式，由于有关的事实在作品中写得历历在目，真实可信，使人心服口服，常常收到较好的批评效果。如《古建筑的隐患》，一开头就把读者的目光引到一个建于明代的古建筑群：

腐烂断裂的横梁、吱吱作响的地板、摇摇晃晃的楼梯，倾斜的木屋，堆放着煤饼、煤炉、液化气……一条狭长而黑暗的过道，把52户居民和一家街道工厂紧紧地串在一起。要不是消防部门的同志告诉笔者，真不敢相信这个存在严重火灾隐患的地方竟是杭州市重点文物保护单位。

作者写道，目前杭州市列为市级文物保护单位（点）的有137处，其中绝大多数存在着年久失修、乱占乱用、堆放易燃易爆品、用火用电不符合要求等违反文物保护和古建筑管理法规的情况。作者还通过同占据白马寺的长庆瓶盖厂的负责人面对面交谈，揭示出这种危险倾向的根源在于人们脑子里“文物意识”十分淡薄。作者指出，杭州作为风景旅游和历史文化名城，所依仗的“恐怕不仅仅是一个西湖，她需要更多完好的古建筑”。这篇来自现场察访的批评报道，既有新闻价值，又有宣传意义，批评的力度也是相当大的。

目前报纸上这类批评性的现场新闻为数极少，留意采写这种批评性现场新闻的记者更少。其实，现场察访是批评报道的一条很好的途径，一种有效的形式，是值得重视和提倡的。许多人认为，现场新闻总是报道成就、新貌或事故、案件的，却没有意识到还可以提出不良现象、危险倾向，可以作为批评报道的一种武器。

通过分类评说，我们可以清楚地看到，现场新闻的题材是广阔的，功能是多方面的。因此，现场新闻这种报道形式确实值得大大提倡，它的宣传功能应该多方面地充分地发挥出来。

（刊于浙江日报总编办公室1993年编印的《现场新闻》（第3集））

经济报道揽胜：新闻文体与创新

经济题材的宣传报道，是改革开放以来报纸宣传报道的中心内容。随着我国经济体制改革的不断深化，特别是确立了社会主义市场经济体制以后，经济报道的改革与创新，已成为我们新闻实践的一个亘大课题。

编在这本书里的作品，是《浙江日报》近几年发表的一部分比较优秀的经济报道，有不少是获奖的作品。在选编过程中，尽可能体现题材的广泛性和体裁的多样性。为便于阅读、研究，作品按不同体裁分为消息、特写、人物通讯、记事通讯、思辨通讯、风貌通讯、散文小品七类，分别按见报先后编排。在每一类作品后面，附有一篇评述性、探讨性的文章，简述文体特点和基本的写作要领，突出介绍和评析部分作品在写作上的成功之处和创新成分，供大家参考。

新闻写作贵在创新，因此，读者喜闻乐见的新体裁有待再创，足以表现新闻主题的新技巧、新手法可以大胆运用，这方面的创新和探索将是永无止境的。

消息：破沉闷有方　去枯燥见术
——非事件性新闻的写作要领

一般人看报先看消息（即狭义的新闻）。消息是新闻报道诸种体裁中最常见的一种，被称为记者、通讯员手中的“常规武器”。写好消息，一般都讲求主题突出、角度新颖、事实说话、明快清晰、短小精悍。收在这本书里的消息各有优点，可以看出作者在写作上所下的工夫。

报纸上林林总总的消息，大体可分为两类：一类是事件性新闻，另一类是非事件性新闻。从写作上讲，事件性新闻比较容易写，只要注意以上几点，就可以写得比较出色。如《真情，对矢志改革者的回报》、《农民办市场，县长让电话》、《种粮大户进城开米店》等，都是写得比较好的。非事件性新闻则比较难于写好，很容易写得沉闷、枯燥，缺少可读性。这类消息指导性比较强，是报纸（特别是党的机关报）所不能缺少的。在社会主义市场经济条件下，经济报道中的非事件性新闻能帮助人们正确观察经济形势和市场动向，更为经济界人士所关注。因而写好非事件性新闻，成了记者、通讯员孜孜以求的一个目标。

许多同志的实践成果表明，非事件性新闻在写作上应破除沉闷、枯燥，力求轻松、活泼。下面联系几篇成功之作，介绍几种写作手法。

一、运用多种笔法。凡是写得沉闷、枯燥的非事件性新闻，几乎全是运用叙述一种笔法，作者自始至终在那里叙述。如果叙述的是一个故事，也可能写得生动有趣；叙述一个问题、一种情况，还要在短短的篇幅中做到主题突出，就很容易写得概念化。作文之道，叙述、描写、抒情、议论四种笔法一起施展，交叉运用，文章就显得跌宕多姿，读起来颇有兴味。写消息亦是如此。

《杭州叉车总厂人均产销量国内夺魁》这则消息，很容易写成从头到尾都是叙述。但作者在导语中写了这么一句描述性的话："杭州叉车总厂2000多平方米的成品仓库竟然是空的！"接着便是情况介绍，再接下去，跳出一句"库存是效益的一面镜子"，这句议论简短有力，用得恰到好处。这篇消息篇幅较长，但因作者笔法善变，读起来不感到沉闷。

在《老区小村大市场　四省兔毛集散地》这篇消息中，作者先是用叙述的笔法作介绍，中间有这样一段描写："每当夜幕降临，姓潘村就热闹起来。从外地收购兔毛回来的妇女们背着纸箱，挟着编织袋，穿行于村坊民宅，向那些寄居农家的温州客和本村的批发大户讨价还价。"这篇消息篇幅也比较长，只因几种笔法交叉并用，文势显出波澜起伏，读来也还有味。

二、选用生动实例。枯燥无味的消息，大多整篇采用综合性材料，作面面俱到的叙述。综合性材料多，往往流于抽象的概念，令人难以卒读。如果选择一、二个生动典型的实例，情况就大不一样。在许多情况下，一个富有典型意义的实例，比一大堆综合材料更明白，更有说服力。

读《质检员行使职权严格把关　羽绒服销往国外全部免检》，给人留下深刻印象的是这样一个实例：有一次，一位抽检人员拿起一件包装好即将装箱的羽绒服，发现包装塑料袋里有只蚊子。“这是头天晚上突击包装偶然掉进去的，按理拣出来就行了。可这位抽检员不放心，要求整批服装逐件检查过”，当时外贸口岸急等着要货，但企业领导根据质检员的意见，还是要职工把这批1000件羽绒服一件件地打开检查后再重新包装。质检员的严肃态度和企业领导对质检员意见的完全尊重都在这件事情中体现出来了。

《名牌产品有了“保护神”》写的是我省检察机关打击假冒伪劣商品，为经济发展保驾护航，作者把最鲜明、最有说服力的事例写在导语里：玉环县一个农民后悔莫及，他往劣质酒上贴茅台酒、汾酒的商标出售，卖出4.5万瓶，赚了21万元，结果被检察机关立案、逮捕、起诉，“最后判了10年徒刑”。典型事例一推出，下面的叙述和介绍就可以削尽冗繁，做到简洁明快。

运用典型事例使消息陡然生辉、给读者留下较深印象的还有《我省检察机关为36名厂长“正名”》、《判定商品真伪优劣有了法庭》等。这些作品表明，采写非事件性新闻，作者要在捕捉典型事例上下大工夫，一般都要多掌握几个实例，经过比较再比较，选取其中最有代表性、最有说服力、最生动感人，甚至意味深长的一个，那么，这条消息就成功了一半。

三、善于转换角色。有些消息之所以读来不起兴，是因为消息中自始至终是作者独自介绍，就像一个人站在讲台上，总是这一张面孔，一副神态，一种语调，刻板而单调。假如台上不是一个人，而是忽儿有人上去，忽儿有人下来，几个人轮番演说，就活跃起来了。写消息也一样，作者把必须说的话加以分类，组织几个人（自然包括作者自己）分别向读者介绍，就显得有声有色了。这种写作技巧，不妨称之为“转换角色”。

在《设奖鼓励用户揭短》中，作者自己先作介绍，然后“拉”出两个人来介绍情况：

> 厂长邵奇星说：“‘设奖捉劣’为的是让用户对本厂的产品质量更放心。也为温州产品争口气。”
>
> 市经委的同志告诉笔者，“海螺”是省四新产品，眼下仍十分抢手。他们“设奖捉劣”，是逼着自己把质量再上一个台阶。

这两个人说的内容都很重要，但如果由作者一人包揽，用一种语调向读者作介绍，读起来就兴味索然了。

在《上李家村成为全国能源建设先进村》中，作者除了自己，又让一位农民和村党总支书记出来介绍情况，显得生动活泼。在《调查研究本是好事为何企业畏之如虎？》中，作者首先让一位厂长助理出来说话，接着又把杭州市经委的一位领导推到“台前”；在作者自己介绍了一些情况之后，又有“一位厂长”、“一位同记者相当熟悉的企业家”发表意见，最后是“此间企业界人士认为……”。这篇报道，作者说得少，其他“角色”说得多。

其实，其他角色说出来的话，也都是作者自己要说的，而且往往是很重要的话。作者让别人说，不仅仅是为了文势多变，还出于新闻报道应力求客观可信。因此，“转换角色”实际上是记者的一种客观表述的技巧。这样表述法，既使报道客观真实，生动活泼，又避免了记者独自饶舌，吃力不讨好。

四、行文多分段落。有些消息之所以读起来感到沉闷，是由于段落太长造成的。千把字一篇消息，只有两三个段落，一段长达五六百字，内容再好也难免有沉闷之感。聪明的记者从“沉闷”中跳出来，将构思中必须写进去的内容，一条一条理清，一层一层排列，每一条为一个段落，一个层次，两三句话，百把字。这样，文势跳跃，读来轻松、爽快。又由于段落短，每一段有哪些字、句属“可有可无”，也易于发觉，于是尽力删除，使整篇消息显得精粹可读。

这种跳跃式行文的消息写法，早几年就有记者学到手了。《路桥农民创办废旧物料市场》便是较好的一篇。近千字的消息，却有11个段落；内容丰富，信息量大，脉络清晰，读来颇有轻快之感。

现在，有些记者写较短的信息，也乐于多分段落了。如《陈剑平首次发现真菌体内病毒》和《“解百”兴办跨省联销超级市场》这两条信息，都只有640余字，却分7个段落，平均每段都不到百字。《村办小厂5年长成“锦纶城”》只650余字，分8个自然段，平均每段才80余字，有4个自然段只用一个句子。500字左右的短信息，也由于多分段而显得精粹可读。如《我省人工饲养天蚕成功》共520字，有7个自然段，平均每段才70多字，其中3个段落都只是一句话。

信息写作中转换角色和多分段落这两种技法，都是从国外、境外记者那里学来的。实践证明，这两种技法对改进消息的写作，特别是改变非事件性新闻沉闷、呆板、枯燥的写作模式，确是有效的。可惜目前掌握这类写法技法的记者和通讯员还不多。

特写:成于选题　功在“再现”

在新闻文体中，特写是一种及时报道新闻事件的有现场感的生动活泼的体裁。除了新闻性和典型性以外，特写的特点就在于新闻事件局部的“再现”和“放大”。它截取新闻事件的横断面，即抓住富有典型意义的某个时间和空间，对事件、人物、场景作形象化的报道。

经济报道运用特写这种体裁，在选题上往往遇到困难。第一要看有没有人们未知、欲知的新闻信息；第二要看有没有人们喜闻乐见的生动场面。信息和现场是撑起一篇特写的筋和骨，缺一不可。有新鲜信息，无生动场面，只能写消息，或简短的经济信息；有生动场面,无新鲜信息,只能写成散文,或文学性的特写。这种文学性特写,在五六十年代的报纸上是常见的,那是我国新闻工作者从四五十年代的苏联名记者、名作家那里学来的,实际上,它同后来被称为"报告文学"的文学体裁差不多。收在这本书里的几篇特写,都兼有新闻信息和新闻现场,是一种新闻文体,即"新闻特写",实际上就是我们所提倡的现场新闻。如《总书记访问农家》,有新闻信息,是人们未知欲知的事;又有生动的场面和情景,读来生动形象,十分感人。

采写经济题材的特写即现场新闻,不少记者经历了艰苦探索的过程。现在,跑经济新闻的不少记者已经进入这样一个境界:当他遇到一个很有报道价值的新闻事件,这个事件又有生动的场面,脑子里便立即闪出一篇现场新闻轮廓来,他不会放弃运用特写这种新闻体裁的机会。《头一次难落笔》,报道杭州市政府为国有企业扭亏增盈采取一项过硬的新措施:与有关的局、企业负责人共同签署扭亏增盈责任状。对局长、经理、厂长们来说,签个字是天天都遇到的,但在这样事关重大的责任书上签字,还是头一回,所以有"头一次难落笔"之感。签字场面和人物心情都是异乎寻常的。这自然是一篇现场新闻的好题材了。如果作者写成一则消息,宣传效果显然没有这篇特写好。

《零点开通》报道我省第一段高速公路——杭甬高速公路杭萧段和钱江二桥公路桥正式开通。这是我省交通建设中有划时代意义的重要信息。这件事又必然出现激动人心的场面,记录这样一个场面具有历史意义。因而记者采用了特写即现场新闻的这种体裁。

特写的特性,或特写优于其他新闻文体的,是"再现"和"放大"。所谓"再现",除了必要的简练的叙述,主要的功力在于描写,即按照客观事物的本来面貌,运用文学笔法,加以如实的描绘,使读者如临其境,如睹其人,如闻其声。所谓"放大",除了必要的交代,主要是选取极富典型意义的生动的场面和情景,作细腻的惟妙惟肖的描绘。在新闻特写中,"再现"和"放大"均指局部而言,是新闻事件局部的"再现",局部的"放大"。当然,"放大"决非事物的夸大,而是事物细小部分的展开和实录，也就是细节描写。在特写中，细节的选择同选题一样重要，要选取足以表现新闻主题而又情景感人的细节。

《总书记访农家》中，作者写江泽民同志走进农民丁志林的家，接着，对交谈的情景这一段加以展开：

> 江泽民同志在一张小木椅上坐下，笑着用上海话问主人："我讲格话，侬听得懂哦？"嘉善与上海方言相近，方才略显拘谨的主人，此时也轻松地用方言笑道："懂格，懂格。"……看着主人宽敞的新房子，问了丁志林家住房有多少面积后，江泽民同志说："我在上海当市长时，还不如你住得宽敞呢！"满屋子的人都笑了。……江泽民同志说："我是赞成农民富起来以后，应该逐步建新房，但一定要注意节省土地。你们浙江的土地是很宝贵的。"江泽民同志又问主人："你家有几个孩子？"女主人爽朗地说："一个。一个就够了。"江泽民同志笑着称赞道："你们夫妇计划生育搞得好。"屋里又回荡起笑声。

在《一次紧急现场会》中，记者突出描写了现场会上有关发救济粮、救济款的情景：

> 葛洪升急切地问："最近河北唐山捐赠给我们的5万公斤大米，我们决定给湖州，听说你们有人不要，怎么回事？"有同志回答："铁路有关车站说，他们有困难。"葛洪升说："这是救灾物资，为什么不收？马上找铁路分局！"有关同志立即记下去办了。葛洪升又问："18日省里发的救灾款，为什么现在还没到？"主管部门的同志回答：可能是文件的打印、邮发要有几天过程。许行贯说："救灾如救火，不能按常规办事。从现在起，省里定下救灾钱物分配计划后，立即用传真电报或电话通知各地，马上执行，不用等文件！"

这些现场描写,都是局部的再现和放大,都是一个或数个生动细节的实录和描绘。

新闻特写必须写人物,但不是像长篇通讯中以人物为中心那样写人,而是以短暂的事件为中心,以现场为背景,采用近似电视新闻中摄取“特写镜头”的手法。因此,《零点开通》中写第一位驾车驶上我省首段高速公路的汽车司机,《盛世盛典》中写典礼结束后仍不想离开现场的老大爷,都是一闪即过的人物。人物的言谈、行动、情感、音容笑貌,都同新闻现场密切相关。写那位汽车司机,只点明他“来自厦门”;写那位老大爷,只交代他“81 岁”,“从一公里以外赶来”。这些简洁的交代都是现场描写所必需的。当然,人物的姓名是必须写清楚的,否则,读者会疑心是否真有其人,影响新闻报道的真实性。

人物通讯:主题突出　形象鲜明

人物通讯是以人物报道为中心的一种通讯体裁,它通过人物的先进事迹和成长过程,展现人物的精神风貌。有两类人物通讯,一类是写先进个人的,另一类是写先进群体的。收在这本书中的几篇人物通讯,多数是写先进个人的。

记者采写人物通讯的经验之谈很多。从书中几篇成功作品看,采写人物通讯确实要在主题的提炼和形象的刻画上多下工夫。

提炼主题思想,是人物通讯成败的关键。被采访对象的先进事迹和成长过程,值得写一写的很多,如果眉毛胡子一把抓,整篇通讯形不成一个中心思想,散乱无绪,便失败无疑了。这个中心思想怎样理出来呢?第一要有时代精神。时代精神体现时代本质特征,是推动时代前进的精神力量,也是人们普遍追求的精神境界。作品具有了时代精神,才具有真正的宣传意义。第二要有人物自身的先进思想特征。这种先进思想是被报道的人物所具备的有独特个性的思想和性格。人物有个性,才有真实可信之感。以上两者密切结合,即站在时代精神的高度去认识先进人物的思想和事迹;从先进人物思想实际出发，发掘其中的闪光点，这就是提炼人物通讯主题思想的基本思路。

《立于潮头旗不湿》这篇人物通讯，记者首先注意到滕增寿这个企业家是在市场风云变幻、大浪淘沙的背景下成长起来的，是市场经济中把握沉浮规律、具有应变能力的人物；又注意到这位国有企业的厂长勇于为国家承担困难，真诚为职工谋福利，是个胸有全局、无私无畏的共产党员，一个举旗而又“旗不湿”的带头人。“立于潮头旗不湿”一语，准确而又形象地概括出滕增寿的精神风貌。

《形憔悴兮神飞扬》这篇人物通讯，记者抓住乌溪江水利工程总指挥谢高华这个人物的形和神的巨大反差，通过他对农村水利事业的顽强不息的追求，突出其高尚的精神境界和巨大的精神力量，这种精神力量正是建设社会主义、造福人民群众所不可或缺的。“形憔悴兮神飞扬”一语，既展现了时代精神，又体现出谢高华这位“精瘦”老人的个性特征。共性与个性紧密结合，共性寓于个性之中，这个人物的精神面貌就既光彩夺目，又真实可信了。

这两篇人物通讯提炼主题的成功告诉我们：主题的提炼固然要有一个过程，从采访开始到落笔成章，是一步一步趋于成熟和完善的，但最终的成功一着，是将主题思想凝练成为短短一句话，寥寥几个字，使人朗朗上口，铭记心中。

大凡人物通讯写作，一当主题提炼成功，那么，人物形象的刻画就势如破竹。在素材的取舍上，不被这样那样生动素材牵着走，而由主题思想拉着跑：顺之者取来，逆之者舍却，非顺非逆者靠边放一放。这是因为，主题提炼的过程，也是作者对人物形象的认识过程；主题提炼一成功，作者脑海中的人物形象也就清晰鲜明了。

书中几篇人物通讯在形象刻画上都各有成功之处。总起来说，作者比较注意处理好以下几个关系：

一是处理好客观环境与人物自身愿望、追求的关系。一个人的业绩总是与客观外界的大环境、小环境分不开的。先进人物最闪光的思想，总是在矛盾斗争中迸发出来的。因此，写人物的思想、品质、内心世界都不能不写人物所处的客观环境、外部世界。滕增寿的英雄本色，是在1984年和1986年企业面临的两次困境中呈现在人们面前的；他作为企业家的远见卓识和应变能力，正是在企业两落两起的斗争中产生和形成的。谢高华快到退休年纪了，可他梦寐以求的乌引工程才刚开工。他先后卸下副市长、市委常委的职务，"但又苦又烦的'乌引'工程总指挥职务，他却不愿辞。他向市委请求：我对'乌引'有感情，一定要亲手建成它！"作者接着写出他迎着狂风暴雨走向工地的情景，活现出一位老干部神采飞扬的献身精神。

二是处理好一般概述与典型事例的关系。写人物的成长过程和先进事迹，少不了以概括性的叙述为筋骨，但作为文章血肉的典型事例，是作者刻画人物形象的重头戏。从文字篇幅上讲，一般地说，概述宜少，典型事迹宜多。但在一篇人物通讯中，典型事例却不宜过多，应从许多事例中选择最能展现人物精神风貌、思想境界的事例，以少胜多，以一当十。《车间博士》这篇人物通讯写得比较精练，难免有不少概括性的叙述；这种叙述并不是干巴巴的，而是作者带着浓厚的感情抒写出来的。写到展现人物思想风貌的关键情节，作者就展开一段描述。如杨永耀接受指导教师交给的硕士论文毕业课题，前两个课题是导师研究成果的推广和应用，第三个是国际难题。要在生产现场做出来，风险极大。

> "我选第三个！"杨永耀果断地说。
>
> 导师笑了："好，有志气！"
>
> "但你得郑重考虑，这个课题有失败的可能，失败了你拿不到学位！"
>
> "失败也干，我珍惜这样的机会！"

这个情节一展开，杨永耀这个人物的志趣、抱负和拼搏精神就活现出来了。接下去写他在车间"连续几天几夜跟班"，写重钢总经理深夜来到"一个农家小院"看望这个年轻人的动人情景，都使人物形象显得有血有肉，富有神采。

三是处理好正面描写与侧面描写的关系。刻画人物形象，主要靠描写，有正面直接描写和侧面间接描写两种手法。一般都以正面描写为主，侧面描写为副，但也不排除以侧面描写为主（如《人民日报》记者报道张秉贵的通讯《三尺柜台树丰碑》大多是侧面描写）。一篇人物通讯，自始至终都作正面直接描写，即使很生动，也难免有单调之感；倘若间或出现一两个侧面描写的故事情节，人物形象就显出立体感来了。正面描写是直接描写人物自身活动，如杨永耀选攻第三个毕业课题的情景；侧面描写指的是从别人眼里看这个人物，写旁人的认识感受，如重钢总经理深夜造访杨永耀。在《他震动了上海滩》这篇人物通讯中，作者兼用正面、侧面两种描写手法。

> 一位上海记者问："你认为'亿万富翁'这个称呼对你是否合适？"
>
> 陈不假思索地回答："我在国内外有雄厚的财力支持。只要师出有名，我可以调动上亿元资金。"
>
> 新闻发布会后，他私下对我们说："我不想透露真实家底，但又得让人们知道我的实力。"
>
> 上海市商业局长说：陈金义此举，证明了上海的私营企业还缺乏这样的魄力和实力。组织这次拍卖的黄浦区商业委员会负责人则在非正式场合对我们说："关键是实力。"
>
> 陈金义手持"大哥大"，带我们参观了他在上海新拓宽的"领地"。每到一处，皆有沪人围观，指指戳戳："这个人就是报上那个陈金义？看勿出！"

前两段是正面描写，后两段是侧面描写，两者相映成趣，把人物的气度、谋略、风采活脱脱地刻画出来了。

四是处理好对人物的外形刻画与心理描写的关系。这两者在刻画人物时都是需要的，常常兼而用之。因为只写外形，或光写心理，人物形象都不够真切鲜明。活生生的形象都是既有外形、又有心理活动的。但描写要用极省俭的笔墨，而且要抓特征或特点，才真有效。《形憔悴兮神飞扬》是一篇外形刻画、内心描写兼具的人物通讯。文章一开头，作者写道："与谢高华握手，这双手精瘦精瘦。这么一位体重不过40来公斤，胃只有常人1/3的花甲老人，指挥得了这项全省最大的农田水利基本建设项目？"文章一开始就"破题"，然后以形托神，把人物形象刻画得神采飞扬。在《一个科学家最后的日子》中，作者写沈天耀星期天下午在与一位同志谈工作时"突然不能说话了"（突发性脑溢血），当天手术抢救，5天后心脏停止跳动。接着写他妻子杨珍华的回忆："那天手术后，他一直昏迷，但眼睛却不闭。我用手按也不闭"，"最后只好用纱布贴住。我想，他闭不了眼，是因许多事还没有完成，他的改革'蓝图'还没有实现，他正在搞的国家'八五'攻关课题还没有完成……"这是一段出自人物亲属之口的独特的人物内心描写。这种内心描写，是通过人物临终时的外形特征揭示出来的，具有强烈的感染力和巨大的感召力。

事件通讯：直陈其事　揭示本质

记事通讯记录社会生活中的新事件、新事物、新问题、新热点，题材极为广泛，写作手法和文笔、格调皆因事而易，多种多样。

在经济报道中，记事通讯要抓住事件、事物、问题、热点的本质，客观公正，直陈其事。或抒写人民群众在改革年代建设社会主义的伟业，或展现社会发展和科技进步的美好前景，或抨击经济活动中的落后、丑恶现象，鼓舞人们按照党所指引的方向前进，在建设有中国特色的社会主义中建功立业。

记事通讯中的事件通讯，要忠实记录具有新闻价值和宣传意义的大事件。作者首先应把握事件产生和发展的社会意义。《大潮呼唤着他们》这篇事件通讯，展现在读者面前的是20世纪80年代迅猛涌起的商品经济大潮，使建于20世纪30年代的钱江大桥已不堪承受与日俱增的车流量，如不迅速果断地采取疏导、分流措施，大桥将危乎殆哉，经济建设将受到阻碍。就是在这样一个大背景下出现了日夜兴建的轮渡码头，出现了一批顺应历史潮流而献身立业的勇士。这对于人们认识形势、追赶历史潮流无疑起着鼓舞和鞭策的作用。

在经济报道中，一些重大工程项目的兴建，是事件通讯的重要选题。报道这类重点工程，不像一般事件通讯那样概括在一篇结论式的报道之中，而是从立项、设计、动工起作连续报道，如钱江二桥工程、秦山核电厂工程、乌溪江引水工程等等，都作了连续报道。连续报道有动态性的，也有揭示其重大社会意义的综合性报道。如《中外桥梁史上的奇迹》，报道大桥建设者们在钱江二桥创造了国内外桥梁史上的五个"第一"，其中"在特大涌潮区架设桥梁"和"预应力连续梁长达 1340 米"为"世界第一"，成为我国建桥史上的又一座丰碑。这篇通讯气势磅礴，又扎实严谨。下面这一段描述读来令人振奋：

> 我们曾多次目击过涌潮袭击的强大威力。每当潮头奔来，犹如万钧雷霆，直扑桥墩铜壳围堰，激起 10 多米高的水柱；上百吨的驳船如一叶轻舟，摇晃不停；比擀面杖还要粗的铜丝索，一拉即断。据实测，涌潮瞬间推击力达每平方米 5 吨之大。世界上还没有一座桥梁，在建造过程中就一日两度地经受如此猛烈冲击的考验！钱江二桥水中的 100 个桥墩便是在这种罕见的涌潮袭击中，一个个稳稳地矗立起来，坐镇江心，恰如中流砥柱，承载起横卧江上的桥梁。

这篇通讯虽然只写事件的一个侧面，但从这个侧面揭示出来的正是事件的本质特征，这就是作者在文章结尾点出的令外国专家深深赞叹的"中国桥梁建设者的意志和实力"。

随着现代科技事业的突飞猛进，经济报道中的许多新事物都同新科技有关。这类题材的通讯，往往把揭示事物本质同传播新的科学知识结合起来。从写作手法上讲，成功的报道都采用通俗易懂的语言，对新事物作必要的解释。《千年大计万无一失》写的是秦山核电站安全防护见闻，其中有一段解释："人们谈起核电站，往往把它与原子弹联系起来，记者就此请教了负责安全防护的王文海高级工程师。他先打了一个比喻：啤酒与茅台酒都是酒，但划一根火柴，茅台酒可以点燃，啤酒无论如何不会点燃。核电站与原子弹情同此理。"接着介绍原子弹由高浓度的裂变物质和复杂精密的引爆系统组成，而核电站采用低浓度裂变物质作燃料，且分散布置在反应堆内，在任何情况下都不会爆炸。这就消除了人们的误解和疑虑。《废液中的良田》、《植物"试管婴儿"》、《按图索鱼》等，都取材于高科技农业，写得深入浅出，在"解释"上都下了工夫，使人明白"是怎么回事"。

有事必有人。不寻常的事必有不寻常的人。特别是那些生动感人的事件通讯，着力写好人物，才能展现事件的时代风貌。在《大潮呼唤着他们》这篇事件通讯中，作者勾勒出整个事件的来龙去脉和主要情节，其中记录了众多的人物，有领导干部和工人群众，有核心人物和积极分子，都是在建造轮渡码头中涌现出来的具有献身精神的人物。追记永康大渡槽建设的《气贯长虹》，则集中写与这件事有关的许多先进人物。这是一幅气势壮阔的群像图，其中也有细腻感人之处：

> 夏日的中午，寂静的工地除了蝉声之外，就只有工棚里传出的电焊声。刺眼的弧光映亮了一张黝黑的脸，大汗如注，汗粒滴在焊接过的钢筹上，能听到哧哧响声。汗水汇在防护面罩里，能倾倒出来。他叫黄义仁，金华市水电工程处的钢筋班班长。工程处只有他懂得钢筋对焊技术，整个渡槽拱片槽身预制用的800吨钢筋，10万多处接头，就只能靠他这双手去焊接。

作者满腔热情地赞颂这种默默无闻、埋头苦干的创业精神。作者还以饱蘸激情之笔，无限深情地描写出阿土和楼文厅这两位献身这一壮丽事业的英雄人物：

“双夏”来临，许多人要回家收种，施工受到影响。阿土家里也急着要他回去，可他说：“我要留在工地。”

和阿土并肩战斗的是楼文厅。他来工地还没几天。这个高声大气的石匠说：“在村里做石匠，赚十七八元一天笃定。论舒服就不来这里了。”冒着坍方的危险，他一身泥浆一身汗地干得特别猛。

拖拉机拖斗又装满了。同往常一样，大伙到外面歇息去了。只有阿土一个人还在那里往拖斗里装石渣。突然，只听得“轰隆”一声，阿土被一块坍下的巨石压住了！楼文厅闻声冲过去搭救，可就在这时，又一次坍方发生，呼啸而下的石块砸倒了文厅……

当秋日升起的时候，阿土和文厅永远地离开了他们牵肠挂肚的事业。可他们，还有所有渡槽建设者们的精神却铸入了这道人间长虹。

最后这句话点出了通讯的立意和主题。作者写 3269 米长的大渡槽，着力歌颂建设者们的献身精神和英雄气概，这就抓住了事物的本质，展现了人民群众的这一光辉业绩。

记事通讯中写人，总是人随事出，目的是忠实地记录事件或事物本身，揭示其本质特征，这与人物通讯以刻画人物形象为中心是有区别的。

思辨通讯：理性思维　揭示规律

思辨通讯是一种比较新颖的新闻文体，具有原先新闻评述、工作通讯、调查报告的某些特征，又有新的发展，如近年来出现的新闻透视、深度报道、问题性新闻、探讨性新闻等，有人称之为“思辨性”报道，其受众面已大大超过历来供党政干部阅读的“工作通讯”。于是出现了思辨通讯这个命题。

思辨通讯的显著特色在于对新事物的辨析，即理性思维。它是新闻报道，但不满足于仅仅提供新闻信息，而要对信息作评估、分析；它要记事，但不像事件通讯那样把故事情节展开，而侧重于对事件、事物作评价、探讨；它也写人，但不像人物通讯那样刻画形象，而集中反映人物的思维、观念、认识、见解。这类通讯，要求作者运用辩证思维，对新事物、新问题作理性的剖析，揭示其本质特征和内在规律。因此，思辨通讯具有较浓的理论色彩。

在改革开放年代，计划经济向社会主义市场经济转换，新事物、新事态、新问题，新矛盾层出不穷。人们遇事多思索，办事讲思路，以求趋利避害，事业兴旺。因此，具有理论色彩的通讯备受经济界人士的青睐，记者采写思辨通讯的兴趣甚浓。目前，在报纸各类文体中，思辨通讯愈来愈成为经济报道的重要角色。

收在这本书里的 20 余篇思辨通讯是从大量这类通讯中挑选出来的。只要对这些作品作粗略的分类和剖析，其写作特色也就约略可见了。

一是信息分析。《莫把丰收当过关》、《贩粮船顺潮而起》、《土地，被赋予新使命》等篇属这一类。作者在传播新鲜信息的同时，对信息作评估和分析，引导人们看到事情的这一面，又看事情的那一面，避免陷入认识上的误区。1990 年全省粮食丰收了，但是，历史上多次出现“肚皮饱了忘农业”的教训仍应记取，要避免盲目乐观和重蹈覆辙。1992 年嘉兴市郊出现一支农民贩粮队伍，作者认为这是搞活粮食流通的好事，但要运用有效的调整手段，加以引导。杭州市土管局公布了有偿划拨、出让庆春路两侧 10 块土地的使用权，记者由此评说：土地是财富之母，树立这个观念必将加快杭州旧城的改造步伐。生活中常见获得一个信息却缺少正确的理解和认识，甚至产生误解或错觉，因而记者在报道中加以评析是很受欢迎的。

二是宏观透视。《富裕地区的贫困现象》、《粮价上涨怎样看?》、《“圈地”是非辨》属这一类。作者抓住一个涉及面颇广的经济现象或经济问题，作广泛深入的调查研究，提出自己的见解，使人们对问题有个正确的认识。萧甬铁路沿线的5个县(市)是我省著名富裕地区,但那些县也存在着“民富村穷”、“民穷村也穷”的贫困现象,贫困的根源在于人们脑子里缺乏商品意识。粮价放开后节节上涨,市民不知道要涨到多少,都很担忧;记者在农村作了广泛的调查后作出判断:粮价上涨虽未“到位”,但不可能似脱缰野马那样猛涨,市民可以放心。人们批评开发区是“乱圈地”,“浪费耕地”,记者到5个地(市)的14个县作了调查研究,指出乡镇开发区促使劳动力转移和乡镇工业上规模上水平,县城开发区促使旧城区扩展、延伸、改造,这是市场发展的必然趋势,但要抓好总体规划、分期实施、滚动发展,又要符合产业政策。显而易见,这类报道注重引导人们去认识问题,明辨是非,端正自己的思想和行为。

三是事物评述。《安吉近了》、《北仑港,任重而道远》、《都锦生,愿你重振雄风》、《实行清水包,盈亏一肩挑》等都属于这一类。作者如实报道某一客观事物的现状,夹叙夹议,议论中肯,评价恰切,从中揭示出带规律性的东西,给读者以启迪。安吉之所以给人由远变近的感觉,是因为安吉人打开了山门,迅速走向大市场。都锦生之所以处境艰难,是由于产品是老面孔,习惯于等客上门,若能面向百姓,更新产品,走向市场,必有灿烂前程。北仑港寄托着党和人民的厚望。在改革开放中充分发挥深水大港的优势,“以港兴市、以市促港”,必将前程似锦。兰溪52家小商店实行大包干之所以全部扭亏为盈,是因为承包获利者自担风险,自筹资金,并且搞活内部用工,经营机制灵活了。这些报道虽然只是对某一事物的评价,但却使更多的人开窍,得到启发,受到鼓舞。

四是人物访谈。《“老虎”出山好,“猴子”照样跳》、《华日的个性:国货精品》等属这一类。记者选择经济界有影响的人物作采访对象,就某个问题进行深入的交谈和探讨,从中展示新闻人物对该问题的见识和评论。被鲁冠球称为“老虎”的国有企业要搞活、要“下山”了,自比“猴子”的乡镇企业害怕了吗?鲁冠球纵谈搞活大中型国有企业与发展乡镇企业的辩证关系,认为两者互为依存,各显神通,“依我看，凡是适应规律而产生、遵循规律而发展的事物，都能生存、发展。”中国将要加入关贸总协定，遐迩闻名的华日冰箱怕不怕洋货的冲击呢？华日厂厂长陈励君平静地分析道：更有吸引力的是更适合需要的产品；中国消费者对冰箱的要求是经久耐用，因而能最快满足国内顾客需要的当是国货精品。这些分析都卓有远见，包含哲理，报道出来自然会对企业界人士以莫大启益。

思辨通讯以新闻事实为基础，旁及广泛的信息、资料，运用辩证思维和富有哲理性的语言，揭示客观事物的内在联系和事物的发展规律。在这些作品中，读者获得的不仅仅是新闻信息，更有价值的是思维的科学性和言论的哲理性。鲁冠球的“老虎”、“猴子”说早已成为企业界的美谈，而“互为依存、各显神通”论，也迅速传播，成为企业界人士的口头禅。

风貌通讯：文笔清丽　画面动人

风貌通讯，又称概貌通讯，是一种报道某地面貌变化的近似散文的通讯。有些风貌通讯，不写整个概貌，只写其中一个侧面，一个局部。

《浙江日报》发表的风貌通讯，大多报道一个村、一条街、一个市场、一个港口或一个海岛的新面貌。《“三老”谈交通》报道我省一些地方公路交通面貌日新月异，所选地段和人物都比较典型，可谓集纳式的风貌通讯。

编入书中的几篇风貌通讯，在写作上比较成功的，主要有以下几点：

一是抓特点。风貌通讯首先要把一个地方异乎别处的新面貌告诉读者。这就要抓住地方特点，用形象化的语言，勾勒出一幅清丽的画面，以吸引读者。如《渔港新曲》中对石浦港的描绘：

略呈弯月形的港城，东侧浮出一串小岛，恰似特意安放的屏

> 障。小岛两两相间处，洞开着5扇“水中之门”，出得门来，豁然可见东海大洋的滔天碧浪。

作者把港域的特征具体鲜明地描绘出来了，读来饶有兴味，且过目不忘。

二是写背景。写风貌通讯，作者常用背景材料，以旧貌衬托新容，相映成趣。《“三老”谈交通》中，”猫狸岭险岭变通途”一段是很精彩的。先写“一条10多米宽的水泥路通往桐岩岭隧道，一辆辆汽车轻快地飞驶而过”。又写到原先那条“陡峭窄小”老路，作者通过家居三岔路口的一位老汉之口道出：这条老路长10公里，有百余个弯道，许多是直径不到13米的回头路：汽车从早到晚排成长蛇阵，艰难地往山上蠕动，驾驶员情绪很紧张，眼睛鼓得大大的。前后对照，旧貌换新颜了。《北京一景：温岭人的珍珠街》中，从市场兴旺景象写到4年前的第一个摊位，还写到温岭县2万多个养珠专业户作“后方”，背景一烘托，文章就有深度，有立体感了。

三是写动态。在风貌通讯中，总有一些静态事物的描绘，但整篇都是静态描绘，难免有平淡之感。许多作者都注意写出画面的动态。“踏上乍浦港，只见一座雄伟壮观的‘T’字型万吨级码头已屹立在乍浦海岸。”“装卸工人正在忙着装运水泥。相邻的2.5万吨级的陈山油码头上，万吨油轮正将原油输往岸上的贮油罐，旁边扩建的5万吨级油码头正在紧张施工。”作者注重动态描写，就展现出码头生气勃勃的景象。风貌通讯中，若有人物活动、交谈的场面，画面就显得生动逼真。如《药到“贫”除》中有这样一段描写：

> “这元胡真棒，俺全要啦！”在我们和陈大伯说话间，药市西侧传来了粗犷的声音。循声望去，一位彪形大汉正指着七八袋元胡要购买。上前一打听，他原来是山东一家制药厂的供销科长。我们问他为什么不远千里赶到千祥来采购药材。这位供销科长豪爽地回答说：“做生意嘛，当然要货比三家。跑遍全国中

药市场，要数这里的药价平稳，药材质量又好。”

这一段把整个场面写活了。

四是写风情。在风貌通讯中，有特色的风土人情最令人感兴趣。《渔港新曲》正是由于写出了当地的风土人情，读来脍炙人口。作者由聂耳塑像写到1934年夏季聂耳和蔡楚生、王人美在石浦拍摄电影《渔光曲》的情景。“荒凉的海边、萧条的市面、破败的茅屋、贫穷的渔民，这一切深深震动了来自大都市的艺术家。”接着写到渔民们为他们组织的告别晚会，聂耳伴奏，王人美动情地唱起《渔光曲》中那支悲哀落寞的主题歌来，这支歌后来传遍了石浦港。在通讯的结尾处，作者还写出了如今渔家汉子爱唱的一支轻快欢乐的《渔港新曲》。两支歌曲相隔半个多世纪，将石港风貌的巨变生动地勾画出来了。

五是写感受。作者写所见所闻的同时，又写出自身感受，便于点明事物的特征和作品的主题。如《乐清港的明珠》中，写“进了港区，风浪出奇的平静，我们犹如在西子湖上悠然泛舟”。把一个水深达百米的良港展现在人们眼前。文章结尾处，由感受到展望，文势很自然，主题也鲜明。

散文小品：轻松幽默　情趣盎然

经济题材的散文小品，寓生产、经营、消费于轻松、幽默的谈天说地之中，读来多滋多味，情趣盎然。这是因为社会经济活动本身是充满人情和趣味的，有的还带有戏剧性，只要抓住这类题材，用轻松自如的笔法加以表述，那么，散文、小品文的情趣就出来了。

黑乎乎、毛糙糙的芋艿头，经过十多道加工工序，就变成了一个个肉色纯白的“冰美人”。“一袋冻芋艿拆开，凌空抛下，只听得‘乒乒乓乓’，如玉珠落盘。”作者戏称：这样的芋艿头“真可谓千锤百炼”！《千锤百炼芋艿头》一文取材于奉化芋艿头的精加工过程，读来不无启益。

取材于商品经营的似乎更多一些。《“点子产品”的魅力》,说的是金华市罐头食品厂将原先生产的四大类12个品种的19只罐头组合在一起,包装精美,取名“星期伴侣”,作礼品销售,结果出现了由滞销转为畅销,以至供不应求的戏剧性变化。诀窍是经营者“点子”出得好,所以人们称之为“点子产品”。作者说:这表明经营者摸透了人们的消费心理。又说,这不过是小改小革,而产品身价倍增,经济效益来得快。企业经营者读之,大概都会含笑点头,赞赏文章开了窍,很实惠。

更具戏剧性的是《误用一个标点损失10万巨款》,这是经营活动中的一个出乎意外而又让人顿悟的教训。文章短小精悍,寓意极深,令人长思:经营者的文化素质问题不可小视!

有情趣的消费题材是不少见的。《走马温州看消费》、《“时装潮”与小锅菜》、《萝卜的“冤案”》等都取材于消费。作者或观察市场行情,或琢磨消费生活,看看想想,题从中来,涉笔成趣,给人以启迪。

经济生活丰富多彩,有情趣的题材比比皆是。倘若作者自身也是一个富于情趣的人,就一拍即合,一篇小品就出来了。金华染整厂订货会上播放电视连续剧《渴望》,事情本身新鲜、发噱,作者、编者为这篇短稿做成的标题更发噱:“客问衣料谁喜爱,厂长笑指刘慧芳”。多么幽默,多么富有戏剧性!

题材有情趣,语言和文笔活泼、幽默,这都是散文、小品文成功之道(小品文从题材到语言都是幽默的)。在语言的运用方面,我们很难要求这类文章从开篇到结尾都充盈着散文、小品味,因为它毕竟具有新闻性,总包含着若干新闻语言。新闻语言虽然不应视为必然是严肃、枯燥的语言,但毕竟具有传播信息所必需的那种严密性和准确性。而散文语言则如亲友间聊天那样轻松自如,随口而出,不过多地追求严整,只求表情达意的完美。经济报道中的散文小品,既是新闻报道,又是散文作品。但在这类作品中,新闻语言尽可能少些、再少些,亲友间聊天式的活泼、幽默的语言尽可能多些、再多些,这大概是作者们可望而又可及的。

(刊于浙江日报总编办公室1993年编印的《经济报道揽胜》)

经济报道的深度问题

——在温州市经济新闻研讨会上的发言

我没有做过经济工作，不懂经济，所以一直不敢讲经济报道问题。可是，不讲经济报道，或者说，不研究经济报道又不行。从报道题材看，经济报道在报纸各类新闻报道中数量最大、分量最重，唱的是主角，演的是重头戏，这是党的"一个中心、两个基本点"的基本路线赋予党报的使命。搞新闻研究而又不注重经济新闻的研究，显然是说不过去的。加上华东9报经济新闻竞赛开始了，逼着我非研究经济新闻不可，总编辑早有催促，记者们也有这个要求，真是赶着鸭子上架。

报纸上的经济报道很多，我看的倒也不少，日积月累也有一些想法，只是怕不懂经济而讲外行话。最近看到一份材料，是介绍国务院的一些经济部门的部长们在《经济日报》谈经济报道。我看得很认真仔细，目的是验证我平时对于经济报道的那些想法对不对路子，有没有道理。结果还算马马虎虎过得去，路子基本上是对的，道理大体上是可以的。当然部长们讲得很深刻，我从中受到不少启发，思路比较清晰了。

我的思路，一直是在经济报道的深度问题上。

深度要义析

经济报道大多传播各种经济信息。但经济界人士除了从报道中获取有关信息，还迫切要求提供对他们经济决策和经济活动有启发的经济思想。我们的经济报道，要满足人们这方面的要求，就要在深度上做文章。什么是经济报道的深度？深度当然是思想深度。经济报道的思想深度，包含着党的经济工作的方针政策，也包含着经济活动的普遍规律。党的经济工作方针、政策的正确性，就在于反映了客观的经济规律。因此，经济报道深不深，从根本上讲，就看是否揭示了客观经济规律。凡是揭示经济规律的报道，人们都感到深刻，思想上受到启发。

经济报道所揭示的经济规律，要具有新闻价值和经济价值。没有新闻价值的经济规律，是人们早已熟知的那些经济规律，如办厂要有厂房，种地要有土地，机器要加油，人人都要吃饭之类。经济报道要揭示的是那些有新闻价值的经济规律，也就是人们未知、欲知、应知的经济规律。

我国从以往的产品经济转到现今的商品经济，只有短短10余年时间。社会主义的有计划的商品经济，还有许多规律尚未被人们认识和掌握，有许许多多个“必然王国”。大家知道，人们在经济活动中成败得失，都受商品经济的客观规律支配。正如毛主席在《实践论》中说的，“人们要想得到工作的胜利即得到预想的结果，一定要使自己的思想合于客观外界的规律性，如果不合，就会在实践中失败。”如果我们能把由于没有被认识而招致失败的客观经济规律揭示出来，人们领悟了，掌握了，就会变失败为成功。这样有深度的经济报道，是从事经济工作的人们求之不得的。

用新闻事实向人们揭示某一客观经济规律，这是有深度的经济报道的基本特征。几年前，《经济生活报》刊登一篇题为《一个新产品信息招来百余家企业》的经济新闻，说的是经济生活报服务部受托转让一种叫“日夜两用方便手杖”的设计样品，三天之内，省内外有百余家企业争相索取。金华某个企业的联系人第一个捷足先登，可是，这个设计样品却被第二个登门索取的杭州伞厂拿去了。为什么捷足先登者不能先得呢？这篇报道这样写道：金华地区某单位的联系人“看准这只样品有生产价值，但他做不了主，要打长途电话同厂领导商量。服务部同志和他约好,当天下午 2 时半听回音。过时不候,按登记次序给下一个。谁知他挂通长途电话,领导还说要碰头研究一下。等到领导拍板,他再赶回服务部,已是下午 4 时,这个样品和图纸已被排在第二位的杭州伞厂派人索走”。这条新闻告诉人们:在充满竞争的经济活动中,企业派出的经营人员,不但要有胆有识,还要授之以现场成交的职权,方能取胜。企业里在产品经济这个温床中养成的领导作风,什么都要碰头研究研究,这在现今商品经济形势下非失败不可。这就是一条客观经济规律。当然,这个规律在现在不新鲜了,大家都熟悉了。但《经济生活报》是在六七年之前报道这条消息的,那时许多人看到这条消息都感到很有滋味,从中悟出一个道理来。我所理解的经济报道的思想深度,就是像这篇报道那样,告诉人们一个尚未认识到的不可违抗的客观经济规律,一个真理。

“捷足者不能先得”还蕴含着另一个真理:对企业经营者来说,经济信息十分重要。但带有规律性的“经营之道”更为重要。经济信息万万千,这一条失去机会还可去找另外一条;而经济规律若是一无所知,则处处碰壁,事事失利。因此,就新闻价值而言,或者从新闻的指导性看,揭示经济规律的报道明显地优于或重于传播经济信息的报道。前几年新闻界提出经济报道要“加重”,要有“深度”。后来又提出要有“理论色彩”,说到底,都在谋求和探索经济报道如何揭示人们未知、欲知和应知的客观经济规律。

上面说的这篇经济新闻并不是名篇佳作,因而提倡经济报道要有思想深度不是一种苛求。但这样有深度的经济报道,目前是很少见到的。许多经济报道,包括一些被称为典型的报道,存在着一平二囿三单的现象。平,就是平面、平淡。思想显得贫乏。囿,就是囿于小事,就事论事,思路比较狭隘。单,就是单一、单调,思维是线性的,或是封闭式的。下面,针对这三方面存在的问题,就如何深化经济报道,谈一些个人的意见,供同志们参考。

深在矛盾中

经济报道要敢于抓热点、难点，揭示经济领域的矛盾，展现客观经济规律，克服平面、平淡化的报道倾向。

这个问题，首先涉及对我们现在的宣传方针的理解。我们的宣传方针是“稳定压倒一切”，“正面宣传为主”。有些同志感到抓热点难点报道，有碍于执行党的宣传方针。这个问题到底怎么看？我认为，我们的一切宣传报道，都应该贯彻“稳定”和“正面宣传为主”的方针。但是，稳定并非不要正视矛盾。要稳定，更要发展，有发展才有真正的稳定；而要发展就必须正视矛盾、解决矛盾。“正面”不等于“平面”，正面宣传不是要把我们的社会描写成没有矛盾的社会，任何一个正面典型都不是没有矛盾的。马克思主义哲学告诉我们，矛盾是普遍存在的，没有矛盾就没有世界。在经济领域中，矛盾同样是普遍存在的，任何经济活动、经济现象都充满着矛盾。没有矛盾的正面宣传是不会有的。

揭示经济工作、经济生活中的矛盾，是揭示客观经济规律所必须的。任何客观规律都蕴藏在事物的矛盾运动之中。人们都是在接触、认识了事物的矛盾运动之后才有可能认识和把握客观规律。不接触事物的矛盾现象，不认识事物的矛盾运动，谁都无法把握客观事物的规律性。记者只有深入到经济工作、经济生活的矛盾运动中去观察、思考，才有可能揭示客观经济规律。有些经济报道之所以显得平淡，就是因为只写些表面现象，不触及矛盾现象，更没有展示出矛盾运动，思想内容只能是平淡浅薄的。而当记者一触及矛盾现象，报道就不一样。《浙江日报》最近发表的《丽水香皂和高参们——从流通看名牌之二》一稿，写到丽水市纳爱斯香皂有限公司在顾客中开展设计活动。“让顾客进入产品开发的殿堂”。有这样一段话：“一个西安顾客提出香皂皂体最好是红色的，厂里立即对这个信息作了进一步分析，发现北方顾客偏爱红色，而南方顾客却普遍喜欢洁白无瑕的色彩。后来，他们专门生产粉红色香皂销往北方，白色的香皂销往南方。由于照顾到了大江南北顾客的不同消费习惯，产品一上柜台，便受到顾客的青睐。”这里讲出了大江南北人们不同的消费习惯，也就是群众在消费心理上的差异。差异就是矛盾，这话是毛主席在《矛盾论》中讲过的。这篇报道读到这里就读出味道来，因为有一种经济规律（群众消费多样化）在词里行间闪烁。经济工作、经济活动中的这类矛盾现象是到处都有的，就看我们有没有发现，能不能把它抓住，在新闻中展现出来。

至于经济报道中涉及那些矛盾比较集中而尖锐的难点、热点问题，我认为一要慎重，二要正视。要慎重，就是宣传报道不要胡乱，不要凑热闹，贪图“轰动效应”，要注意不给难点增加难度、不在热点上添油加热。要正视，就是不要回避，群众议论纷纷的事报纸上无声无息，只字不提；而要认真地、冷静地调查和研究这些问题，作适当的有积极意义的宣传报道。如果我们写出了有建设性的报道，使难点问题逐步化解或缓解，使人们在热点问题上逐步冷静起来，这不也是体现了稳定和正面宣传为主的方针吗？

现在介绍两篇抓难点、热点问题的经济报道，看宣传效果如何。

一篇是《经济参考报》1991 年 8 月 24 日发表的《金牌不是名牌》。记者第一句话就尖锐地指出一个矛盾现象：几年前还为金牌大省而洋洋自得的辽宁人，如今却受到市场无情的嘲弄：目前，在全国各省、市、自治区中，辽宁产成品资金占用“三角债”全国第一……然而，许多辽宁人还不知道悲哀。原来，几十年来，国家每年评比金银牌，辽宁的得数都排在前三名，到目前获得金牌总数已达 520 块，占全国金牌总数的六分之一。记者说，辽宁人不善于把金牌银牌变成名牌。沈阳的沈乐满牌热水器与广东的万家乐热水器都是国家银牌产品，性能、结构、零售价都差不多，万家乐去年销售 30 万台，而沈乐满只销 8 万台。机械行业是辽宁的支柱产业，金牌就有 73 块，雄居全国第一；然而 1990 年辽宁机械行业竟在全国夺得“积压第一”的桂冠。辽宁金牌无市场，今年 1－5 月，全省 60％的国营企业亏损，沈阳、大连、抚顺、丹东、营口、锦州等11个大中城市工业全部亏损。金牌大省成了亏损大省。记者分析了其中原因，指出“重生产、轻流通，这是金牌大省悲哀的症结所在”，“面对市场格局，辽宁人无论在经济机制和思想观念上都是不适应的”，“补上市场这一课已成为摆在辽宁人面前的重要课题”。

这篇报道震动了辽宁经济界。据《辽宁日报》9月15日报道，省府工业生产委员会、省企业家协会召集有关厂长经理们座谈，查找商品经济观念、市场观念不强的原因，吸取教训，开阔思路，明确方向，把夺金牌与创名牌结合起来。省长岳岐峰看了这篇报道有个批示，认为这篇报道“对转变我们的思想观念有说服力”，希望“各市政府的领导同志和各企业的领导同志认真阅读这篇报道”，还指出“这方面如果不能得到迅速有效的改变，更大的被动还在后面”。这篇报道所揭示的矛盾很尖锐，而且针对经济上如此显赫的一个大省，效果却很好，因为它用确凿的事实挑明一个真理、一条经济规律：重生产轻流通是多么可悲。

另一篇经济新闻是个热点问题，矛盾更尖锐，是生与死的问题，题目叫做《置之死地而后生》，刊于《经济日报》1991年10月9日。说的是拥有万枚精纺纱锭的天津市第一毛纺织厂因严重亏损被迫于当年3月7日实行停产整顿。这个厂原先一年税利达200多万元，1987年起滑坡，1989年亏损1279万元，1990年费尽九牛二虎之力，仍亏损950万元。是再拖下去，还是停产整顿？这是生死之抉择，厂长彻夜难眠。他们算了四笔账，找出了亏损原因，认为停产整顿才能挖出潜力，才有出路。但是，停产意味着全厂3000名职工回家待业，只拿60%工资，他们承受得了这样严酷的现实吗？厂领导向全体职工交了底，接着作了几次问卷调查，结果是出人意料的：98%的人要求尽快整顿，65%的人认为必须停产整顿，71%的人坚信通过整顿企业大有希望，表示愿为整顿献计献策。就这样，为期3个月的停产整顿实施了。结果如何？复工后的6、7、8三个月生产面貌大变，8月份计划亏损10万元，实际盈利1.49万元，企业终于由死变活，翻身了！职工们在食堂吃喜面，喜庆企业复活，许多人眼里闪动着泪花。而在停产待业那三个月，许多工人在家里偷偷掉泪。头一天，有位女工天没亮醒来，习惯地带上吃的出了门，刚走出门忽然想到厂里关门了，停住脚步，愣愣地站着，两串眼泪滚滚落下来。她醒悟了，国营大厂如今也不是铁饭碗了；工厂的命运就是自己的命运，后悔自己平时没有像爱惜自己生命那样去爱惜工厂的每一根纱、每一寸布！许多工人认识到，如果经过停产整顿还上不去，就会连60%的工资也拿不到，真正有了危机感，强化了责任感。在3个月停产期间，全厂没有一个人上访告状，人心之齐，着实令人感叹！

《经济日报》为这篇报道配发一则“编辑点评”（类似“编者按”），有这样几句话：“（严重亏损的）国营大中型企业要不要停产整顿？敢不敢停产整顿？这个问题一直是争论的热点。事实胜于雄辩，天津一毛下决心做了，效果就按预想的那样出来了。停产整顿非但没有引发不稳定现象，反而增强了企业的凝聚力，使企业焕发了青春。”

我认为，这样的“热点”新闻，不会使争论变得热上加热，而只会降温退热，逐渐地冷下来，冷到没有争论。

深在宏观上

经济报道要增强宏观意识，小中见大，大中有小，在揭示新闻事实的普遍指导意义上下工夫，着力突破小事小识、就事论事、思路局限的报道。

经济报道的深度在于揭示客观经济规律。一切客观规律，都具有普遍性的品格。各种客观经济规律，在经济领域内具有不同程度的普遍指导意义。因此，经济报道揭示客观规律，不应该只局限微观，必须把微观与宏观结合起来，才能奏效。

我们现在有不少经济报道，给以读者的是一桩小事，一点小见识，就事论事而已，作者思路不宽，读者很难得到启发。当然，对具体事物不作研究分析，只考虑大的主题，也往往不切实际，大而化之。

但目前要克服的主要倾向是就事论事，是小的问题，小而浅薄，小而偏狭。我们常说“以小见大”这句话，要真正做到是很不容易的。“小”是很容易找到的，“以小见大”却并不容易。一家年产几十辆汽车的小企业，如果我们报道它经济效益如何好，那就成问题了，因为从汽车行业的宏观经济效益看，年产 30 万辆以上的汽车企业，其经济效益才是值得肯定的。同样道理，在不少国营大丝厂停工待料的情况下，如果我们报道一家乡办的小丝厂生产蒸蒸日上，也走向宏观经济效益的反面。可见，“以小”不一定都能够“见大”；有些“小”不但不能“见大”，反而是同“大”不相容的。真正“以小见大”或“小中见大”的报道，当然也不乏其例，那是怎样的呢？这里试举一例。

这是新华社记者采写的一篇只有 700 多字的小通讯，刊登在 1988 年 2 月 10 日的《人民日报》上，题目是《马林达先生为何哭?》，说的是中国烟草总公司同美国奥斯汀烟草公司进行技术合作，请美国这家公司的技术顾问马林达先生在有“烟叶王国”之称的河南省襄城等县进行大面积优质烟叶栽培示范。1987 年 8 月，马林达来到襄城县一块烟田，看到一位妇女在田里采摘尚未成熟的烟叶，顿时失声哭了起来。这天晚上，马林达先生与几位县长共进晚餐，席间彬彬有礼且语重心长地对县长们说：“中国人勤奋好学，聪明过人，烟叶栽培技术一说就懂，一看就会。要看你们大田里的烟叶，可以说是一片金子，可不成熟就采摘，烤不出好烟叶，金子就要变成石头。”他说到这里，感到意犹未尽，顺手拿起放在旁边的一把吉他，激动地用英语唱起了他自己编的一首《熟了歌》，歌词大意是：“熟了，熟了，金子般的烟叶；熟了，熟了，再去采摘；熟了才是金钱，熟了才是财富；县长，熟了；熟了，县长。”据介绍，一吨用未成熟的烟叶制成烤烟，在市场上比成熟的烟叶制成的要少卖四五千美元。一位副县长说：在我们老烟区，采烟叶的旧习惯是‘七成收，八成丢’，意思是烟叶不能长到十成，熟就得摘。其实这是很错误的，但任凭你嘴皮磨破，人们就是不听。文章最后这样写道：“马林达先生哭烟叶的事，能说明许多问题的原因，很值得我们去想想。”我读了这篇报道，确实想了又想；三年多了，我想出八个字，叫做："无知无识，自作自受。"这确实可以说明"许多问题的原因"。在经济领域里，这类"金子变石头"的人为损失是很多的；在社会其他领域里，这种因无知而造成的病态和悲剧现象，也是常见的。这篇经济报道，称得上"以小见大"，以哭烟叶之"小"，见到了社会人生之"大"。

人们爱看这种"以小见大"的经济报道，也爱看那些"大中有小"或"以大见小"的经济报道，即宏观经济报道。近年来，人们对后者的兴趣和渴求变得越来越大。这是因为在改革开放的年代，在商品经济迅猛发展的大潮中，企业家们已普遍认识到要具有宏观经济意识。他们早已不像产品经济年代的厂长们那样只埋头于国家计划中的那个产品的生产过程。从产品的开发到设计，从质量标准到市场销售，都由企业自主经营，而商品进入市场的命运将决定企业的命运，因而企业家们无不放眼经济全局，跟踪先进技术，环顾市场走势。即使个体户，在经济活动中也都本能地看市场，摸行情，没有一个是"不闻窗外事"的。经济界人士的宏观意识，决不仅仅限于获取广泛的经济信息，他们关注全局性的经济动态和经济问题，对那些看不清、摸不准的情况和问题，他们渴望着新闻记者能深入调查后写出有事实、有分析、有见解的报道来，使他们看了心明眼亮，以利于经营决策。这种报道，就不同于"以小见大"的深度报道，而是对经济态势作瞭望式的观察后写出的深度报道，既有全面概括，又有典型事物的描述，更有从宏观和微观的结合和分析中揭示事物的本质和趋势。

这种宏观的经济报道容量大、分量重，所揭示的经济规律具有全局性的指导意义，因而其宣传效果往往超过一般的"以小见大"的报道，有的甚至具有震撼人心的力量。一个"以小见大"的典型事例可以打动人，三五个这样的典型凝集在一起，加上全局性材料的陪衬、烘托，就大大强化了报道的分量，深化了报道的主题。60年代初，新华社记者采写的《"一厘钱"精神》就是这样一篇力作。正如作者所说，他所写的仅仅是人们为给国家多积攒一厘钱，算盘打了又打，潜力挖了又挖，仅仅是"工业生产中的一鳞半爪"。在北京墨水厂，管纸盒的师傅研究改进裁纸方法，使原先只能裁15个盒的纸张多裁出一个盒，每个盒的纸张费用节省了一厘钱，全厂一个月节省了8令纸。这一改，还使每只盒子的印刷费用节省一厘五毫钱。一只盒子节省二厘五，全年近2000万盒子总算是多少？5万元！同样精神，北京市制药二厂在时间上琢磨：如果每人浪费一分钟，这一分钟不仅没有给国家创造财富，还会给国家浪费3分钱的"设备水电等各种消耗和工资开支"。于是工人们为充分利用每一分钟而紧张行动起来。北京火柴厂为减少一根废火柴动脑筋，从每盒10支减少到每盒5支。副厂长说：每盒火柴多一根废支，全厂一年等于把几百万盒废木棍卖给了人民，这就有个为人民服务的态度问题。这是什么精神呢？是社会主义企业工人群众的主人翁精神！作者又推而广之，进一步指出，一厘钱精神显示了一个颠扑不破的真理：伟大的事业要从最小的事情做起。这就使它超越了经济领域，成为全社会各行各业的人们都应该具备的一种精神！这篇宏观经济报道发表在28年之前，作者所揭示的真理仍然触动当代人们的心灵。

在当前，提倡有深度的宏观经济报道，不能不涉及难点、热点问题。所谓难点、热点，都是一些全局性的问题，都是深化改革的过程中触及的一些深层次的问题，又都是解决的难度相当大的问题。因此，抓难点、热点问题，本身就意味着抓有深度的宏观经济报道，抓深化改革这个大的主题。经济领域的难点、热点问题，如三角债问题、搞活国营大中型企业问题、城镇住房改革问题、社会分配不公问题、职工社会保险问题，等等，都是企业家们和亿万职工、居民议论纷纷、极为关注的问题。在这些问题上，报纸应当拿出有深度的报道来加以引导。怎样引导呢？请看《经济日报》1991年8月15日发表的《少数企业"死"不了，多数企业"活不好"》。作者用密密麻麻的小苗日渐萎黄，果断间苗后充满生机这个比喻，道出生生息息的真理。在社会经济领域，如棉纺织业，按现有原料，只能满足3000万锭，按消费需求，到顶也只需3000万锭，然而全国现有大小棉纺厂生产能力达4000万锭，因此，如果不把25%的企业关停，那就是全行业25%

的生产能力闲置、效益损失掉，就像成千上万小苗萎黄一样。这就是“少数企业‘死’不了，多数企业‘活’不好”的道理。作者指出，人们看到乡镇企业经济效益远胜国营企业，却没有注意到：在1990年，全国1800万家乡镇企业中有40万家被淘汰关闭！于是说到乡镇企业不怕‘死’，国营企业怕‘死’；于是又说到社会保险制度加快推行。其中还有一层，全国财政一年补给亏损企业的600亿元，拿出其中六分之一用于安置关闭企业的职工安置，变“暗养”为“明养”，不也是一个办法吗？所有这些，都是从宏观上看问题，宏观上找出路。不作宏观思考，鼠目寸光，只局眼于一室一厂，是百思不得其解的。

今年6月，《经济参考报》报道“斯米克现象”，随后出现了关于“斯米克现象”的热烈讨论，许多企业家和经济界人士都十分关注。9月，上海《解放日报》也对“斯米克现象”作了详细报道，同样引起了上海企业界很大反响。人们为什么那样关注这个问题？因为许多企业的领导人都被现行用工和分配制度所困扰，想改革又下不了决心，他们在困惑中左右观望，向四面八方了解这方面动静。上海机床厂的职工看了关于“斯米克现象”的报道和讨论后说：改革内部用工制度、分配制度也是大势所趋，势在必行。所谓“大势”，就是宏观上看问题、看方向。不看大势，即使知道该做什么，也往往下不了决心，这似乎是许多企业家的心态。而认识到“大势所趋”，也就是认识到并且掌握了一条普遍规律。由此可见，在深化和加快改革的形势下，那种揭示客观经济规律、具有普遍指导意义的报道是很受欢迎的，特别是企业界人士所渴求的。

深在观念上

经济报道不妨突破单一题材和单纯的经济效益，把社会生活其他题材同经济题材交叉结合，突出写人的活动及其观念意识，做有社会意义和人生价值的深度文章。

经济报道突破单纯的经济题材是个新课题，但已经引起新闻界内外有识之士的关注。政治同经济的关系问题，几年来很少有人深谈，最近有人重提“政治工作是一切经济工作的生命线”这个老命题。文化同经济的关系问题，已经越来越引起新闻理论工作者和新闻从业人员的关注了。有的学者指出，历史上，经济同文化是互相交融的；在当代，文化对经济的影响越来越大了。近几年出现文化与经济联姻的社会现象，把地方文化同地方经济联结起来，互相融合，互相促进，共同繁荣。而且，从经济领域的方方面面看，经济题材之多，也是数不清的。如果囿于行业，报道题材单一，往往给人一种单调之感，而且常常流于就事论事，就事论事当然是无济于事的。国务院的部长们有时感觉到要解决某个问题需要有关各部坐在一起研究。比如化肥问题，化工与农业、化工与商业都有关系，化工部长希望同水利部长一起研究决策问题，他们希望报纸也在这方面发挥作用。因此，我们的经济报道如果能使几种题材交叉结合，从几个侧面去反映客观事物，就有可能揭示出新的带普遍性的经济规律。

题材交叉结合的经济报道，得益于记者的交叉思维方式。交叉思维就是立体思维，它避免了那种单一的平面思维方式，即纵向的和横向的思维方式，能对事物作纵横统一的、系统的、立体的观察和分析，因而能全面、准确、深刻地反映客观事物。胡乔木同志说过，新闻要写成“立体化”。这就是说，新闻报道要在同一时间空间里同时把握客观事物的几个不同方面，使之同时表现出来，使读者对该事物有一种可视、可闻、可触的“立体感”。符合客观事物的本来面貌。马克思主义哲学告诉我们，物质世界是普遍联系的，你中有我，我中有你，你离不开我，我离不开你，纯而又纯的事物是不存在的。经济现象总是同社会生活其他各种现象联结、融合在一起的。新闻工作说到底是面向全社会，反映整个社会生活的。运用交叉思维，有助于我们多侧面、多层次、纵横交叉地观察事物，从而使我们更客观、更深刻地揭示事物运动和发展的规律。

题材交叉而又不至于题材芜杂、主题不集中，交叉思维而又不至于思路凌乱、主旨不清晰，关键在哪里？在于写人，写人的活动及其思想、观念、意识。因为人是一切社会关系的总和。任何一个活生生的人，哪怕是财大气粗的企业家，或者是远见卓识的经济学家，其思想、观念、意识决不仅仅限于经济，必然还有政治的、文化的，其人生观、世界观是一个完整有序的“系统”。因此，经济报道突出写人，就不至于单调，而且有新意，有深度。

前面提到的两篇经济报道，《“一厘钱”精神》、《马林达先生为何哭?》，我读过好几遍，每读一遍都觉得味道很浓，而且想得很多。为什么？我觉得这里面有经济思想，还有其他思想和观念。马林达先生的经济效益观念多么强烈，人情味又多么浓，文中还有吉他伴唱的动人歌词，这是文化意识。在《“一厘钱”精神》中，有政治观念、经济思想，也有文化意识。那些以精打细算为乐事的工人师傅和企业干部多么可敬可爱！我们看到的不光是给国家多积攒一厘钱的经济思想和政治觉悟，还有人品、道德、情操，这不也是文化意识吗？经济活动说到底是人的活动。经济报道若能注重写人的活动，就能突破单纯的经济思想，使人们从经济活动中看到人生和人情，获得某种哲理性的启示。

突出写人的经济报道所反映的经济规律，已不是狭义上的经济规律，而是同社会发展规律融合在一起的那种经济规律。因此，这种经济规律使人从经济问题看社会问题，从经济现象看社会现象，从经济活动看社会人生，从经济发展看社会发展。现在新闻界有一种新论，叫做经济报道社会化，也主张经济题材同社会生活其他种种题材交融在一起，这样的报道就具有社会化的特色，其中有些可以说既是经济新闻，也是社会新闻。

1985 年的好新闻作品《哥哥今日走西口妹妹欢喜不再留》，说的是从前陕北人走西口，那是历史上悲惨的社会生活；现在陕北人意气风发奔西口，去长途贩运做生意，去办厂开店搞承包，好不热闹。于是引出了不同历史时期的三首民歌。解放前颠沛流离唱的是“哥哥你走西口，小妹实难留；提起你那走西口，两眼泪长流……”；极“左”路线那几年走西口谋生要被揪回来批斗，唱的是“哥哥你守泥炕，囤里没有粮；想走西口还不让，光棍排成行……”；现在呢：“哥哥你走西口，妹妹不再愁，西口成了幸福路，日子有奔头……”。文章中插进这三首民歌，把陕北人民走西口的横向经济活动写得多么深沉、多么生动感人！经济生活同文化生活相交融、相辉映，这便是一幅完整的社会生活图景。这种非单一题材的经济报道，别具一格，意味深长，而且格调清新，自然留给读者很深的印象。

不少人把经济规律看成仅仅是经济效益，因而经济报道就只局限于经济题材，而且只着眼在经济效益上，于是见钱不见物，见物不见人，见人不见心。我认为，经济效益是重要的，这在当前是必须大力宣传的；经济效益本身确实体现出不依人的意志为转移的客观经济规律。但是，经济规律并不等同于经济效益。因为经济规律受社会规律制约，从效益角度上看，除了经济效益，还有其他的社会效益。社会效益包括社会的物质文明和精神文明。因此，社会经济规律常常同精神文明联系在一起。例如，人们的观念、意识的先进与落后、文明与愚昧，常常对经济活动、经济工作起极大的反作用。先进的文明的观念常常反映经济规律。前几年，我们在讨论一篇描写“豆腐战”的新闻时，曾出现不同看法。这篇“豆腐战”新闻说的是一个小镇上开着一家豆腐店，生意兴隆；后来突然冒出一家豆腐店同它争生意，豆腐质量好，价格又便宜，把许多顾客吸引过去了。于是原先那家豆腐店也千方百计提高豆腐质量，降低价格，力争把老顾客拉回来。对方不肯示弱，再次降低售价，改善服务态度，笑迎顾客。这场豆腐战像一出活剧，小镇上人们议论纷纷，笑逐颜开。有的同志对这篇报道不以为然，因为一再降价同经济效益相悖，哪有做生意不求利润的呢？有的认为不能单纯以经济效益论经济报道，经济活动毕竟是人的活动，人的活动受人的观念意识支配，有的人只图赚钱，有的人除赚钱谋生，还讲求信誉、声望。两家豆腐店竞争的主要目标是顾客，也就是店主的信誉和声望，这是合乎生活规律的。在社会生活中，每个人都有一个生计问题，又都有一个人品和道德修养问题，这就是人的观念、意识的问题。如果撇开观念、意识的先进与落后、文明与愚昧，仅仅以经济效益论经济活动，那是违背经济规律和人生价值的。即使在旧社会，也有既赚钱发财又重社会声望的企业家。如杭州胡庆余堂的胡雪岩，社会声望很高，除了胡庆余堂药品赢得声望外，还与胡雪岩本人注重社会服务并能伸张正义有关。在杨乃武一案中，为杨乃武的姐姐赴京告状提供全程盘缠的就是胡雪岩。这是杨乃武的女儿在一篇文章中讲到的。我认为，人们的经济活动，都是在社会、人生这个大舞台上演出的；因而人们要想在经济活动中成功，不能不顾及社会影响，名声不好的企业家往往是兔子尾巴长不了，有远见卓识的企业家没有一个不把名声看作无价之宝的。

人们的观念、意识对经济活动的影响是很大的，有时起着某种制约作用。因而经济报道的深度，要深在人们的观念、意识上。1984年，《人民日报》两位记者到陕西关中跑了一趟，写了一篇通讯，题为《在"转化"中看多数》。这篇报道写农村经济向商品生产转化，只有少数农民转过这个弯子，多数农民还没有转过来，原因就是观念转不过来。养奶牛可以脱贫致富，又怕养不好，"出个差错，那可不像死一只鸡"，这是怕担风险；"有吃有穿，手中还有点零花钱，这就不错了"，这是小富即安，缺少完全脱贫、真正致富的冲劲；习惯于"别人安排好了叫干啥就干啥，叫怎么干就怎么干"，这是安于"吃死饭"，还没有进入商品生产者的队伍，没有"吃活饭"的胆和识。所有这些，都反映出多数农民观念陈旧，意识落后，他们"徘徊在商品生产的门外，不得其门而入"。这篇报道重在剖析人们的经济观念，揭示出人的观念制约人的经济活动这一客观规律，成为一篇新闻界公认的有深度的经济新闻，被评为1984年全国好新闻一等奖。

1991年11月初稿，1992年1月修改

（此文在1995年12月浙江省新闻专业人员高级
〈正高〉专业技术资格评审会议上受到好评）

短新闻回味

在今年上半年开展华东 9 报短新闻竞赛的时候，我们曾有选编一本短新闻作品集的打算，得到许多记者的热烈支持。现在这本集短新闻作品和读评提要的《短新闻四味》终于和大家见面了，这是大家辛勤实践的一个新成果，也是浙江日报主攻新闻的一项新业绩，的确是十分可喜的。

收在这本书里的作品，都是发表在 1995 年内以及 1996 年上半年的短消息，共计 144 篇，其中大多数刊登在《浙江日报》上，一部分刊登在《钱江晚报》和《经济生活报》上。这些短消息较好地体现了“新、短、重、活”，当然，并不是每篇作品都四者等量兼备的。至于作品的分类编排，只能大体上侧重一个方面，编入这一类的并不意味着没有别的方面的长处。但就篇幅而言，绝大多数作品都在 600 字以内。

书中的四篇“短新闻读评提要”，从理论与实践的结合上，分别探讨短消息采写中的“新”、“短”、“重”、“活”四个问题，有重点地评介了一些作品的成功之处，扼要地阐述了有关的理论和业务知识。这对于大家开阔思路，继续创新，进一步提高短消息的采写水平，是不无裨益的。

说“新”

——短新闻读评提要之一

新闻姓新，也贵在“新”。记者采写的是新闻性较强的重要事实，读者看报，也总是寻觅那些新闻味浓的报道，二者都求其新。

在新闻报道中，记者常用的文体是消息，因为比起其他新闻文体来，用消息传播新闻事实更迅捷，也更有效。因而狭义上的新闻便是指消息。我们所说的“短新闻”，也就是短消息。报纸印出来，新闻欲强的读者，也总是先看国内外短消息。

新闻性、新闻味、新闻欲，新在哪里呢？这本书里的许多短消息，是可以回答这个问题的。

“新近”与时效

新闻原理告诉我们，新闻是新近发生或变动的事实的报道或传播。其中，“新近”是所报道的“事实”的第一个限制词，说明事实是要新鲜的，而且报道应是迅捷的。这就确定了新闻报道的时效性原则。许多记者认识到，时效是新闻的生命，是求“新”的一个立足点。

新闻实践告诉我们，从新闻报道的总体看，新闻事实发生的时日与记者报道时间的间距越近，时差越短，新闻的时效性就越强。但是，新闻的时效性受到新闻事实运动状态的制约；事态变动明显还是不明显，人们对时效性的要求就不一样。因而对不同新闻的时效性要作具体分析。非事件性新闻，包括典型报道、综合报道、分析性新闻等，报道的是动态不甚明显，处于比较稳定或渐变状态的事物和情状，人们对其时效性的要求还比较宽容。而事件性新闻，即单独报道一件事的新闻，有其发生和演变的鲜明动态。又有时间、空间的视觉形态，人们对其时效性的要求比较严格，这是合乎情理的。

诚然，非事件性新闻也有个时效问题。精明的记者为求其新鲜感，满足读者的新闻欲，往往为报道的事实寻找一个“新闻由头”，即最近发生的一件事，把它作为消息的导语来写，以引发读者的兴味。

去年 8 月 30 日，本报刊登天台 8 月 29 日的一则电讯稿，报道天台农村兴起“读书热”，导语是这样写的：“今天，天台县 60 多名在北京、上海等地经商、办企业的农民坐飞机、坐火车赶回老家，参加农村干部中专函授考试。天台县领导说，农村干部学习积极性如此高涨，出乎我们意料之外。”农民坐飞机回家赶考这件事，既是报道读书热的新闻由头，又是农村兴起读书热的典型事例，的确新鲜有味。编辑给这条新闻做了这样一个标题：“弃生意求学坐飞机赶考”。这样对读者就更有吸引力了。如果不抓住这件事作新闻由头，这篇反映农民读书热的报道是不可能成为一条昨日新闻的。

至于事件性新闻，在新闻时效上更不容含糊，记者、通讯员都千方百计于事发当日采写，并当夜传稿，确保第二天见报。如报道华东首次以企业称号命名的列车“杉杉号”始发杭州的新闻：“本报宁波12月28日电　今天上午8时正，华东地区铁路系统首次以企业称号命名的列车——‘杉杉号’列车从杭州火车站缓缓启动，奔向宁波。……上午11时30分，‘杉杉号’顺利抵达宁波。”这条事件性新闻把事情发生的时间即某日某时写得很明确，说明作者在时效问题上毫不马虎。

在事件性新闻中，有一种是报道突发事件的，称为突发性新闻，更要求写明事发的日子，甚至发稿时间标明某日某时。这是因为突发事件处于急剧的变动之中，过一小时事态就不一样，甚至有可能进展，也有可能逆转。记者不标明稿件发于当日某时，到读者手里就会变成“隔时黄花”。

当今报纸新闻的时效性备受电视新闻时效性的挑战和威逼，愈来愈含糊不得。特别是报道新闻性强的事件，各传媒的记者无不争先恐后。今年6月15日，杭州大富豪酒家摘下了四年前挂的旧招牌，换上了“龙门大酒家”的招牌。此举是在新闻舆论界连口呼唤净化社会氛围、消除不良文化之后出现的。当天，电台、电视台播放这条消息；16日，即星期天，省、市日报、晚报也有报道。为难的是《经济生活报》，因它每周出六天早报，星期天是休刊的。大富豪酒家当天上午挂新招牌，当天一早出版的《经济生活报》赶不上；为避免拖到星期一见报，被读者冷落，该报在15日早出的报纸上率先刊登这条公众瞩目的新闻。记者当然不可以将未成事实（更换招牌）写成既成事实。记者采写的是这家酒店总经理意欲更改店名的谈话，其中说到香港合作方人士对此表示赞赏和工商部门大力支持。最后写道："已有很多人向该酒家提供可选择的新店名，酒家的最后选择如何，将在今天上午揭晓。"就这样，一条侧重写背景的预告性新闻抢发在其他报纸之前，甚至在电台、电视台播放之前，收到先声夺人之效。

新在发生与变动

同"新近"密切相关的是新闻事实的"发生"，报道"新近发生"的重要事实才是新闻。新闻欲强的人看报纸，关注的是周围世界发生了什么大事，或出现了什么新情况。同"发生"、"出现"相仿的事态概念词，还有产生、发明、展现、创造、创举等等，都用来表述事物由无到有，且无人知晓。其中有益于社会和人生的称为新生事物，否则成为罕见或惊人的事物。这些都是经常看报纸的人十分关注的。

例如："本报嵊泗 2 月 27 日电　120 个客位、航速每小时 28 海里的"嵊翔号"高速客轮，今天上午 7 时 30 分首航泗礁——嵊山——大洋——上海芦潮港航线，它使我省最东部的嵊泗县嵊山岛航运至大陆仅需两个小时，比原先整整减少了 22 个小时。"这条"昨日"发生的新闻，对经常来往于上海、舟山两地的人特别有益，肯定是喜闻乐见的。而如果一年后再采写这件事，则人们早已知晓，毫无新鲜感了。

又如："本报讯　日前，已经封顶并部分粉饰的桐乡市南日镇越丰村四层皮件大楼，因无证设计、无证无照施工和工程质量低劣，被省有关部门勒令拆除。消息传开，越丰村干部群众后悔莫及。"农家造房倒塌时有所闻，但这幢被勒令停工的皮件大楼是工厂兴建的，实属罕见，令人吃惊；广大农村读者，特别是在农村搞建筑业的人们尤为关注，"三无工程"再也搞不得了。不无遗憾的是，这篇报道用了"日前"这个含混不清的时间状语，时效性就很一般了。

一桩新闻事实经过报道广为人知后，如果突然出现变动，无论是向前飞跃，还是向后逆转，都会引起人们更大的关注，记者无不争相报道。《"假日列车"停开了》、《杭州商海城进退两难》、《杭州的新华书店变样了》等报道，都因事物的变动而引人瞩目。特别是由几个铁路分局组合而成的双层空调软席旅游列车，是为双休日特意增开的，杭州、上海、南京的传媒普遍作了报道。谁知这趟列车只开了 4 个往返就不再运营了。不难想象，人们对这篇报道是非看个究竟不可的。

变动出新闻——对于人们关注的事物来说，的确是这样。

新在显著与异常

新近发生或变动的事实全部是值得报道的新闻事实吗？不要说全国、全省，即使在一个乡或镇的范围内，新近发生或变动的事实也是成千上万，数不胜数。其中值得报道的足以成为新闻的事实只有很少一部分。记者怎么选择呢？显著性与异常性，是记者选择的标准之一。

所谓显著性事实，是新近发生的事实中那些非同一般、很不寻常的事实。人有一般人与先进人物、知名人士之分，事有寻常小事与重大或异常事件之别。一般（平常）人不会成为新闻人物，寻常（常见）小事也不会成为新闻事件。只有那些不一般、不寻常的人和事件，才具有新闻性，才值得报道。在这里，所谓新闻性，就是显著性和异常性。显著性、异常性都在新闻价值诸要素之列，“新”就新在不一般、不寻常上。

显著性往往带有“最”字称号。最先与最后、最大与最小，都是同类事物中不一般的最突出的事实。例如：华东首次以企业称号命名的列车“杉杉号”始发杭州；龙泉成为我国最大的灵芝基地；柯茜茜创下全国农行系统新纪录——每秒点钞 8.8 张；杭州市龙翔农贸市场告别杆秤，等等，堪称“最”字头的新闻。

有些人和事，不一定冠以“最”字，但在同类人和事中显得非常突出，也具有相当大的显著性。例如：离休干部蔡象临义务宣传爱国主义，3 年讲演 500 场，听众 16 万；杭州解放路一爿“街道老翁店”，闯出一个连锁大市面；李信亮胆识过人，赴美国打赢“官司”；曾任温州市副市长的魏萼清退休后在金华搞她的本行——从事“烧泥巴”的建材研究；种粮大户苏烽斐自费出国考察，打算到泰国去承包农田，等等。这类突出的人和事引人关注，这便是新闻传播的效应。

至于异常性，不单纯是显著，而是显著性和奇异性兼而有之。这类人和事对新闻受众具有更大的吸引力。因为人们的注意力不光投向显著的事物，还因一般人皆有的好奇心，把注意力转向那些奇异的事物上去。例如，抗癌奇人缪怀恩——当癌细胞扩散全身、生命垂危之际，她以惊人的毅力与之抗争了整整 23 年；桐乡槜李不能外引的定论被推翻了，浦江人从桐乡引种的槜李不光开花结果，树上果子比桐乡的多得多；湖州有一奇洞，洞中有奇石，能作钟鼓鸣，被称为国宝。这些事物都异乎同类事物，给人新奇之感。新奇感也是一种新闻味。记者不应猎奇(一种唯奇的报道思路)，但对国计民生有利有益的新奇事物，自然是应该报道的。

新在立意与角度

在选择新近发生和变动的事实中，记者总是着眼于事实所蕴含的思想意义，特别注意有无新意。

毛泽东讲新闻时，曾讲到新闻的“立意”，留意这一点的人似乎不多。我觉得讲“立意”比讲“主题思想”恰切，对狭义上的新闻即消息来说，尤其恰切。“主题思想”不乏主观色彩，而“立意”似乎可带主观色彩，也可不带主观色彩，离不开事实本身。大富豪酒家改挂龙门酒家招牌，其“意”就在净化社会氛围，消除不良文化。我们讲新意，就是新闻事实本身所蕴含的这种新鲜的思想意义。

世上不是所有新发生的事实都有新意，所以记者要寻找，要选择。《李信亮胆识过人赴美国打赢“官司”》是一篇颇具新意的报道。企业经营者打官司常有所闻，但温州市这位小公司的总裁雄赳赳飞赴美国，打赢了官司，足以看出他胆识过人。胆识就在既有经济眼光，又有政治头脑和法规意识；立足温州，却能眼观国际风云，参与国际商战，据理申诉，一举胜诉。这件事告诉人们，随着商品的飘洋过海，企业家的头脑也要跟着“飘洋过海”，成为国际风云眼底过的无畏的商战勇士。

在《总经理让贤请能人掌印》这条短消息中，我们看到了另一位有政治头脑的企业家——萧山“维纳斯”自行车实业总公司总经理徐佳明。这位总经理心胸宽，目光远，他的自知之明、求贤如渴都出于企业的长远目标和自己的奉献精神。负重拼搏是一种奉献精神，退而让贤也可以看成是一种奉献精神，其心胸之博大更令人钦佩。

这两篇来自经济战线的报道，从事实到立意，都令人耳目一新，而且浮想联翩，得益匪浅。

有些报道，题材与宣传思想给人似曾相识之感，但新鲜的事实中不无新意，读后也有启益。节约用水这个主题报上时有所见，但《夜深人静时细探漏水踪》这条消息中所报道的杭州市节水办公室深夜为用户“检漏”一事，字里行间有一种新鲜感。这篇报道集中笔力写海军杭州疗养院先是因超标准用水，每月罚款数以万元，一筹莫展；后来市节水办的“检漏师傅”连续三夜为“海疗”自来水管道检漏，终于在第三夜的凌晨 3 时，在疗养院大门口一块水泥地坪下找到了漏点，很快就堵住了已漏失 3 万多吨水的漏洞。这篇报道告诉人们，节约用水不光要抓“明处”，还一定要查“暗处”，使用鲜为人知的耳机探棒查漏点，往往收到令人惊喜的奇效。报道中检漏师傅的工作精神也着实令人敬佩。这种新鲜有味的报道，读者是喜闻乐见的。

也许有同志认为，这篇报道好在角度新。其实，对节水而言，“检漏”与其说是个角度，不如说是整体中的一个局部。这篇报道的新闻事实本身是“检漏”，背景交待也是漏水问题，因而从消息的内容和结构很难看出角度选择上的妙处。说到底，还是“检漏”这一新闻事实本身给人以新意。

好的角度，的确是使报道出“新”的重要选择。例如，报道一个连年亏损的大企业一举扭亏为盈，一般都是从生产第一线落笔的。而报道“杭二毛”一举扭亏的记者，却从该厂行政楼的变化落笔，且用形象化语言，说这个厂行政楼变“矮”了。原来，这个厂在生死存亡的关头，不惜伤筋动骨，大刀阔斧裁减科室人员，行政楼从原先的“五层”

减为“一层”，170 人缩减到 31 人，20 个科室改为 6 个部，腾空的楼层成了生产场地。我们从这条消息看到角度选择的妙处：妙在从事物的背后揭示事物的特征和内涵，仿佛读朱自清的《背影》，有神情毕现之妙。

以角度取胜的还有《包子店香飘杭城 “麦当劳”望而却步》。“南方大包”风靡杭州，已有正面的直接报道。而在这一条消息中，记者采用侧面报道手法，通过连锁店遍布全球的“麦当劳”快餐公司驻上海办事处人员来杭考察经营环境，发现杭州大街小巷到处是包子店，市民踊跃争购 1 元 1 只的南方大包，深感“麦当劳”快餐难与价廉物美的南方大包竞争。他们原想在杭城开设分店，现在看来须“慎重考虑”了。

讲到新闻角度，有人会引出苏轼的《题西林壁》诗来讲一番。我却觉得有些牵强附会。“横看成岭侧成峰，远近高低各不同”是观景，与我们记者的新闻采访是大相径庭的。虽然观景要选角度，采访也要选角度，但客观景物是静止状态的，“横看成岭侧成峰”，天天如此，岁岁照旧；新闻采访没有这么轻易，记者寻找和观察的对象是在不断运动变化之中。“麦当劳望而却步”，固然从侧面写出了杭州大包的市场声威，但望而却步的“麦当劳”也是记者所观察的对象，而且是一个在杭州偶然出现、很快消失的对象。记者的功力在于抓住了这一稍纵即逝的对象，并且借助这个客体，去观察杭州大包，这才显现出这篇报道的侧面角度之妙来。因此，记者抓角度，说到底还是抓新出现的客观事实，随心所欲是抓不到什么的。

旧事缘何成新闻

去年 8 月 12 日，本报以《日军自行拍摄暴行无可抵赖》为题，披露 55 年前侵华日军出版的一本名为《中支从军记》的战争图片集。这篇报道和随后公诸报端的多幅战争图片，在广大读者中引起强烈反响，出现轰动效应。新闻既然是新近发生或变动的事实的报道，55 年前发生的这件旧事，怎么在今天成了新闻呢？

请留意这条消息的副题:“嘉兴发现侵华日军的自供状——《中支从军记》。”这是最近“发现”的,表明在这之前是无人知晓的。这一点正是引发新闻效应的基础。更何况,旧事传开,融进沸腾的现实生活,分量得以倍增。去年8月,在纪念抗日战争胜利五十周年的日子里,在深受日本帝国主义侵略和蹂躏的浙江大地,到处都出现长辈向晚辈们讲述当年日军种种暴行和百姓生灵涂炭的惨状。这篇报道和这些图片见报后,城乡人民争相传阅,“勿忘国耻,强我中华”的爱国主义热情进一步高涨。而且针对当今日本国内右翼势力一再抵赖侵华日军种种暴行,这篇报道和这批图片的发表就具有更大的现实意义和历史价值。编者为这条消息制作的新闻标题,充分揭示了这一点。

如同新近发生的重要事实成为新闻一样,新近“发现”的重要事实也会成为新闻。那是因为,由不知到知之,由未闻到闻之,在这一点上,两者是共同的。我们有些短新闻所报道的人和事,如哑巴女船工、抗癌“奇人”、朝晖街道“剪字张”、稀世珍宝越王剑、牛峰岭“微型小学”等,都不是新近发生或出现的,而是新近发现和传播的。至于传播效应的大小,则取决于事情重要性和现实意义的程度。人们认为事情重要,意义重大,必欲知之而后快,传播效应必大无疑。

新闻,新在人们闻所未闻而又不可不闻,这是实践一再证明了的。

道“短”
——短新闻读评提要之二

短,消息的特性与优势

有些偏爱文学的记者会写长通讯,却不大乐意也不大善于写短消息,他们不会不知道,茅盾、巴金之所以成为文学巨匠,是因为他们不但有鸿篇巨制,还有许许多多精致优美短小的散文。鲁迅的作品中篇幅最长的《阿 Q 正传》只有 2 万余字，曾有文学评论家称之为“一部《阿 Q 正传》”，那是因为《阿 Q 正传》所反映的社会生活广度和深度，是足以称为一部长篇小说的。至于鲁迅笔下的短篇名著之多，更是文学界尽人皆知的。文学家并不嫌弃短篇，有的甚至终身孜孜于制作短篇，当新闻记者怎么可以忽视写短新闻呢？

新闻作品，包括通讯，都应该是短的。但在新闻业务这个圈子里，真正的短篇，主要是消息类。人们历来称呼“一篇通讯”，“一条消息”，用的量词不同。说明通讯可长（如三五千字）可短，而消息却非短不可，从不给它一点可以拉长的理由。这是为什么？新闻事业史告诉我们，最早出现的新闻报道，是古代威尼斯商人从海外收集到的商讯，商船返港后把各地商讯发布给经商的人们。而当有人不干别的，专门从事这个行当时，世界新闻事业史的第一章就揭开了。这种一条一条的商情简讯，便是最早的消息。所以，“短”可以说是消息的本性；延至当今，可谓本性难移。面对现代社会信息纷繁局面，图书、音像杂沓，消息愈加发挥其传播信息简捷的巨大社会功能，为快节奏生活的现代人所看好。

在我国，近代报纸上的消息，也都是简讯；进入现代曾一度变长，50 年代就曾出现千字以上长消息。当时新华社力倡短风，提出消息应在 800 字以内。几十年来，千字以上的长消息仍然时有所见，但“800 字为宜”，则是新闻界在消息篇幅问题上较为普遍的意见。

“短消息”又如何衡量？过去似乎没有什么定论。但大体上是介于 800 字与一二百字之间的消息。有几家四开晚报最近提倡的短消息是三四百字，已把 500 字稿件拒之于短新闻门外了。对开大报呢？华东 9 报今年开展短新闻竞赛，经过协商，明确规定参评短新闻（消息）的字数一律在 600 字以内（包括标点符号），字数一超便失去入选资格。至于本报，提倡短新闻已有数年，一直把字数框在 600 字以内。

五六百字的短消息备受读者喜爱，是毋庸置疑的。5000 字以上的长通讯占据半个版面。如果不是像徐虎那样的重大典型，或重大事件，看的人有多少呢？如果这半个版换成八九条“新、短、重、活”的消息，看的人肯定多得多。报纸每个新闻版每天刊登十多条这种短消息，形成八方传讯、信息密集而又美不胜收之状，一方面充分地反映了千姿百态、千变万化的社会情势，另一方面又适应和满足了生活节奏加快、信息需求日增的读者意愿。

对于记者来说，多多采写短消息，既是入门之道，也是成才之路。因为围绕消息的采写、编辑的业务活动，充分而又集中地体现了新闻报道的基本规律。而只写通讯，不写消息，就不易掌握新闻规律。更何况，一个记者一天出手一条，一个月 30 条，一年下来，洋洋大观近 20 万见报作品矣！实际上，本报有的青年记者月见报稿已达到或超过 30 条。这样干上两三年，新闻入门是不成问题的了。至于成名，也不成问题。设若一篇 5000 字的好通讯能赢得 1 万名读者，那么，将它改写成一条精粹的 500 字短消息，也许会拥有 10 万读者。如果两者出自一人之手，这样的记者在老总看来是比较成熟的了。新华社老记者李普，开国前后写了大量消息，新闻界公认他是采写短新闻的行家里手，是短新闻托起的一位名记者。80 年代初，李普来杭州作过讲演，鼓励年轻记者们多写短新闻。

求短，信息观念显神通

为什么有的记者写消息时一任挥洒，难于收笔；咬着牙缩短，却又不像一条消息呢？如果单从写作技巧上讲，可以讲许多原因，比如要简练而不要铺陈，要唯实而不要虚无飘缈，等等。但这都难以使他摆脱消息写作的困境，因为没有深究到对写作心理起支配作用的观念问题上。

大约十年前，有一位多写短新闻的晚报记者在与同事闲聊时说出这样一句话：“写报道又不是做文章，抓得到好东西就成。”这句话当然不无片面性，但听的人当时没有同他争辩，他自己说出这句话之后也没有作进一步的解释或分析，那是随口说说的。我们不妨撇开其片面性，探索其中蕴含的正确性。他说的“好东西”指的是什么呢？

是要报道的事实吗？没有错，但似乎不够确切，不够清晰。我以为这“好东西”是指信息，或者叫新闻信息。正是信息观念，在短消息的写作中起着支配作用。

前面所讲的难以收笔的挥洒，是一种文学创作心态，支配作者心理活动的是人物形象和情感。文学作品虽有长短之分、技巧之别，但都离不开形象和情感。这种形象意识，在新闻写作中恰恰不能起支配作用。新闻作品普遍都是短的，短消息可谓短中之短，只有在信息观念的支配下才会意识到：长是没有必要的，短是不在话下的。

信息是什么？书本上似乎各有各的讲法。我们不妨从新闻传播角度去把握：信息就是受众未知欲知的客观事物的音信或征状。构成信息的有三个要素：信源（客观事物）、信道（传媒）和信宿（受众），短一不可。特别值得注意的是，所谓“未知欲知”是指作为“信宿”的受众而言的。信息之所以成为信息，丝毫也离不开受众的认可。因而记者总是从读者的心理和眼光去识别和传播信息的。

我们不妨从编入本书的一些短新闻中把这种信息即音信拎出几条来：

杭州万户住房特困户全部解困；
何慕任职不满半年被免职；
火车上可打长途电话了；
“民办教师”称呼将消失；
“假日列车”停开了；
小黄鱼又回来了；
毛阿敏到缙云山区演出漫天要价；
杭州千余青工昨日大拜师；
新型“红旗”车亮相杭城；
母象罗罗快做“妈妈”了。

这些都是事物的音信或征状。不难看出。办报人是从读者眼光来识别和表述报道内容中蕴含的信息的。

因此，我们采写消息，首先要捕捉并确认这种信息。只要抓住足以显现信息的事实并恰当表述，短消息的写作问题会迎刃而解。

《小黄鱼又回来了》这条消息被排上版面那天夜里，值班老总一读就叫好，要上头条。细细研读，觉得还可以写得内容再丰满一点。因为此稿才 260 字，按 600 字之限，还大有增补的余地。当夜电话找作者，未能找到；是否等明天要来补充材料后再见报？值班老总左右思量，觉得这条能抓住读者的消息，文中已有情景、态势，又有背景情况，不能再苛求它了，上吧！于是就见报了。这就是“抓得到好东西就成”。说到底是一个重要信息为它取胜定局。因为从已有的事实材料看，“小黄鱼又回来了”这个信息已明白无误又确切无疑；到这地步，更多更好的材料显得无关紧要、可有可无的了。

话再说回来，写消息并不一概排斥文学描写。但消息写作以展现信息为主，只在必要时才适当运用一点文学描写。如《杭州朝晖街道有个“剪字张”》，对“剪字张”有几笔现场描写，神态毕现，但神来即止，绝无铺张状态。特别值得一提的是这条消息的标题，纯粹是新闻信息类标题。只有站到信息接受者一边，猜度他们获悉时的心理与言语，才会做出这样一个传播音信的标题来。而如果改成《神剪手》，文学趣味出来了，但音信却变得很模糊的了。

谋短技法述略

我们从一些成功的消息中，可以归纳出一些谋求短小精悍的基本技法，主要有以下几种：

一是以信息为核心高度浓缩。这主要是对题材重、素材多、足以写长通讯的报道而言的。如天台英雄两姐妹的事迹，本报发表过一篇 4000 字的长通讯，作了较为详细的报道。在刊登这篇通讯之前，曾发过一则短消息，不满 400 字，题为《天台两姐妹为扑救山林火灾英勇献身》。这个标题本身是一条信息；导语中写明时间、地点、人物姓名；主体部分 240 字，单写救火和献身的事迹；末尾三句话 100 字，分别交待人物年龄、住址，平时表现，以及群众悼念活动。在这么短的消息中，展现信息的事迹却是实在而又明确的，这条信息被读者接受是没有问题的。由此可见，长篇通讯在见报之前，一般都可以先发这样一条短消息，社会效果是必大无疑的。

二是以一当十运用典型材料。记者在采访时收集材料当然是多多益善，但在写作时运用这些材料则“少少益善”，特别是典型事迹，最好是以一当十。消息之所以长，常常是堆砌材料造成的，特别是典型材料，觉得这个有意义，那个有分量，都舍不得。下狠心只用其中一个，别的全都割爱，消息就短了。《为实现孔繁森生前遗愿温州一企业家愿抚养西藏两孤儿》这条消息，报道的是“90 年代焦裕禄式的好干部——孔繁森同志的事迹在温州大地上引起了很大的震动和反响”。按过去的写法，导语这样一说，这条综合性消息会写出许多学习孔繁森的生动事例来。然而，作者在这句话后面只讲一件事，就是温州私营企业——大荣电器总公司总经理朱明焕托人去西藏联系抚养孔繁森生前抚养过的两名藏族孤儿的事宜，表示愿意承担他俩的生活、学习费用，直至大学毕业。虽然只写出这一件事，但读者们从中可以看出，孔繁森事迹在温州家喻户晓，社会各界都学习他的崇高精神品质。而这条消息总共不到 300 字，岂非“以一当十”之功！还有一条消息是前面提到过的，就是《夜深人静时细探漏水踪》。编者在这条消息的副题中作了综合性提示：“杭州市节水办今年以来为 16 家用水大户查漏，每月节水 10 万吨，相当于一个小型水厂产量。”此事牵涉 16 家用水大户，按一般写法，事例材料总得用两三个。但记者只用了一个，就是节水办的查漏师傅在海军疗养院深夜查漏一事，其他单位查漏情况一概不提。这条消息只有 500 来字，但读后已有心满意足之感。

三是优选法，即材料按新旧、主次、重轻及其程度依次排队，选用时从新、从主、从重。非事件性新闻的材料多，在运用时很难只取其一。如果采用这种优选法，消息要怎么短就能怎么短，并不难办。而且如果记者脱手的稿子是七八百字，编辑再在稿子后面删掉一二段，也会变成一条五六百字的短消息。即使已经改成五六百字,按优选法仍然可以再缩短。例如,《斗门镇靠电脑网络招商引资》、《绍兴县干部争学三种语言》这两则短消息的最后一段文字,都是写“今后打算”,显然属于较次要的内容,完全可以删去。《温州涌动私家汽车》、《西湖“夜明珠”今夏更艳丽》这两条消息的末段,与前面内容相比,分量较轻,删去后这两条消息就更精了。

四是文字从简。在消息的所有内容中,不管是不是重点,文字一概从简,重点内容要简明,非重点的内容则简约,统称简练。报道天台两姐妹救火献身的那条消息,写扑火与牺牲的中段可谓简明,交代其他情况的末尾可谓简约。为此,首先要善于概括,将数百或数千字的内容概括成一句或两句话。如天台这条消息中,英雄两姐妹生前关心和帮助乡亲的事迹很感人,事例是很多的,在消息中则一言以蔽之:“她俩平时助人为乐。”这 8 个字概括了一二千字的生动事迹。又如,在《连锁店成为杭城商业新军》中的一句:“最新统计材料表明,目前杭州有 27 家商业企业开出了 138 家连锁商店,去年营业收入超过 3 亿元,成为杭州商业中令人瞩目的新军。”这种文字概括能力,对记者来说是必不可少的。可以说,不会概括就不会写消息。

其次是少描绘,多陈述。消息虽然不一概排斥描写,但写消息的文字基本功还是极富表达力的陈述。所谓表达力,就是用于表述和传达客观事物情状的文字功力。例如,《毛阿敏到缙云山区演出漫天要价》中这样写道:“事情原由是:今年元旦,毛阿敏应邀赴缙云县演出,事先商定好毛阿敏的个人酬劳为 7 万元,但到了该地后毛阿敏突然提出追加 5000 元。主办单位只好答应。”这 60 多字把本可写成数百上千字的过程和情状和盘托出了,不光事态的时空分明,而且使用“应邀”、“事先商定好”、“突然提出追加”、“只好答应”等语词,更使人清楚明白,还略带现场感。故事性强的素材是很容易拉长的,运用这种既是概括又具体实在且有情景之感的陈述法,可以说是消息写作中事半功倍的技法。

至于言之无物的空话,在消息写作中当然是不该容留的。

谈“重”

——短新闻读评提要之三

短新闻的“重”，大抵指短新闻所包含的思想意义较深刻，指导性、启迪性较强。

这个思想性、指导性原则，对各类新闻报道都是必不可少的；但是，对短消息的采写来说，却会遇到一些麻烦——心理障碍。短了，还能重吗？既然是信息，还要强调思想性、指导性吗？好在实践中提出的问题，已经由实践自身作了回答。许多思想性、指导性强的短消息表明，在短消息采写中求“重”，是别有几番胜境的。

“短”挑重担

在常见的短消息中，确有一些是轻飘飘的、无关宏旨的东西。因而在记者、通讯员的观念上，一般都认为分量重的题材应写成通讯或调查报告，写成短消息似有亏待题材之虞；只有那些分量较轻的题材，写条短消息发出算了。在过去开展的短消息竞赛活动中，许多记者、通讯员都把注意力投注在如何写得生动活泼上；待到评选揭晓时，人们发现，入选的优秀作品，大多是题材重大之作。这是不难理解的，分量轻的短消息，即使内容生动、文字活泼，其报道效果、社会影响仍然抵不过那些题材重大又有可读性的短消息。因为报道效果、社会影响具有综合性，是最终体现报道价值的。这次华东9报短新闻竞赛，在竞赛目标中除了新、短、活，还特别增加“重”字一项，正是在总结过去竞赛经验的基础上提出来的。

新闻从来不以短长论轻重。因为短与长，只是表示文字的少与多和内容的简与繁，不应跟题材的轻与重混为一谈。政治、经济方面的重大题材，有的可以把内容缩简，用五六百字来表述。短消息传播信息迅捷，又能直接、明显地影响受众的思想和行为。有的重大题材，只要作为一个信息发布，就足以形成广泛的社会影响。如拨乱反正时期，新华社那条报道北京市委宣布1976年清明节天安门事件完全是革命行动的短消息，短到只有200多字。人们当然不会把它看成一条普通的简讯，而是政治生活中一条振奋人心、举国欢腾的重大信息。任何一个重大题材的新闻事实，如果只需作为一个信息发布，而且要求获得全民皆知的报道效果，必然会采用短消息这种报道形式。

但在省报上，报道重大题材的短消息却很少，给人一种“又当别论”之感。十多年来，随着新闻改革中信息传播观念不断增强，省报上重大题材的短消息才逐渐多起来。

当前，宣传廉洁勤政，无疑是省报的一个重大政治题材。过去这类题材的报道，大多采用通讯体裁，即或采用消息（经验性报道），也都是超过1000字的那些长消息。现在我们可以说，用短消息来报道这个重大题材是完全可能、十分有效的。

《温岭市法院抓廉政动真格设立送礼曝光台秉公为民办案件》是一条只有400多字的短消息，其思想容量并不逊于过去那种1000多字的经验性消息，宣传效果却好得多。一些腐败现象告诉人们，贪官几乎都是从受贿开始其违法犯罪行为的。通常情况是先有行贿，后有受贿。在行贿面前，不是受贿，便是拒贿。而行贿，几乎都是以“送礼”为名进行的。于是，问题集中在对待送礼的态度上。而“拒礼”也还有真假之分。温岭市法院“设立送礼曝光台”，即把送礼者的姓名和礼金多少一条条公布在法院门外的众目睽睽的橱窗里，说明他们在廉政建设中抓住了“拒礼”这个“牛鼻子”，确实是“动真格”了。作者对这个曝光台的几句描述，一目了然；接下去就写到法院政工科的一本拒贿登记簿，当年102笔拒贿记录已分别作了退还或上缴的处理。然后交待出三年前该院下属石陈法庭创设曝光台的背景。“市法院将这一做法在全市推广，狠抓队伍建设，对送礼者曝光，对受贿者严肃处理，3年来拒收现金礼物价值11万多元，使法律天平始终不失衡。”最后这段总结性文字，读起来给人铿锵有力之感，这是由于动真格的做法真实可信的缘故。

这条短消息告诉我们:在地方报纸上,短消息是完全可以挑重担——承载重大题材的。记者应该多写题材比较重大的短消息。

"大局为重"

短消息的分量问题,单从题材大小讲,难以从根本上解决问题;因为题材大小虽有很明显的,多数却不可能像实物一样分出斤两来。那么,应该怎样去把握短消息的分量呢?

我们有时会郑重地说:"以大局为重",还会说"事关大局"、"总揽全局"这样的话。我以为,有了这种大局意识和全局观念,题材的分量就比较容易把握了,甚至有可能使一般题材变成重大题材。

大局意识、全局观念会促使我们自觉地学习和领会党的方针、政策,提高报道的政策水平和新闻的指导性。方针、政策都是管大局的,缺少大局意识就不能深刻领会政策的精神实质。全局在胸,大局为重,政策领会深,正面典型与负面典型就分得清,重大题材就抓得住了。

《桐庐农资市场该管一管了》是一条政策性、指导性较强的短消息。记者胸有全省农业和农村工作这个全局,了解全省农资市场的全貌,对一些地方出现的农资市场混乱情况深有感触,于是专程去桐庐调查农资市场状况。在走访中发现,该县有上百家个体户在经营化肥、农药,这些个体户居然都有经营执照;还有一些集体单位,私下把农资经营承包给了个人。而按国家有关政策,个体户经营农资是禁止的,个人承包农资经营也是不容许的。记者政策明,是非清,在采访了桐庐县七个乡镇,掌握该县农资市场普遍混乱的情况后,写出了这条政策性、指导性较强的短消息。

大局意识、全局观念促使记者多跑多闻,全面了解各地各方面情况,特别是深入了解自己所报道的领域的整体面貌。过去办报人员曾有过一句行话,叫做"面上找问题,点上抓典型"。这话没有错,跑的地方多,接触的人多了,了解的情况自然多,存在的问题就掌握了。针对这些问题,抓出一个能有效地解决问题的先进典型,这样的报道就体现了指导性。针对性越强，指导性也就越强。

采写《开发区内稻秧绿》的记者，全面了解我省农村工作情况，对于打好粮食翻身仗中存在的一些问题比较清楚，其中一个问题是有些地方的开发区围而不开发，徒使良田变荒地。在台州市椒江区的经济开发区，记者“看到预征的成片耕地都已种上早稻，在一些已征而项目尚未上马的田块上也是一片嫩绿”。记者抓住了这个典型，用短短500多字的篇幅，报道了这个开发区管委会重视粮食生产，避免征地抛荒的经验和成绩。这条消息的导语较有特色：“治理农田抛荒中最为辣手的开发区抛荒问题，如今已在台州市椒江区得到了较好的解决。”很明显，这个特色就在于针对性强。

有些报道，如果没有针对性，那就完全失去了指导性，甚至连新闻性也荡然无存。如《鲁迅小学学生课外轻松》，是针对全省中小学校学生普遍存在作业负担重、课外不轻松这个大问题的，所谓指导性当然也只是对存在这个问题的学校而言的。《衢州对不称职处级干部动真格》报道6名处级领导干部被免职或降职，他们“未到退休年龄，也没有犯够得上应受党纪政纪处分的错误”，而是“一些不称职、不适应的领导成员”。如果在我们的党政机关中能够普遍实行对不称职、不适应的领导成员一律免职或降职，那么，这条消息就失去针对性，指导性也无从谈起了。这就是所谓“反面文章正面做”，没有“反面”情况，正面的文章是不会去做的。

大局意识、全局意识还会促使记者去关心群众利益，倾听群众呼声。“群众是真正的英雄”，“历史是人民创造的”，这都是政治常识。大局意识属于政治意识，全局观念中必有群众观念。政治意识强的记者，群众观念也强，遇事常常想到群众的利害问题。《收回空关房分给特困户》这条短消息，报道舟山普陀区170家人均居住面积不到2平方米的特困户，欢欢喜喜住进了干部多占的公房，充分体现厂党和政府对群众中的住房特困户的关怀和特殊照顾，报道分量是很重的。

还有一条短消息，报道德清县委宣布十条规定，严格控制经费开支。如果从县委自身勤俭清廉写起，当然也无妨。作者却从群众呼声写起：县总工会办的一份内部刊物上登出新市丝厂职工徐建勇的一封来信，说是电视新闻里经常看到领导开会的镜头，会议桌上堆放着瓜果点心，领导边吃边开会，群众对此有意见，希望领导开会不再吃零食。县委书记看到这封来信称好，批示按群众提的这个意见办，要求县五套班子带头。此后全县上下兴起一股新风，凡工作会议，即使有上级领导到会，也一律不摆瓜果点心。一个多月后，县委制定并公布了清廉勤政的十条规定。这条短新闻不是写直接为群众谋利益，但在字里行间渗透着群众观念，把一个老百姓说的话看得很重很重，令人感动。这样的报道能说分量不重吗？

"思理为妙"

有些题材并非事关大局，写成短消息，又要使人感觉到分量不轻，值得一读，有什么诀窍呢？我以为，诀窍在于作者的理性思维。古人说："思理为妙，神与物游。"此乃"驭文之首术，谋篇之大端"。[①]"思"就是作者的思维，"神思"就是写作时的思维活动。"理"泛指事物包含的哲理、情理，统称"事理"。新闻采访活动确是"神与物游"，作者捕捉新闻事实，不满足于仅仅了解事实的基本情况和表面现象（那样会使作品轻飘飘，没有分量），还应注意把握"事理"，即新闻事实五要素之一的"为什么"。"思理为妙"就是把事理揭开，告诉人们为什么出现这件事，怎么会形成这种事态，妙就妙在写出这种事理来，作品的分量就在事理之中了。

《桐乡槜李不能外引的定论被推翻　身在"娘家"结果少"外嫁"浦江"子孙"多》这条短消息的成功，很能说明这个问题。这条消息的最后一段文字写出了事理——为什么槜李在原产地结果少、在浦江反而结果多。作者是这样写的：

① 刘勰：《文心雕龙·神思》。

"说到原因，傅建平说，他栽培的槜李，四周都种植桃形李。受桃形李雄性花粉影响，通过异花授粉作用，提高槜李座果率。而在桐乡原产地，槜李都是清一色种植。"

看到这里，读者会发出"原来如此"的感叹。过去有关桐乡槜李的报道，除了交待仅产桐乡一地之外，还有结果稀少的说明，但从未说明把它当做贡品的古代是否也是结果很少的。这条消息不光推翻了桐乡槜李不能外引的结论，还突破了槜李结果少的论断，使人产生桐乡槜李在古代未必结果很少的遐想。

当作者从既定的采访对象那里得不到这样明晰的回答时，就要为求索事理而奔跑。请看《假日列车停开了》最后两段文字：

"据悉，铁路部门经过预测，认为该趟车未来的售票将会出现'不尽如人意'的局面。

"对假日 01/02 次旅客列车的停开，人们反应平淡。即将上车的哈尔滨旅客陈灿乔说：'双休日包括休闲、健身、娱乐、读书等，人们感兴趣的不只是旅游。'浙江物资大厦的吴进旅客对记者说：'假日列车的停开，对那些为双休日的旅游而投入大量财力、精力、人力的交通、宾馆、饭店、旅游是一个重要启示：不要盲目地一哄而上。'"

"事理"出来了，还有引申发挥，这条短消息就有分量了。

有些事情，单靠一方，道理说不清，或者会说出歪理来，必须作多方位的采访、求索。《义乌打井取水成风》就是这样写出来的。义乌打井成风始于缺雨的上一年，同水源污染也有关系，这是记者首先听到的说法。记者在村里也看到一平方公里内打井三四十口的实情。从义乌市安全站获得打井花钱多的看法，接下去写出市水电局和自来水公司的看法：

“对于这股打井风，水利部门的同志非常担心。从地质构造看，义乌的地下水属承压水，一旦过度开采，很难重新补给，甚至可能形成巨大溶洞，导致地表塌陷。

“许多打了井的群众说，听说井水干净，看到大家都在打，便也稀里糊涂地跟着打了一口。但是义乌市自来水公司的负责人告诫说：义乌地下水含氟量明显高于正常标准，长期饮用，反而会对人体健康造成危害。他希望人们不要乱挖井，更不要随便饮用井水。”

农民满以为打井是一桩好事，却原来是一件坏事！这个“理”是记者跑了几个部门才获得的，农民闻之动容且奔走相告是可想而知的了。

言“活”
——短新闻读评提要之四

现在讲到短消息的“活”，基本上是一个怎么写的问题。新闻的写作思路，既要顺着客观事实，又要顺应受众心理，可以说是顺之者开窍，逆之者迷茫。这是基本规律。我们这里还必须结合“新、短、重”来探讨这个问题，因为我们面对的是短消息的写作，带有某些特殊规律。

事实生动是根本

新闻作品是否生动活泼，首先取决于作为新闻内容的事实，事实本身很生动，就成功了一大半。实践告诉我们，事件性新闻本身有动态感，写得生动活泼并不困难。非事件性新闻，尤其是综合性、经验性的新闻，必有一些概念或理性的东西，要内容生动，就颇费思量了。这方面成功的经验是：抓生动的事例。

过去有种说法，叫做“综合宜少”、“典型宜多”。是说报纸上综合性的报道少发，典型报道多发。这当然是正确的。十多年来新闻改革的实践告诉我们，典型与综合是可以合二而一的，即在同一条消息中，既有综合材料，又有生动典型，这样的报道就既重又活了。外国记者笔下常有这类报道，国内作这方面尝试的记者也渐渐多起来。

《上虞百名干部换岗严守组织纪律　五天内全部报到到岗后立即工作》是一条综合性消息，作者一开始就写出一个典型事例来：

> “12 月 4 日，刚刚从上虞市下管镇调到驿亭镇担任党委书记的郑建庆，来到孝丰村、茅家溪村调查研究，与村支部一班人商讨在荒山上发展杨梅等经济作物。这是他调到驿亭半个月跑的最后几个村，迄今已走访了全镇 34 个村。”

在推出这个典型事例之后，再写综合性的材料，这条消息对读者就有吸引力了。

报道萧山农行商业城营业部为打假出力的《设立专项贷款恭请名特优品》，是在介绍经验性的做法之后，再写出有说服力的典型事例的：“记者在商业城采访时，正碰上个体批发户毛昭平刚从山东鱼台进了一卡车孔府宴酒。如今他已是山东生产厂家在萧山的特约经营商。毛昭平说，有了名特优商品专项贷款帮助，他的生意才做得这么大。”

这种典型事例的生动性和说服力是很明显的。因而在这类作品中，综合材料所占篇幅宜少，典型事例所占篇幅应扩充到大半。我们在前面提到过的报道杭州市节水办为单位“检漏”的那条消息，典型材料约占百分之八十。但在目前，有这种写作思路的记者很少，这类作品也很少。

现场描写是新闻内容求活的另一招。无论事件性新闻还是非事件性新闻，都可以通过现场描写，把消息写得生动活泼。读者总是乐于看到记者亲眼目睹的事实和情景，记者写得有声有色，必然吸引读者。

报道质量行检查团到永康"发现怪事"的《五金城关门迎检查却原来昨日已漏风》,有较多现场描写,请看下面两段:

"昨天笔者暗访三区 090015 号摊位时,发现他们正在经营眼下颇为流行的不锈钢保温杯。今天再度经过这里,发现柜内的保温杯一夜之间不翼而飞,几个人手忙脚乱地正往里搬着一些商品。

"'当'地一声在笔者耳畔响起,回头望去,只见一扇原本开着的铝合金拉门被一个摊主放了下来,并匆匆上锁。'怎么不做生意了?''嘿嘿,今天休息。'她回答。在我们查访的过程中,关门之声不绝于耳。"

这条消息的成功主要是作者着力于现场情景的描写。

报道西湖上出现一只长达 518 米、重达 100 公斤的巨型风筝的《白堤飞起五彩"长龙"》,不可能不写现场情景,作者用极其简练的笔墨写道:

"记者见到,放飞时,站在断桥上的一人托起'龙头',其余十几人依次在后面托起'龙身',借着一股东来的劲风,大家依次松开手,'长龙'腾空而起,飞上了天。

"……只见它自由自在地摆动着'身体','龙头'在断桥,'龙尾'在香格里拉饭店附近,十分壮观,引来众人的啧啧称赞。"

这种历历在目、栩栩如生的现场描写,把读者带到了新闻现场,可以同电视新闻相媲美。

无论典型事例还是现场描写,都离不开写人。我们有些消息写事不写人,而有事无人,难以生动。新闻要生动,一定要写人的活动。但在短消息中写人,一定要按照新闻的写法,既生动而又简约,一两笔勾勒,就神形毕显。这同写报告文学、人物通讯是大不一样的。

在《杭州朝晖街道有个"剪字张"》中，作者这样写道："张娄根一提起剪字就神采飞扬，记者随口报出一个'福'字，张师傅拿起一把剪刀、一小张红纸，刷刷几下纸片落地，不到半分钟，一个笔法端庄老练的正楷'福'字一剪而就，真让人称奇。"

在《铁警周建忠眼睛真神》中，有这样精彩一笔："正在候车室巡查的杭州铁路公安处杭州站派出所干警周建忠，突然与刚从门口进来、手拎密码箱的一男青年打了个'对眼'，男青年慌乱地迅速躲开周的眼光。周建忠号称'神眼'，在他眼皮下原形毕露的歹徒不计其数。男青年当即被叫住开箱检查……"

将传神的笔墨对准新闻人物的独特之处，是使人物描写既简约又神形兼备的关键。

谋篇布局想读者

短消息因其"短"，篇章结构一般不成问题，人们也不大讲究。但有些作者比较讲究，因为在一个新闻版上，有许多条消息，要把那些匆匆溜过的目光吸引到自己这边来，除了事实生动，结构、布局、行文都需讲究，下一番工夫是值得的。谋篇布局都因事而易，不可能千篇一律。但从消息传播信息的社会功能和读者急切的阅读心理考虑，下面两点是值得注意的。

一是高潮在前、精彩为首。消息同文艺性散文不一样的是，精彩的东西不是藏在文章肚子里，更不是放在文章末尾，而是放在最前面，使人目光扫过就能看到。我们不一定要严格按新闻写作教科书里讲的倒金字塔格式层层排列，但把最重要、最精彩的内容放在最前面，把最一般的内容放在末尾部分，则是容易做到也是比较有效的。

《街道小厂敢揽"绝"活　亚洲最大换热器昨出厂》的作者是这样落笔的："亚洲最大的制氧机换热器于今天在下城区一家仅 180 多职工的街道小厂'诞生'。下午 3 时整，这个长 14 米、直径 3.5 米、重达 66.7 吨的'庞然大物'被装在一辆超长的载重车上，徐徐驶出杭州通达换热器厂大门，运往上海'宝钢'。至此，该厂为宝钢制造的 5 台大型换热器全部交付。”作者把这条消息的精华都拎出来了，而且三个句子三个层次，脉络清晰，非常得体好读。

《龙泉成我国最大灵芝基地》的导语是这样写的：“传说中白娘子苦苦寻觅的灵芝仙草，如今已在山城龙泉的密林中安家落户。今年龙泉市投放椴木灵芝 9000 立方，年产量 100 余吨，占全国总产量的 70%，成为全国最大的椴木灵芝生产基地。”也是把最精彩最紧要的话说出来了。

我们读上面这两条消息，如果没有时间读到末尾，只要读导语这两三句话，就会有满足之感。为什么呢？因为新闻信息读到了，新闻的味道也读出来了。

但也有例外的，第一句话不是最重要、最精彩的。如《“纤维皇后”不再难“伺候”》的导语是这样写的：

> “柔软、透气、舒适的真丝服装，往往由于洗涤后易起皱、褪色，令不少消费者感到遗憾。
>
> “如今，这一难题已被丝绸之乡湖州浙江东方冠丝绸集团公司攻克。一种防皱、防褪色的高档真丝产品已在该厂研制开发成功，并通过国家鉴定。”

这种导语，被称为延缓式导语。在新闻事实推出之前，先说出与新闻事实有关的人人皆知的现象，引起读者的兴趣，然后说到新闻事实本身。真丝服装起皱、褪色是一个人人皆知、有口皆怨的伤脑筋问题。所以这第一句话可以吸引各行各业的读者。而第二句“攻关”、“鉴定”云云，不能不带有业务性、行业性，没有前一句话那样给各方面读者以亲切感。所以，说到底还是要让第一句话抓住众多读者，真是万变不离其宗。

二是行文避沉闷，宜取跳跃式。四开报纸一个版有一万多密密麻麻的文字，为避免整个版面的沉闷感，主编除了标题做大，还非用图片不可。对于一条消息来说，也存在这个问题，哪怕五六百字，如果只分两段，读时也有沉闷之感。办法是多“留白”，段落多就留出空白来，让读者透过气来。多分段落还使行文带有节奏感，像一行一行的诗句一般，目光弹跳着行进，岂不轻快！

近几年，我们提倡这种行文法，有的记者已经运用娴熟，收效颇佳。如《“纤维皇后”不再难伺候》这条消息，短短500字，分七段，每一段仅数十字；其中五个段落都只有一句话。一句一段的行文格式，读来轻快自如，毫无沉闷之感。

对于缺乏生动故事的新闻内容来说，这种跳跃式行文尤为重要，不然就很难让读者读完全篇。请看《轨道交通提上议事日程》头三段：

> “一种有地上高架桥，又有地下铁轨，被称之为轻轨式轨道交通的城市交通工程，已被提到杭州市城市建设的议事日程。
>
> “记者从杭州市轨道交通工程建设筹建处获悉：由北京市城建设计研究院主要承担的杭州市轨道交通一期工程预可行性研究已于日前完成，并通过专家评审。
>
> “据悉，轻轨式轨道交通已被列入杭州市交通发展长期规划。有关方面已批准成立杭州轨道交通有限责任公司，并着手开展基础性准备工作。”

这三段文字，每段也只有六七十字，显得清通有序，读来轻快，有节奏感。而且，如果文句中有语病或用词不当，正好比壳顶上的蚤子，作者、编者一眼就会看出，修改也比较省力。

语言终究随内容

消息的语言特色，似难一言以尽。通常讲语言，总是讲准确、鲜明、生动。对新闻语言来说，准确性是第一位的，生动性应服从于和服务于准确性。而简练、流畅、通俗，也是题中应有之义。

报道云和县沙铺乡农民农忙回家种田、农闲外出赚钱的《沙铺黑

木耳土专家作“候鸟飞”》,较好地体现了消息语言的上述要求:

> “云和县沙铺乡外出的450多位农民,6月中旬回乡耕田插秧,2228亩粮田全部种好后,今天又全部北上南下,到江苏、福建、广东等地去种黑木耳挣大钱了。
>
> “沙铺乡地处高山区,不通公路,许多农民虽有种植黑木耳的丰富经验,但因种的黑木耳难以外销,只得望山兴叹,长期守贫。在改革春风的吹拂下,沙铺人头脑开了窍。他们利用自己的种植技术外出闯世界,成了一群群‘候鸟’,并且队伍迅速发展到450人。”

这些话,表达事物准确而不浮泛,鲜明而不含糊,生动而不死板,又通俗、流畅、简练。其中,“成了一群群‘候鸟’”这个生动的比喻,把“农忙回家种田、农闲外出赚钱”的农民表述得更加准确,更加鲜明,给读者脑子里烙下很深的印象。

但是,同文学作品不一样,消息是很少采用比喻的。而平实,倒是消息语言的一个显著特色。因为平实的语言,有助于记者客观、公正、全面、真实地表述新闻内容,即客观事物。请看《牛峰岭上有座“微型小学”》中的一段文字:

> “一位教师,2间教室,3个年级,4张课桌,5名学生——这个学校位于富阳市和桐庐县交界的牛峰岭上,校名、村名因山名而得。全村散布在山间的17户人家,9户归富阳管辖,8户归桐庐管辖。”

因为客观事物本身的特点很明显,所以用这种平实的语言来表述,就有生动、鲜明之感,而且很精练。假如添几个形容词进去,或者运用比喻的手法,语言变得累赘,表达力反而逊色得多。

消息语言,在风格、语气上也总是跟着题材走,跟着内容走。有人评论说，穆青写焦裕禄，用的是带哲理性的语言，而当他写植棉能手吴吉昌时，用的是纯朴的群众语言。这个评论十分中肯，也十分精当。所以，语气、笔调不应强求一律，应服从于新闻内容。

《何慕任职不满半年被免职》的作者，面对一桩本来有争议的新闻事实，事态又出现新的变化，所以运用一种比较凝重的语言，语气又显得逼促：

“一度被街谈巷语引为热门话题的天翁50万元年薪招聘市场部经理一事，日前又有发展。10月3日，浙江天翁保健品有限公司以‘上虞市长生发展公司’的名义正式发文，免去何慕的全国市场部部长职务。这一纸决定，给众所瞩目的50万元招聘经理事件提前划上了句号。”

《东阳人撑起昆明螺丝湾大市场》的作者，写的是远在云南、早已出现而浙江人肯定喜闻乐见的新鲜事，所以语气显得从容、平和、轻快，款款而谈：

“南国春城昆明市有一个名闻遐迩的螺丝湾日用品批发市场，该市场是全国著名的十大小商品市场之一，在这里经商的东阳人有3000多，当地人说是东阳人撑起了螺丝湾大市场。”

《试比谁家葡萄　大众人探询“科技经”》的作者，写的是趣味性较浓的事实，语气颇具风趣、幽默：

“这次葡萄赛有两个内容，一是比串重，二是比粒重。串重赛这边摆着一串巨峰葡萄特别令人注目，重达1278克，参赛者莫不竖起大拇指称赞说：‘冠军非它莫属！’葡萄种植者——塘二村的黄方寅暗自窃喜。可是，当竹村陈时源摆上一串藤稔葡萄时，黄方寅不由得吃了一惊，那串葡萄大如乒乓球，一称有1360

克重。黄方寅赶忙向前取经……”

以上所引三段文字，语气、笔调都不一样，如果交换对调，显然是不合适、不应当的，因为内容不一样，由内容所生发的人们的情感也不一样。情随事迁，文随情变。因此，一个记者写不同内容、不同感情色彩的新闻，其笔调、语气应该是不一样的。这有点儿像上演不同角色、说不同话语的演员那样；但也只是“有点儿像”罢了，毕竟演员是在扮演、饰演角色，而记者在报道中的语气和情态是完全真实的，来不得半点“扮”和“饰”的成分！

（刊于浙江日报总编办公室 1996 年编印的《短新闻回味》）

参考文献

[1]《毛泽东新闻工作文选》,新华出版社 1983 年第 1 版。

[2]《中国共产党新闻工作文件汇编》上、中、下,中国社会科学院研究所编,新华出版社 1980 年第 1 版。

[3]《新闻理论基础》,甘惜分著,中国人民大学出版社 1982 年第 1 版。

[4]《中国新闻事业简史》,方汉奇、陈业劭、张之华编著,中国人民大学出版社 1983 年第 1 版。

[5]《关于思维科学》,钱学森主编,上海人民出版社 1986 年第 1 版。

[6]《普通逻辑》,教育部编写组,上海人民出版社 1982 年第 1 版。

[7]《精神交往论——马克思恩格斯的传播观》,陈力丹著,开明出版社 1993 年第 1 版。

[8]《传播学概论》,美国威尔伯·施拉姆、威廉·波特著,陈亮、周立方、李启译,新华出版社 1984 年第 1 版。

[9]《舆论学》,美国沃尔特·李普曼著,林珊译,中国人民大学新闻系 1984 年内部印行。

[10]《社会沟通论》,钟坚、王妙、甘敬东编写,该《软科学丛书》主编为吴明瑜、何钟秀,浙江教育出版社 1988 年第 1 版。

[11]《近代中国名记者》,夏林根主编,福建人民出版社 1990 年第 1 版。

[12]《新华文摘》、《新闻大学》、《中国记者》、《新闻战线》等期刊。

索　　引

后　记

这本书是几位年轻的同事们促成的。两年多前，就有人催促我编这本书。那时，我觉得自己所写的东西基本上都属于新闻业务研究，理论层次是比较浅的。而我所追求和奉献的，似乎还要深一些。然而，理论层次越深，对我来说，把握的难度也就越大。两年多来，又陆续研究了若干个课题，直到最近，写出了《新闻学基本原理》，得到甘惜分教授的肯定，并为此书写下序言，我才觉得书稿差强人意，可以交付出版了。在此，谨向所有关心、帮助我的同事和朋友们，向甘老，深表谢忱。

编在这本书里的40篇文章，绝大多数是省内外新闻业务和理论刊物上发表过的。为便于阅读和思考，将这些文章按理论探索、业务研究、作品评析、工作述评分成四组。读者既可以按顺序看下去，也可以先看后两部分，再看前两部分。

说起我搞新闻研究来，真用得着"阴差阳错"这个话。我本来不是学新闻的，也不是搞理论的。我学的是文学。虽然对文学理论也曾发生过兴趣，但又自知不适合搞理论。在新闻单位干了10多年，发觉干新闻的人对于新闻理论普遍不感兴趣，不少人认为"新闻无学"；而联系自己的多年实践，对于"新闻到底有学还是无学"这个问题，也昏昏然说不清楚。正在这时，浙江日报社设置新闻研究室，除了老同志，没有人乐意进那个门；我步入中年，老同志一招引，就走了进去。没有想到，从此便同新闻研究结下了难解之缘。

这些年，我被夹在新闻理论与新闻实践的中间，常常贴着新闻实践,去看新闻理论,又常常挨近新闻理论,回眸新闻实践。两只耳朵,理论方面的声音,实践方面的声音,都收听,都汇集到脑子中,引起一阵又一阵撞击;其中多数先后形成文字,收录在这本书里。也还有一些没有说出或写出,就补在这篇“后记”里吧。

一、新闻理论来自众人的实践

说“理论来自实践”,这几乎是常识了。我要说的是:产生理论的实践,不是一个人的实践,而是许多人的实践;不是一二次实践,而是反复多次、持续不断的实践。一个记者,实践经验再丰富,如果仅仅局限于自身的实践,那是很难站到理论的高度上去的。许多同志写的“业务论文”,观点是正确的,材料(论据)全都是自身的实践,只能算经验之谈。倘若把自己的实践同他人(同行)的实践结合起来,从这些材料中抽象出论点来,就具有普遍意义,显示出某种规律性来。客观规律都具有普遍性的品格;理论的价值也在于它具有普遍的指导意义。它来自众人的实践,又为众人所接受和运用。

出于这点认识,我专心致志地探究同事、同行们的实践(包括与此有关的编辑业务)。我没有离开他们,每天与他们交谈、切磋,看他们作品,从他们的实践中吸收养分。我感到,我接触的记者、编辑越多,他们采写的作品看得越多,我的理性思维越有成效。渐渐地,我观察新闻实践活动的眼界不再局限于本单位,还瞄向全省、全国,以至国际新闻界。

我在新闻理论和业务探索中的点滴收获,都是许许多多同事、同行们的实践活动的结晶。1982 年写的关于社会新闻的两篇论文,阐述了社会新闻的本质属性及其特性(有一家刊物在转载《谈谈社会新闻的特性》一文时,用了“社会新闻四大特性”这个标题),是从省内外报纸上 200 多篇社会新闻的分析、研究中概括出来的。1990 年讲的《现场新闻与新闻现场》,主要是阅读《浙江日报》发表的 100 多篇现场新闻作品之后,加以比较、分析、综合,上升到理性认识高度的。而在全面、系统地研究这些作品之前,在我的脑子中,在理性认识上,无论是社会新闻还是现场新闻，几乎是空白的。把这些理性认识写出来，讲出来，我的同事们、同行都颇感兴趣。

理论工作要面向实践，这个实践的“面”越广，那么，理论思想便越有普遍意义，其科学价值也就越大。《新闻学基本原理》所涉及的实践“面”古今中外都要有，我一直不敢动手。现在写成这个样子，的确不轻松；当然，还可以再下些工夫，掌握更多的实践经验和知识，写得更丰满、更深刻一些。

二、新闻实践需要多种理论

“新闻工作靠实践”，这话看起来很对，无论从实践第一还是实践出真知讲，都是正确的。但是，如果对着理论工作者说这句话，就要做些分析：劝理论工作者面向实践，那是正确的；对来自实践的理论知识表示轻蔑，那是不对的。还有一种讲法：新闻学就是实践学。这话如果是对从业人员讲的，基本上正确，但不完全正确；如果是对理论工作者讲的，那就基本上是错误的了。一切社会科学，无不具有实践性，新闻学也不例外。但哲学界没有人说哲学是实践学，文学界也没有人把文学说成实践学的。因此，把新闻学说成“实践学”，大概是对新闻理论的否定，认为干新闻这一行不需要新闻理论，搞理论研究是多余的。

在我国新闻界，这种观念是普遍存在的。究其原因，除了体制问题，也同新闻职业的特点有关。新闻工作涉及面很广，可以说是涉及社会生活的各个方面、各个领域、各色人等。要正确地认识和反映社会生活某个领域，不能不懂一些这个领域的科学知识。而当工作一有调动，接触到一个陌生的领域，又得重新学习、钻研。一个编辑部，社会百科，都有人接触，有人涉猎。但是，又不可能钻得很深、很透。于是，便出来“杂家”之说。我以为，“杂家”之说包含两层意思：一是“杂”，方方面面都懂一些，与行家们有话可谈，有问题可商讨；二是“家”，即自成一家的“家”，那不是方方面面知识的简单相加，而是杂而有主、杂而有序，其知识结构和层次较为独特的一“家”。

新闻工作者应有的知识结构，第一层次应是政治学和新闻学；第二层次应是哲学（马克思主义哲学、逻辑学、伦理学等）、政治经济学、文学、语言学、法学、社会学、心理学、行为科学、思维科学、公共关系学等；第三层次是从事宣传报道所需的某些领域的学科知识。牢牢把握并精通第一层次知识，再精通自己所涉领域的科学知识，就能胜任新闻工作；如果对第二层次知识掌握得丰富而又扎实，那就可能成为名记者、名编辑，也就自成一“家”了。一个以经济报道见长的名记者，一定精通经济学，但又区别于经济学家，因为他还具备新闻工作所必需的第一、第二层次的知识，特别是新闻专业知识，这是经济界的学者、专家所不具备的。他是专家型的记者，又是记者型的专家。

如果因为接触面广、不能深钻而满足于什么都只是一知半解，以至连自己的专业知识也满足于一知半解，那就只好用“实践学”来搪塞了。新闻学是门社会科学，如果真正钻进去，就会发觉，光有新闻学知识，对新闻工作来说是远远不够的。

三、新闻实践不会直接形成理论

理论来自实践，但任何社会实践都不可能直接成为理论。在实践与理论之间，有一个科学研究的环节。实践活动不能代替科学研究。因为科学研究的对象即客体，不仅包含实践活动的客体，还包含着实践活动的主体。新闻研究的对象，就包含着新闻事实和新闻工作者。一位记者报道一位企业家，他必须对这位企业家作一番调查研究；而新闻研究人员如果对此发生兴趣，就一定会把这位记者同这位企业家“捆绑”在一起，加以研究。记者采写这位企业家的事迹应是客观公正的；研究者对这位记者及其报道的研究，也应该是客观公正的。因此，新闻研究对于新闻实践具有相对的独立性，新闻实践不可能回避或跳越新闻研究而成为理论。

四五年前，我在看过李普曼的《舆论学》之后，还想找一二本国内学者写的《舆论学》一类的书看看，报社资料室没有，跑到省图书馆去找，还是没有。问问新闻界的朋友，说是已有年轻的学者在研究这个课题，书大概会出来的。这件事令我感慨万端。我们这么一个大国，竟然还没有“国产”的舆论学著作。更何况，近百年来，我们国家发生了翻天覆地的变化，舆论在其中发挥了巨大的作用。我们党就是在革命舆论中诞生的，从它诞生那天起就一天也没有放弃革命舆论工作。从某种意义上讲，一部中国革命史也是一部中国舆论史。我们党的舆论工作经验之丰富、成果之辉煌，是很值得自豪的。但是，建国以来，却没有人重视舆论学研究，没有人把丰富的实践经验上升为指导实践的理论。似乎舆论也是没有什么学问可研究的，没有什么客观规律可遵循，想怎么干就怎么干，主观意志决定一切。结果，在“大造舆论”中，闹出了“人有多大胆，地有多高产”等笑话。这种唯意志论是同科学态度完全对立的。在这种观念支配下，不可能重视科学研究，也不会有理论建树。尽管过去的实践是成功的，胜利的，但知其然而不知其所以然，并没有把握其中的客观规律，因而难免在新的实践活动中发生重大的失误以至碰壁。所以实践不能代替科学研究，排斥科学研究的实践往往是盲目的，不科学的。目前，我国舆论学研究已经起步，但要深入研究，并使广大从业人员认识和运用舆论规律，也不是容易的事。

我们的记者在基层，不难听到这样的话：“你们报纸上道理讲得很好，但下面做不到。”他说的“下面”，其实只是指他那个单位，而不是社会上所有的单位。我们不会因为听他这么一说，报纸上该讲的道理就不讲了。同样道理，新闻理论工作也不必因为有人轻视而失去信心，需要的倒是勇气和毅力。

四、理论思维引导新闻实践走向科学

我对于新闻及其内在规律的认识，大约始于 1981 年浙江日报新闻研究室组织的两次有关新闻价值问题的研讨会。当时，为组织好这两次讨论，不得不请教大学新闻专业毕业的同事以及一些老报人。

令我惊愕的是，新闻专业出来的人没有学过“新闻价值”这一课；老报人对待这个问题，有的冷漠，有的还反问：“新闻价值？这是西方的一套，你们要讨论这个问题啦？”在不同场合，不止一次听到这样的话：“什么新闻价值！还不是领导说要登报，就有新闻价值！”可喜的是在讨论会上，没有人漠然处之，都认为弄清这个问题对做好新闻工作太重要了；当然，在认识上分歧很大，以至争得面红耳赤，不可开交。我们那时也不马虎，两场讨论都整理出发言纪要，还组织那些略有见地的同志撰写文章，陆续刊登在《浙江日报通讯》上。尽管当时大家对这个问题的认识都还比较肤浅，但从那时开始，新闻价值作为一种观念，却在愈来愈多的采编人员的思维活动中出现了。这个变化，看得最清楚的大概是我：两三年后，在记者、编辑写给我们新闻业务刊物的文章中，普遍地出现了“新闻价值”这个概念，甚至县市报道组同志的体会文章也都用上这个新闻学概念了。

近几年来，同行中再没有人对新闻价值表示冷漠或惊讶了；在各地新闻理论刊物上，还经常登出一些见识卓著的专论。这个新闻价值观的树立，对于新闻业务的革新起着巨大的作用，只要把70年代报纸的新闻同现今报纸的新闻放在一起作个比较，就会看出明显的变化：许多新闻，从选题到角度、选材、结构、语言等，都变了，新闻真正像新闻了。因为新闻价值观的树立，促使记者在采写中首先考虑新闻受众，从而选择新闻事实，还注意自身素质的提高。这是一个关系到采写成败得失的根本问题，也是一个新闻理论的基本问题。新闻记者不懂新闻价值，犹如企业家不懂商品价值规律，必然盲目从事，事与愿违。

盲目性总是违背客观规律的，科学性才体现出客观规律来。所谓理论，正是人们对客观规律的科学概括和辩证阐述。所以，新闻工作要去掉盲目性，增强科学性，同社会各行各业一样，非有理论思维不可。恩格斯说过：“一个民族要站在科学的最高峰，就一刻也不能没有理论思维。”

新闻事业随着科学技术进步而产生和发展。当代新闻实践正走向科学，走向21世纪。人们越来越讲究科学态度、科学思维、科学方法和科学表述——力求真实和准确，经得起历史的检验。而当代新闻理论便是为当代新闻实践提供基础知识和应用知识的。

实践不无艰难与失误。理论工作更是如此。我在《关于新闻作品评论》一文中曾说过："新闻理论问题，只有在这样切切实实、坚持不懈的探索中，才有可能日臻完善。而且只有在相当多的人的共同探索和研讨之中，才能形成代表先进阶级的新闻理论，靠少数几个人是无能为力的。"我现在还是这样认识，这样企望。

吴勤如

1992年7月17日于杭州

图书在版编目(CIP)数据

新闻原理与应用／吴勤如著．—杭州：浙江大学出版社，2013．5

ISBN 978-7-308-11499-8

Ⅰ．①新… Ⅱ．①吴… Ⅲ．①新闻学 Ⅳ．①G210

中国版本图书馆 CIP 数据核字(2013)第 096839 号

新闻原理与应用

吴勤如　著

责任编辑　李海燕
封面设计　续设计
出版发行　浙江大学出版社
(杭州市天目山路 148 号　邮政编码 310007)
(网址：http://www.zjupress.com)
排　　版　杭州中大图文设计有限公司
印　　刷　浙江云广印业有限公司
开　　本　880mm×1230mm　1/32
印　　张　9.625
字　　数　262 千
版 印 次　2013 年 5 月第 1 版　2013 年 5 月第 1 次印刷
书　　号　ISBN 978-7-308-11499-8
定　　价　30.00 元
